管理随笔

5

赵振元 著

新华出版社

图书在版编目（CIP）数据

管理随笔·五卷 / 赵振元著． -- 北京：新华出版社，2022.12
ISBN 978-7-5166-6613-5

Ⅰ．①管… Ⅱ．①赵… Ⅲ．①企业管理－文集 Ⅳ．① F272-53

中国版本图书馆CIP数据核字（2022）第233918号

管理随笔

作　　者：赵振元	
责任编辑：林郁郁	封面设计：民泺影视
出版发行：新华出版社	
地　　址：北京石景山区京原路8号	邮　编：100040
网　　址：http://www.xinhuapub.com	
经　　销：新华书店、新华出版社天猫旗舰店、京东旗舰店及各大网店	
购书热线：010-63077122	中国新闻书店购书热线：010-63072012
照　　排：普慧天下	
印　　刷：三河市君旺印务有限公司	
成品尺寸：165mm×230mm	
印　　张：31.5	字　数：350千字
版　　次：2023年2月第一版	印　次：2023年2月第一次印刷
书　　号：ISBN978-7-5166-6613-5	
定　　价：178.00元（全两册）	

版权专有，侵权必究。如有质量问题，请与出版社联系调换：010-63077124

目录
contents

序：曾勇 / 管理路上无止境 1

新风劲吹大变局 6
致敬，那些光荣的岁月 8
军号嘹亮 10
翻开新的一页 12
新动能如何产生？ 14
东方欲晓 16
总把新桃换旧符 18
蓉城春早 20
市场的核心问题 21
没有下一次 23
华虹，成就我们的梦想 25
这个冬天有点冷 27
脱离火山口 29

成功，在于坚持 ………………………………………… 31

开卷有益，动笔有获 …………………………………… 33

地球上的氧气还能维持多久 …………………………… 35

100 年前的红船，你在南湖出发
——为庆祝中国共产党 100 周年而作 ……………… 37

我的好朋友晓弦 ………………………………………… 41

嘉兴秀湖 ………………………………………………… 44

二月二，龙抬头 ………………………………………… 46

倾吐真诚心声
——为赵振元、彭涛歌曲集《心声》而作 ………… 49

伟大的中国是如何复兴的 ……………………………… 52

多元化使事业常青 ……………………………………… 55

道不同，不相为谋 ……………………………………… 57

乱云飞渡仍从容 ………………………………………… 59

漫长的赛道 ……………………………………………… 61

中国率先批准 RCEP …………………………………… 63

我们能否为地球"人工降温"？ ……………………… 64

巨额债务影响全球航空业复苏 ………………………… 66

在苦难中坚强 …………………………………………… 68

新的赛道 ………………………………………………… 70

大兴机场 ………………………………………………… 72

国内旅游业开始复苏 75

不忘来时路 77

来时路上风光好 79

樱花谷里歌声飞 81

相逢宜兴阳山荡 84

腾讯大股东宣布减持 87

新冠大流行凸显资本主义的终极衰落 89

香飘云天外 91

一部催人泪下的情感影片

——电影《我的姐姐》观后 93

节约土地，中国倡导生态葬 96

损人害己的决定 98

在过程中发现机会 101

在调整中快速纠错 103

天若有情天亦老 105

烟花三月下扬州 108

新的赛道在哪里？ 111

价值投资的思考 113

最美的文明风景线

——再游美丽的无锡蠡湖 115

祸不单行 117

六年，匆匆逝去的岁月 119

稳，是快的前提 快，是稳的前提 123

《让我们荡起双桨》的创作往事 125

日本核废水影响有多大 127

奔向更多的新赛道 129

这里一个激动人心的时期 131

印单日新增病例连续两天超 30 万 133

全球领导人承诺展开气候合作 134

英终结新冠大流行得益于疫苗 136

月有阴晴圆缺 137

祝你平安 139

旅游，不止是风景 142

印度第二波疫情悲剧警醒世界 144

直教人生死相许 146

高质量发展 148

乒坛盛开友谊花
——中美乒乓外交五十年纪念 150

全力推动新能源 153

跃进一下，很有必要 155

攻城不怕坚 157

要善于"兴风作浪" 159

决心大，才能成大事	161
绝笔诗篇传千古	162
五月的天	167
放下包袱，轻装上阵	169
论市场开发	171
主动性，是抓机会的关键	173
母亲节的思念	175
精彩的演绎	177
只要人人都献出一份爱，世界将变成美好人间	179
何谓龙头企业	181
风，从东边来	183
产业链	185
突然发力	187
感恩 ——关于《心声：赵振元、彭涛音乐歌曲集》的出版发行	189
战略，并不是万能的	191
拆出新天地	193
新动能，在哪里？	195
美执政者应听懂基辛格的警告	197
巴西小城用中国疫苗做实验	199
全球热带雨林加速消亡	201

美国国家领导人退休后的日子 203

歌声，再次响起 205

继续新地区的布局 207

人类实现碳中和希望在哪 209

无力回天 211

一座丰碑，华虹的的 5.20 精神，永放光芒
——纪念华虹的"家国情怀、一诺千金、敬业奉献、使命必达"的"5.20"
精神正式对外发布一周年的初步学习体会 213

策划新一轮高潮 217

百花潭里歌声多 218

在实践中，争取最好的结果 220

又是蓝天晴万里 222

通道已经关闭 224

从一个爱好者，到一个词作家的经历 226

南疆，那片土地 228

后记：赵振元 / 在实践中发展管理理论
——《管理随笔》5、6、7、8 出版后记 230

序

管理路上无止境

曾勇（电子科技大学校长）

  读赵振元即将付梓的《管理随笔》五册至八册，让我想起亚里士多德说过的一句话："最终决定我们成为怎样一个人的，正是日复一日坚持的事情。然后你会发现，优秀不是一种行为，而是一种习惯。"这四卷作品，收录了他从 2021 年 1 月 10 日到 2022 年 4 月 22 日期间创作的管理随笔。这些随笔作品，既让我们反思一年多来发生的国际、国内大事，也让我们分享了他文学艺术创作的快乐与收获，以及他在企业高位发展中永不停歇的思考和时刻保持着的危机意识。正如他在后记《在实践中发展管理理论》中说的那样：

  长期处在疫情压抑的背景下，要持续高位发展，每一步都面临严峻考验；在非常复杂的困难环境中坚持写作，对意志是个考量，不是一件容易的事，每一篇文章都是意志与心血的结晶。在高位发展，一半是海水，一半是火，海水随时会淹没你，火焰会随时吞并你，你来不得一丝的马虎，你必须要勇敢面对。高位发展就如同走钢丝一般，处在发展的风口浪尖上，充满挑战。

  所有看似遥不可及的事，其实都是点滴的积累。"人寿几何，顽铁能炼成的精金，能有多少？但不同程度的锻炼，必有不同程度的成绩。"（杨绛）强者都是敢于也擅于立于潮头，与巨浪共舞之人，浪涛越激荡，他身体里的潜能就会被激发得越充分。赵振元是敢于也擅于搏击时代浪潮的勇敢者、强者，即使每一天都是"一半是海水，一半是火焰"，每一天都充满挑战。他坚定的信念、高远的眼界、宏大的格局、宽广的胸襟，使他始终能够从逆境中走出来，寻找到一条抵达成功的路径。

2022年，肆虐全球整整两年多的新冠肺炎疫情仍然没有消退迹象，俄乌战争的爆发，极端气候频发……外部环境更趋复杂严峻和不确定，经济下行的大环境，无论是对个人还是企业，都是不小的挑战。如何审时度势，变"危"为"机"，考验着每一个企业家。企业家个人的修养、底蕴、人格魅力、言行等，都会深刻影响和塑造他周围的核心团队。赵振元始终思考着、行动着、调整着，以适应这个充满巨变的时代。这部《管理随笔》就是他思考和行动的结果。

赵振元的随笔都是有感而发，长则两三千字，短则两三百字，形式不拘，十分自由。工作中的某个突发事件、冬奥会的某场比赛、社会的某个热点新闻，他都能总结、归纳出人生哲理、管理心得。他善于跳出常规思维模式去看待问题、思考问题，这其中的谋略和智慧，对企业管理有着极高的参考价值。企业家看得有多远，对未来行业业态形势的发展，以及产业链整体把握的程度，决定着企业的未来。

底线思维，是我们考虑一切问题的出发点。无论何时，无论何地，一切都要从最极端的情况出发，要有最坏的打算，作最全面的准备，这种底线思维永远是我们立于不败之地的基石。（《白银马

拉松赛事故令人痛心》）

  管理学大师彼得·德鲁克在他的《管理实践》中指出："管理是一种实践，其本质不在于'知'而在于'行'，其验证不在于逻辑，而在于成果，其唯一权威就是成就。"最好的管理理论，来自于实践，来自于从现实操作层面提炼出的具有普遍意义的思维方法、做事方法。

  管理无处不在，管理理念已经深入到赵振元工作生活的方方面面，一切都能与管理智慧融会贯通起来。他内心源流不竭的使命感和理想愿景，融会于字里行间。企业管理、文学创作和生活感悟叠加成就的这部《管理随笔》，说明赵振元已经将管理学上升到了艺术的高度。这些短小精悍、饱含管理智慧的随笔，既是管理实践的宝贵经验，更是人生智慧、哲学思维的反映。

  管理路上无止境。随着"00后"逐渐走入职场，给企业管理者提出了不少新的课题。出生于千禧年代的年轻人，从小家庭富足，备受宠爱，他们行事洒脱，尚未经历社会的"毒打"，一言不合就炒老板。管理的对象变了，管理的方式方法也得随之变化。对于这代年轻人，管理者如何提升领导力，提高自己的管理艺术，就显得尤为重要。管理，说到底就是对人的管理，人是核心。最好的管理，应当是能够激发人的潜能，给人一个良好的成长空间，个体的力量汇聚成团队的力量，激励整个团队向着一个清晰的目标前进。

  是为序！

2022.8.1

管理随笔
5

新风劲吹大变局

新的开始，往往需要有新的变局，这个新的变局会带来新的气象，有新的风貌，会给人带来新的希望。

变局，就在于新。新的变局，是指为适应更高发展目标而进行的一系列调整。是指为适应新形势、新变化而采取的新战略、新布局、新的人事调整、新的机构、新的政策与策略等一系列新的举措。

希望，就在于新。继承是必要的，创新更加重要。人们对老一套、旧作法、旧习惯，容易疲倦，容易厌烦，希望有新的东西呼之欲出。新的东西，给万物带来新的活力，带来新的希望。

创新，就在于新。突破过去，创造未来，必须要有新的思想，新的观念，否则无法面对快速变化的形势，无法面对越趋复杂的世界。

发展，就在于新。发展，就是在过去基础上增加新的增量，没有新的增量就不是发展了，当存量减少而又无新的增量增加时，就会无法发展。

突破，就在于新。新的突破口，新的挑战，新的考验，都是以前没有经历过的，都是新的。新生事物的蓬勃兴起，既有内部生存持续发展的需要，同时也是外部客观的要求。

用人，就在于新。新人，新活力，活力就是战斗力，活力就是竞争力。活力唤得创新思维的充分涌动，而死气沉沉，毫无创新，毫无变化，只有思路一条。新人，新思路，新思路改变现状，突破困局。新任，新作为，因此，要果断启用一批新人。

机制，就在于新。要根据实际情况，敢于突破传统的行政管理体制，实行行政体制的大胆改革与创新。新的各级行政体制要为人才成长与才能发挥创造更加宽广的平台，设置更加合理的职位，注意在年龄梯次、专业结构、领导才能上，充分考虑其合理搭配与有效互补，使行政指挥系统忠诚、奉献、高效、担当、活力，适应在高位上持续增长的要求，继续一路飞奔。

管理，就在于新。外部环境的快速变化，要求管理者迅速作出调整。放，是趋势；控制，是手段。放而不乱，控而不死，是目标。大胆提拔而又严格要求，放手使用而又加强考核，这就是干部政策。

生命，就在于新。生命，生生不息，永远延续；生命，新陈代谢，不可阻挡。旧生命的终止，新生命的开始，是自然界不可阻挡的规律。

"千门万户曈曈日，总把新桃换旧符"，这是宋代著名诗人、政治家王安石的名诗，而我们的时代需要呼唤新人、新思想、新格局、新领域、新路子、新机制、新组合、新市场、新伙伴等，这一切都将给我们新的未来注入更加蓬勃的新生命。

2021年1月10日

致敬，那些光荣的岁月

成都市第十七届人民代表大会第五次会议今天正式开幕了，我作为从第十四届人代会到第十七届人代会的连续四届人代表，如今已整整20年。这20年，我见证了成都GDP从千亿级成长到2020年的1.77万亿；见证了成都从一个封闭的西部城市，成为正走在开放前沿的国际化大都市。成都蓬勃的科技创新活力，繁荣的商业，到处充满的幸福感，日新月异的城市建设，便捷的生活交通，绿色环绕的环境，让我们毫不怀疑，成都正在成为中国最重要、最美丽的城市之一，成都正在显示她独特的魅力。

发展，总是需要时间的。路，总得一步一步走，耐心是最重要的，二十年的小步快走，变成如今的大步快跑，一切都成为可能了。

超越，总是需要实力的。20年的不断积累，实力不断在增强。不断增强的实力，使成都腾飞成为可能。格局与高度，总是最重要的。格局大，发展的舞台就大，站得高，就会看得远。站在新的起跑线上，成都要加快奔，要迅速跑，"十四五"元年是如此重要，成都要跑出精彩，跑出速度，跑出质量，跑出希望，跑出未来，跑出新的天地。

致敬，曾经逝去的光荣岁月。20年，我们没有虚度；20年，我们披荆斩棘；20年，我们风雨同舟；20年，我们硕果累累。

  再见，大浪淘沙，已经不再见面的朋友们。岁月易逝，曾经熟悉的面孔不再，曾经相处的朋友，今日不知在何方，唯有真情永远流淌，唯有诗歌心底常响，唯有豪情满怀再跨战马。

2021 年 2 月 4 日

军号嘹亮

这次成都人代会,我们住在部队的宾馆,每天早晨7:00能听到部队的起床号,晚上10:30分听到熄灯号,这些过去曾经在内蒙古古建设兵团熟悉的声音,再次在我耳边响起,这让我倍感亲切,我也自然回想起50多年前在内蒙古古边疆那些艰苦而又难忘的生活。

军号嘹亮,这是青春的记忆。时光飞逝,人生易老,当年内蒙古古边疆的生活一晃已经过去50多年,青春的记忆是苦涩的,青春的记忆是美好的,这些美好的记忆都写进了《戈壁之恋》这首优美的歌中,歌声成为我永恒的记忆。

军号嘹亮,这是再出发的动员令。再出发,又是一场硬仗;再出发,又是一场大战;再出发,壮志未酬,青春仍在;再出发,斗志不减,豪情增添。

军号嘹亮,这是再快一些的进军号。新年里再快一些,这是历史的难得机会;再快一些,这是"十四五"元年,再快一些,开个好头,开个好局,迈个新步;再快一些,做出成绩,"七一"转眼就到,向党的100周年诞辰献礼,这是儿女们最大的心意,这是感恩的回报。

军号嘹亮,珍惜这宝贵的一年。让新的一年翻天覆地,让新的一年实现大跨越,让新的一年里一张蓝图绘到底,让新的一年硕果累累,让新的一年写进光荣的史册。

2021年2月5日

翻开新的一页

今天下午成都第十七届人代会第五次会议举行闭幕式，在闭幕会议上，选举产生了新的成都人大常委会主任、副主任、秘书长与新的机构成员，会议在完成各项使命后，落下帷幕，历史将翻开新的一页。

翻开新的一页。一切都是从头开始，一切都是新的考验，一切都是新的经历，一切都是新的气象，一切都是新的希望，"雄关漫道真如铁，而今迈步从头越"，过去的都过去了，未来的更加重要，要迈好"十四五"关键的开局之步。

翻开新的一页。新的宏图需要精心描绘，需要更加努力实施。壮丽的蓝图给我们展示了灿烂的前景，而蓝图的实现需要付出更多的努力。一张蓝图绘到底，这是决心，还需要更大的行动，否则只能是一句空话。

翻开新的一页。新的一年里面临更加严峻的考验。国际上的防疫形势依然严峻，关键技术制高点的抢夺战将更加激烈，"战斗正未有穷期，老谱将不断袭用"。我们必须不抱幻想，立足自己，努力把自己的事办好，最大的对手往往不是别人，而是我们自己。

翻开新的一页。春节将临近，人们在忙碌与防疫中迎接春节。春天就要到了，唐代诗人岑参的"忽如一夜春风来，千树万树梨花开"成为人们期待的春天到来，春天给人们带来新的气象，带来新的希望。

"春色满园关不住，一枝红杏出墙来"，在万紫千红的春天里，要一马当先，奋勇前进，争当这一枝红杏，要在高高的悬崖上，茁壮生长。

翻开新的一页，这是一场新的赛跑。

2021年2月7日

新动能如何产生？

新的发展，需要新的动能，如果没有强大的新动能源源不断地注入，发展无法提速，而源源不断的新动能来自何方呢？

新动能一般来自：**市场引擎，投资驱动，结构调整，合作推动**

第一，要有强大的市场引擎。市场的巨大需求就是发展的最大引擎，而自己的优势如果契合这种需要，就会抓住这个市场需求，就会形成发展的巨大引擎。以集成电路为核心的电子行业、以光伏发电为核心的新能源、以生物制药为核心的医疗大健康、以数据通讯与高端制造为核心的新基建。在相当长的时间内，代表着市场与技术发展的方向，紧紧扭住这些大方向不动摇，全力以赴抓住这些历史性机会，就一定能成功。整合自身的优势与资源，提升竞争力，是能否把握这一优势的关键。

第二，通过投资，产生足够的内生动力。投资拉动，是新动能的重要源泉，市场引擎决定了投资的方向，也决定了市场的定位。投资的来源，可以充分借助于资本市场，借助于资本市场的力量，化解投资可能带来的风险，提升资本的增值空间。在具体实施上，可以灵活采用多种融资形式，适当使用金融杠杆。

第三，要通过资源的内外整合，形成强大的推力。这个资源整合主要是内部结构调整与强大的外部投资。要进行内部结构性的调整，实现结构的优化，实现内部资源的整合，以适应高引擎下的发展，提高投资效益；再通过合作形成的巨大的合作力量，形成助推发展的巨大浪潮。资源，是竞争力的重要基础，整合好资源，就可以助推发展，就可以在高引擎下，动能更足地推动发展。

第四，大思路、大战略、大格局。发展，要有大思路、大战略、大格局，只有这样才能形成发展的大浪潮。战略始终领先，没有大的思路，就没有大的战略；没有大的战略，就无法形成大的格局；没有大的格局，就无法形成发展的大浪潮。而这一切都缘于敢担当的魄力，没有一种敢闯、善闯、智闯的精神，则一事无成。

第五，关键是要实干。空谈误国，实干兴邦，一步实际行动，胜过万千理论。如果什么都不能干，什么都不想干，什么都不肯干，那么你必定一事无成。

第六，选择好事关全局的关键战役。要选择好事关全局的关键战役，精心组织，全力调动好力量，配置好资源，毕其功于一役，力争取得关键战役的胜利，为全局胜利奠定基础。

"兴盛全凭顺势为，衰亡都因不识时"，认清形势，把握大势，努力前行，增加源源不断的新动能，就一定能成功。

2021年2月9日

东方欲晓

"东方欲晓,莫道君行早。踏遍青山人未老,风景这边独好。"

清晨,微微寒风,在海边漫步,虽然还早,在海滩上行走与锻炼的人已渐多。此时,一轮红日,欲喷薄而出,阳光照亮海滩,海面犹如披上一道金色的霞光。

东方欲晓,这是不可阻挡的趋势。东方的崛起,不可阻挡,无论遇到什么困难,无论遇到什么险阻,总能转危为安。因为东方是和平的力量,是和谐友善的象征,是世界经济的引擎,是世界发展的不竭的动力。东方晓,世界则安;东方白,天下才亮;东方强,世界则兴。

东方欲晓,快速腾飞,这是强大的力量。一轮红日,冲破云层的阻挡,是一股无法阻挡的强大力量,喷薄而出。灿烂的阳光,跃升到上空,迅速将万丈光芒照遍世界的每一个脚落。

东方欲晓,一切清零,一切从头开始。新的一天开始了,新的一年到来了,向过去告别,向过去的荣耀告别,向历史挥手;向新的奔去,向未知驶去,向光明前进。过去的一切荣耀,都已过去,一切清零,一切重新开始;新的历史,要重新书写,要绘出更多的精彩篇章,书写更加辉煌的历史。

东方欲晓，太阳每天都是新的。一切都是新的事物，一切都是新的考验，一切都是新的挑战。唯有斗志不衰，意志更坚，斗志更旺，步伐更加坚定，才能适应新的时代；唯有永远慈爱，心底诗歌常响，音乐歌曲常伴，才能斗志永盛，再决战一场。

2021年2月11日

总把新桃换旧符

今天是牛年的第一天，一首诗很适合今日之中国，宋代王安石的一首《元日》：

> 爆竹声中一岁除，
> 春风送暖入屠苏。
> 千门万户曈曈日，
> 总把新桃换旧符。

中国大地充满节日的喜庆，人们在欢乐、祥和的气氛中度过新春佳节。昨晚春晚节目，不同以往，以高的收视率得到全国观众的充分肯定，这既是对全体演职员的充分肯定，更是在全球疯狂的疫情与世界经济的衰退中，一花独放，赢得世界的赞美，这是对中国防疫的肯定，更是对中国特色制度的肯定。

总把旧桃换新符。日渐衰退的西方制度，已经不适应人类当今面临的新挑战，他们在疫情下已经被击败，而强大的东方，正在以无可阻挡的态势快速崛起。东方是新时代的龙头，这是世界格局的大趋势，这是东西方百年较量的结果，以后世界的事，必须由世界人民共同协商解决，而由西方主导的旧时代已经过去了。

总把新桃换旧符。创新的热潮，在全国被最大限度地激发起来，用不了多久，中国自主创新一定会在关键领域取得突破。从"两弹一星"到"嫦娥系列探月"显示了中国科技的飞跃；而从古丝绸之路到"一带一路"，显示了中国大格局的变化，没有什么力量能挡得住这股创新热潮。

总把新桃换新符。绿水青山就是"金山银山"的理念，正在被越来越多的人接受，祖国锦绣江山美如画，壮美的山河，成为中国的骄傲。全国脱贫，人们富裕，进入小康的幸福生活。高铁、高速公路、航空、海路、水路连通的交通网络，早已领先世界，中国人民以创造自己新生活而自豪，青山绿水、城市公园、美丽村镇、健康绿道、广场乐吧、繁荣的商业、安居的家庭，正在形成中国特色的幸福生活。而中国移动支付、手机普及、数据通信方面领先水平，更是让别人望尘莫及。中国越来越强大，中国越来越美丽，旧貌变新颜，中国人享受着世上最幸福的生活之一。

总把新桃换旧符。新的一年，是新的开始，将以更具活力的创新能力，以持续的变革能力，以再快一些的坚强决心，在多个领域全面出击，发誓再创奇迹，多箭齐发扭乾坤，一路狂奔，向伟大的党建党 100 周年献礼！

2021 年 2 月 11 日

蓉城春早

从三亚回到成都，蓉城阳光明媚，春意浓浓，到处是春日的暖意，到处是欢乐的人群，到处是盛开的鲜花，到处是精心雕琢的美景，到处是新的面貌。

蓉城春早，一切都是新气象。春节假期，虽然不在成都，但蓉城焕然一新，一切都是节日的气象，一切都是新面貌。留在蓉城过年的人倍增，蓉城过年不再是空城，熙攘的人群挤满蓉城的每一个景、每一个角落，这里热闹无比，欢乐声充满蓉城每一个脚落。

蓉城春早，一切都是回家的感觉。外出是快乐的，因为外面的一切都是新鲜，但外面又有陌生的感觉；而回家的感觉则是亲切而熟悉的，久别更恋家，一切都是熟悉的模样，一切都是家的感觉，回家的感觉真好。

蓉城春早，幸福是奋斗出来的。一年又一年，春节都这样度过，不知不觉十一科技总部迁入成都已经33年了，我们正是在这一年一年的努力中由弱变强、从小变大，不断积累，如今的十一科技在蓉城已绽放出胜利的花朵，成为蓉城强大队伍中光荣的一员，成为这座城市先锋队中光荣的一员，这一切都是奋斗出来的，而春天是奋斗最好的时节，我们要继续努力。

2021年2月19日

市场的核心问题

项目上的失误，有很多复杂的原因，主要原因往往是"不知己，不知彼""过分乐观""对竞争对手估计不足"对"投标各方面的关系分系分析不透""对最坏情况估计不足""提前策划不够""出手不准""措施不力"等，这些失误会痛失重大市场机会，影响了市场格局，缩小了双方的市场差距对比、遏止住自身快速发展的势头。

市场最根本的核心问题，还是客户以及如何为客户服务的问题。是否树立以客户为中心的理念，这是市场的关键与核心；是否得到客户的信任与赞同，是获得市场的关键。得不到客户的信任，就得不到客户的帮助与支持，是无法赢得市场的，即使短时间内拿到项目，由于服务不好，由于与客户的矛盾与冲突加大，中途叫停的可能性是很大的，是无法持续维持市场的。如果从根本上树立了"一切为客户""客户至上"的真正理念，即使市场有波动，也必定是暂时的，一定会重回快速发展的正确轨道。

一个项目，会影响到市场的格局中，但不会总体改变战略的方向，有时虽然战略是正确的，但由于策略失当，也会丢项目，背离战略的轨道。

由于我们多年来一系列正确战略的实施，我们总体实力、影响力、发展势头与团队的蓬勃精神是挡不住的，个别项目上的失利，不会挡住我们前进的步伐，只要我们深刻地吸取这些经验教训，采取切实有效的措施，采取统一指挥与统一行动，坚持一系列成功的战略，坚持"出手更快、出手更狠、出手更准、服务更好"的市场总方针，我们就一定能很快恢复队伍士气，恢复各方面的生机，继续加快发展步伐。

坏事在一定的条件下是能够变成好事的，错误与挫折会使我们更加坚强起来，关键要勇敢直面挫折与困难，要采取非常有效的措施，有力地制止住下滑态势，稳住大盘，继续发展。

2021 年 2 月 28 日

没有下一次

发展是一个永不停止的过程,机会总是有的,但好机会并不多,即使有好机会,完全相同的好机会并不会重复出现,从这个意义上讲,机会没有下一次,特别是好机会没有下一次。

这是因为一切机会都会随着时间的变化而改变着条件,这些条件是因环境发生变化而变,要完全回到当时特定条件下的机会是不可能的,因此如果丢了这一次机会,就没有下一次。

没有下一次,必须非常重视面临的每一个市场机会,必须非常重视面临每一个发展机会,非常重视面临的每一个合作机会,一旦失去这些机会,就会给发展带来巨大的困扰,就会留下很多永久的遗憾。

没有下一次,我们必须仔细再仔细,不能粗枝大叶。把握当前的机会,就是要把当下的事做好,把每一个细节考虑好,把每一个可能出现的问题都要尽可能的想到,别粗枝大叶,粗枝大叶往往要搞错。

没有下一次,必须全力以赴抓住眼前机会。机会一失永不复,流水逝去永不回。未来当然重要,但现在是未来的基础,没有现在也就没有未来。机会改变格局,机会决定命运,我们不能轻易放弃机会,不能拿命运开玩笑,把握当下的机会,就是把握命运,就是把握未来。

没有下一次，只有这一战。当前的战斗决定着未来，要精心策划，精心运筹，集中资源，全力迎战。要把每一仗当成大战役，把每一次竞争看成是命运的大决战，打好每一仗，决战每一场，务求必胜，积小胜为大胜，积大胜锁定胜局。

没有下一次，要顽强战斗到最后。不到最后，决不轻易言败。战斗精神始终是最重要的，要把这种精神贯彻全过程，不到最后，决不轻言胜利，也不轻言失败。要在竞争中确保稳赢，要在逆境中实现峰回路转。

没有下一次，全力这一战，"天生一个仙人洞，无限风光在险峰"，正是无数惊心动魄的竞争，才真正锻炼与考验着我们的意志；正是市场经济的狂风暴雨，才使我们锻炼得无比坚强；正是市场经济的种种不确定，才使我们平淡的生活更有激情、更充满诗意。

2021 年 3 月 3 日

华虹，成就我们的梦想

今天，在事隔两年后，我们最尊贵的朋友——华虹集团董事长张素心再次光临十一科技，华虹集团总裁王靖首次莅临十一科技，这让我们感到非常荣幸，这里我代表十一科技4600名干部员工对素心董事长、王靖总裁一行光临十一科技表示最热烈欢迎！

华虹，是中国集成电路的一面光辉的旗帜，这面旗帜在素心董事长的挥舞下，漫天飘扬，席卷天空，成为国人心中的希望与骄傲，成为中国民族高科技最靓丽的一面旗帜。

华虹，成就我们的梦想，我们在服务华虹中一天天成长。我们从上海华虹NEC工程开始服务华虹，至今已有20多年的历史了。我们在服务华虹的过程中不断成长、不断壮大，在华虹的严格要求下，我们在服务华虹的过程中不断积累经验、不断提高能力、树立品牌、迅速成长，扩大影响，如今我们因此也成为工程行业的一个品牌，我们因此一天天快速发展，这一切都离不开华虹，跟着巨人成长，是我们的足迹。

华虹，成就我们的梦想。我们与华虹有共同命运。我们都是国资控股的，都有家国情怀，都流淌着红色血脉，都担负着民族发展的历史重任，华虹搭起了通天的天梯，我们顺梯而上，我们在华虹巨人的带领下，搭乘着华虹这艘航空母舰破浪前进。

华虹，成就着我们的梦想。素心董事长倡导、华虹人践行"家国情怀、一诺千金、敬业奉献、使命必达"的"5.20"精神，是我们前行的巨大动力，是我们再出发的新动能，是我们人生与事业的光辉榜样，华虹"5.20"精神必将鼓舞我们在"十四五"元年里奋勇前进。

华虹，你是天上长虹，人间彩虹；华虹，你是国之栋梁，中华重器；华虹，你是最艳的旗帜，我们心中的最爱。

风卷红旗如画，江山如此多娇，祖国大地绿水青山，在民族复兴的伟业中，无数支英雄队伍迈着雄壮步伐向前，华虹你是这支队伍中最威严的一个方阵，这个方阵引来领袖与人民注目的眼光。

前进，光荣的华虹人，使命必达，奔向远方，奔向光明的未来，在旗手素心董事长的高举下，新年里华虹的旗帜更加鲜艳，我们的梦想一定能够成真。

春天来到了，让我们在万紫千红的春天里，跟随华虹一起共舞，舞出美好的春天，舞出祖国美好的未来！

2021 年 3 月 7 日

这个冬天有点冷

首先从春节看,这个冬天有点冷。与往年不同,今年的冬天有点冷,春节的天气一直没有转暖,即使在三亚过年,也不感到热,三亚的天气与成都也只差几度,今年在三亚过年的优势并不明显。

其次,从初春最近的日子看,虽有春天的迹象,但仍然时有寒潮。出差时还必须带上棉衣,冷热天气的可能都要考虑到,否则一路上很容易感冒,而感冒在当下,是件比较麻烦的事。

再次,从疫情的情况看,也在令人担忧。虽然全球疫苗接种已开始,但西方疫苗的接种时有不良反应,从昨日新闻看,韩国人接种西方疫苗后,不良反应者比例很高。还有新冠病毒的变异发展很快,过去美国变异病毒感染人数只占新增感染人数的1%～2%,而现在这一数据已快速增加到20%～30%,对付变异的新冠病毒需要有更好的疫苗。现在疫苗研究与临床试验,远远跟不上疫情的发展。当然也有好消息,全球疫苗接种正在全面展开,而中国疫苗成为最受欢迎的安全疫苗,成为抗疫的先锋,人类的希望。另外从吉尔吉斯坦也传出鼓舞人心的好消息,这个国家已经有两个月零感染了,依靠的办法主要还是严格的防控措施。看来,以防控为主,加上疫苗接种,这是防疫最有效的办法。

最后,市场上的争斗,从新年就开始就变得更加激烈。得而复失，失而复得，已成为常态，让你的心始终无法得到一刻的平静。看来，在高位增长需要更大的勇气、更多的智慧、更大的魄力，需要更强的新动能。

虽然天气还有点冷，但转暖的趋势与迹象却是明显的。两会召开，吹来一股温暖的风，而前两个月我国外贸进出口总值 5.44 万亿元，连续 9 个月实现正增长，同比增长 32.2%，这增长的强劲态势，让世界惊叹，让国人骄傲。

"有朋自远方来，不亦乐乎？"在初春的日子里，我们迎来一批批亲密的朋友与合作伙伴，给我们带来温暖的春风。这春风，驱散严寒；这春风，温暖人的心窝。

初春的日子里，在一系列正确而多变的战略指引下，光荣的十一科技健儿们在各路市场全力反击，实现大比例的全面增长，再造上海分院、再造东南区、再造十一科技，不再是梦想与口号，而是不可阻挡的强大趋势与潮流。

"初春时节有寒潮，冬去春来艳阳照"，春天就要来了，放眼望去，黄灿灿的油菜花，美丽的樱花，洁白的梨花，盛开的海棠花，挺拔的青松，百花盛开，一个万紫千红的春天正在向我们大步走来，让我们满怀着热情，去拥抱着美好的春天吧！

祝贺"三八"国际妇女节！

2021 年 3 月 8 日

脱离火山口

火山口，就是火山喷发的口，是烈焰温度最高、爆发力最强、最危险之处。火山口，也指矛盾与冲突的焦点处、关键处，最容易被伤害之处。

激烈的竞争，常使人处在火山口。市场竞争中，竞争的一方与众多的对手发生冲突是难免的，因此时常处在人们注目的焦点、舆论关注的焦点，处在矛盾一触即发的矛盾之中，如果处理不好，就会受到伤害。

发展的冲突，会使人处在火山口。发展，转型，就是要不断进入新的领域，而进入新的领域就会与原有的市场的进入者发生冲突与矛盾，这是不可避免的。

战略的失策，会使人处在火山口。在发展中，我们不能不顾市场与环境的实际情况，一味地单打独斗往前冲，而必须在坚持正确战略指引下，审时度势，仔细判断形势，采取正确而又灵活的政策。要放下身段，该联合就联合，该合作就合作，该让利就让利，该调整就调整，该退让就退让，改变在市场上过分孤立的情况，最大限度地打击主要对手，实现自己的战略目标。

人们在行走中，由于前方有路障而无法跨越时，需要低一下头，拐一个弯，才能顺利通过路障，才能不被撞到，才能更快行走，才能更好地实现自己的战略目标。这个时候调整成为胜利的必要保证了，不调整就会处处受伤，影响与延误发展机会。

处世的高调，常使人处在火山口。有时候，高调是必要的，因为高调可以鼓舞人心，高调可以激励斗志，高调可以使人振奋，但过分高调，成为众矢之的，就会处在矛盾的火山口，特别是在一些敏感时期，低调就显得特别必要。一般来说，宣贯战略可以高调些，因为只有这样高调宣传，才能让战略深入人心；而在具体落实时，要低调做事，这样才能出其不意、趁其不备，才能最终致胜。

言行的不慎，会使人处在火山口。言行不慎，口出狂言，容易成为众矢之的。而采取低调务实的作风，更容易得到各方的支持，对发展更加有益。

脱离火山口，进入安全区，这是生存的必需；脱离火山口，进入安全区，这是发展的必需；脱离火山口，进入安全区，这是未来的保证。

远离火山口，用多元化的战略分散风险，用中小化的战略奠定胜局，用每战必胜的信念打好重大战役，用持续不断的胜利鼓舞团队斗志。

2021 年 3 月 8 日

成功，在于坚持

今天海南"金盘科技"（股票代码：688676，浙商证券主荐）在科创板成功上市，成为海南省第一家在科创板上市的企业。金盘科技以 10.10 元开盘，以 24.35 元收盘，市值突破 100 亿，这个股价是在大盘下跌的情况取得的，实属不易。作为金盘科技的战略合作者、同时也作为金盘科技的创始人、董事长李志远的好朋友，我应邀出席上市仪式，见证金盘科技这一辉煌的时刻。

金盘科技，由李志远创立于 1993 年，1998 年在美国纽交所上市，2016 年从美国纽交所退市，2017 年起进军国内资本市场，2021 年 3 月 9 日成功登陆科创板，成为海南省第一家登陆科创板的上市公司，这是金盘科技的荣耀，也是志远董事长坚持 28 年不变初心的结果，成功与荣耀的背后，是充满荆棘的曲折道路。

第一是选择海南搞实业，这点就很不容易。海南历来是避暑之处、旅游之地，从来不是搞实业的理想之处，特别是在 1993 年，海南的产业配套与基础设施很不完善，整个海岛都处在房地产热，几乎没有什么产业，但却在这个时候，志远董事长以他独特的眼光选择了海南，选择了海口，选择了金盘开发区，而且一待就是 28 年，从来没有动摇过，这真是非常不容易。

第二是专注电气主业。28 年来，金盘一直坚持在电气领域里耕耘，驻守主业，在主业里坚持做大做强，从来不动摇，从来不改变，从来不放弃，经得起任何诱惑，如今金盘科技拥有干式变压器等多个领域的领先技术，成为电气制造的领军企业，产品销往80多个国家。

第三是不断转型升级。智能制造、数字转型、服务新能源、进军电子行业，进入更多国民经济的新领域，这些年金盘科技一直在转型的路上快速前进，一刻也没有停止，始终与国家的发展战略同步，如今成为高端制造的一个龙头，成为行业的一张响亮品牌。

第四是从不放弃。从1998年开始进军美国资本市场，到2021年成功登陆科创板，志远董事长带领金盘科技，作为资本市场的老兵，如今华丽转身，写出辉煌的新传，这中间历经风雨，志远与金盘人从来没有放弃，一直努力，终于笑到最后。

第五是坚持高质量。金盘科技的产品出口80多个国家，从来没有接到质量投诉，产品的高质量是金盘科技的生命线，如今金盘科技的品牌影响力如日中天，质量信誉越过国界，受到国内外大客户的青睐。产品的品质始终是企业的生命线，是企业赖以生存的基础，是竞争力的核心，是客户信任的关键，金盘科技以产品的高质量，赢得了客户的信任。

坚持铸就品牌，成功成就梦想。金盘科技是产业的一面旗帜，这面旗帜在海南上空飞舞，在国内外开花，随着金盘科技成功登陆科创板，随着海南自贸区建设新时代的到来，金盘科技将迎来发展的新时期，开始收获海南的累累硕果，我们祝愿金盘之花越开越鲜艳。

2021年3月9日

开卷有益,动笔有获

俗话说得好,"开卷有益",这说明了读书的益处,而"动笔有获"说明了动笔的好处。

动笔的过程,是思路逐渐清晰的过程。有了题目,有了思路,这还不够,必须动笔。文章的思路,在写作的过程中,逐渐清晰。

动笔的过程,是学习深化的过程。一开始,对写作对象不会都很熟,因此在写作过程中需要查阅很多资料,需要观察、走访与了解写作对象,这本身就是一个学习过程,也是一个对写作对象深入了解的过程,这个过程不可能只在脑子里完成,而只能在写作过程中逐步完成。俗话说得好,"好记性不如烂笔头",精彩的语句只能出现在反复的修改与提炼中,优美的文章只会在写作中逐步形成。思考的深入,必须借助于持续的写作过程。

动笔的过程,是实现目标的过程。我们一般都有目标,也制订了各种创作计划,但如果迟迟不肯动笔,这些美好的梦想或独具创新的想法,都只会停留在我们的脑海里,成为永远无法实现的梦想,而且时间一长,当时的这些想法会变得逐渐模糊,最后全部遗忘,而我们也会越来越缺乏再动笔的勇气。

动笔的过程,是收获的过程。边动笔,边学习;边学习,边写作。知识面在写作过程中不断扩大,而在不断地写作实践中,写作也会变得更加得心应手，更加熟练，更加快捷，文章必定更加优美。

落笔如神，一挥而就的文章也是有的，这些文章大都是思考酝酿已久、胸有成竹时写下的。然后更多精彩的语句、更多优美的文章则需要反复思考，反复修改、反复提炼，才能做到字字珠玑、精句迭出、文笔优美而成为典范。鲁迅先生说："文章不是写出来的，而是改出来的。"说明了反复修改的极其重要性，而动笔开始写作，则是一篇好文章的开头，没有开头也就没有结果。

写作总是艰苦的。好的文章不会一挥而就，写作，需要静下心来，需要耐得住寂寞，需要远离喧闹，独居一处，需要用心思考，需要查阅资料，需要反复斟酌，有时也需要身临其境，是一个艰苦的思想过程，要付出很大的努力。

写作也是快乐着。笔底世界波澜壮阔，生动丰富，别一番情趣。特别是当看到一篇篇文章发表、一本本书籍出版而受到大家欢迎时，写作的疲惫与艰苦，顿时被快乐的心情一扫而光，从而更增添了坚持写作的愿望。

鲁迅先生说："哪里有天才，我是把别人喝咖啡的功夫都用在工作上的。"写作需要时间，而这时间不会是整段的，只能是在生活与工作的零碎时间，在我们出差与旅行的空隙中，在我们生命的每一个可能的时分，我们在这些零碎时间里，辛苦耕耘着，不断实现着我们的梦想，不断收获着写作的成果，不断感受着生活的快乐。

2021年3月11日

地球上的氧气还能维持多久

  2021年3月10日《参考消息》转载西班牙《阿贝赛报》网站3月4日报道，题：地球上的氧气还能坚持多长时间？（记者　何塞·曼努埃尔·涅维斯）

  文章说，从大气层到海洋的最深处，我们的星球高度氧化。但情况并非总是如此，科学家们想知道，当前这样有足够氧气来维持地球上所有物种生命的状况还能持续多久。这个目前很难解答的问题，不仅对地球生物圈的未来影响巨大，而且对于在太阳系以外类似我们的星球上寻找生命也具有重大意义。

  文章说，在最近发表于英国《自然·地球科学》月刊上的一份研究报告中，日本东邦大学研究人员尾崎和海和美国国家航天局天体生物研究所专家克里斯托弗·莱因哈德利用一种新模型回答了上述问题。研究指出，从现在开始，地球大气的富氧状态还将持续约10亿年。

  文章说，尾崎和海解释说，多年来，我们对地球生物圈寿命的讨论是基于对太阳恒定亮度和碳酸盐——硅酸地球化学循环过程的了解而展开的。

  文章说，大气是一个星球自然环境的重要组成部分，与星球上的生命息息相关。判断行星是否存在生命的一个重要指标，就是可探测到的富氧大气。

  文章说，至少有一点已经很清楚，没有什么是永恒的，即使是地球上的氧气也不例外。

2021 年 3 月 11 日

100 年前的红船，你在南湖出发
——为庆祝中国共产党 100 周年而作

100 年前的红船

你在南湖出发

船上的人数是这么的孤单

只有 13 名代表

代表着全国 57 名党员

队伍是如此的弱小

却代表着光明的力量

灾难深重的中国

动荡的年代

人们盼望大救星

十月革命的一声炮响

给我们带来了希望

觉醒的力量正在涌动

思想的先驱们正在行动

红船在烟雨蒙蒙的南湖出发

中国共产党在民族危难中诞生

100年间的红船

在没有航标的航道中探索

在曲折与黑暗中艰难前进

血雨腥风使人们懂得枪杆子的重要

南昌起义响起了第一声正义枪声

党指挥枪的原则在井冈山确立

农村包围城市的正确战略指引着我们

五次围剿突破重围求生存

两万五千里长征走出新天地

遵义城霞光万丈

英明的毛主席从此领导我们

从胜利走向胜利

延安的灯塔照亮全国

"西安事变"推动国共第二次合作

八年抗争胜利再迎解放战争

三大战役奠定胜局

毛主席在天安门亲自升起鲜艳的五星红旗

中国人民从此站起来了

在前进的路上

也时常有暗礁

在胜利的坦途中

也时常遇挫折

在奋进的道路上

也时常有意志薄弱者

但红船既然已经出发

就一定使命必达

初心已经确立

梦想就一定牢记在心

建设强大中国的美梦一定成真

毛主席的社会主义建设奠定了国家的基础

邓小平的改革开放让中国富起来

习总书记实现了消除贫困的光荣使命

东方巨龙强盛腾飞在世界舞台

踏遍青山人未老

风景这边独好

防疫风暴再现东方力量

世界动荡再显特色制度优势

任凭百年风雨劲吹

红船始终快速行驶

前无古人后无来者

成为世界上最美丽风景

任凭百年各种挑战

红色的旗帜始终鲜艳

百年红旗独艳

无数烈士鲜血浇灌

无数英雄无私奉献

前仆后继决战从不停息

百年红船仍然在航行

100 年过去了

船上的人已不再孤单

9000 多万名党员

领导着世界上人口最多的 14 亿中国人民

指挥着世界上最大的一个经济体

代表着世界发展的正确主流

肩负着更大的使命

实现人类的和谐与复兴

迈向更加光明的未来

让红色的旗帜

高高飘扬永远飘扬

让南湖的红船

通向整个世界

2021 年 3 月 11 日

我的好朋友晓弦

昨天上午十时,天下着细雨,让人感到阵阵寒意。然而在全国文明村——嘉兴南湖区新丰镇的竹林村却热闹非凡,这里在隆重举行本土出生的全国著名诗人晓弦(俞华良)"晓弦诗文展览馆"与俞华良诗歌工作室的揭牌仪式。除了嘉兴当地的各级有关领导和嘉宾外,作为好朋友,亚洲老师与我都出席了这个活动仪式,我们的到来,为这个仪式带来了业内的祝贺,增添了文学的热闹气氛。

我与晓弦的认识,始于2015年嘉兴湘家荡国际散文诗征文与颁奖活动,那次活动是由中外散文诗学会主办,我是学会副主席,我与海梦主席、宓月秘书长一起出席活动,在当地区委宣传部的精心指导下,晓弦是具体总策划者,那个活动高朋满座,搞得十分圆满,让我对晓弦的卓越的组织能力有了深刻认识,这也开始了我们之间的友谊,之后还开展了一系列成功的文化合作。

我们先后成功举办赵振元诗歌朗诵会、金达爱德杯国际散文诗歌大赛暨大型朗诵会、十一科技庆祝建党诗歌朗诵会以及国庆朗诵会等,这些朗诵会吸引了丁建华、刘忠虎等一大批国内著名的朗诵家前来朗诵献艺,著名作家、著名编剧黄亚洲老师也多次出席。在区委、区政府的关心下,我们还一起推动和催生了一家著名朗诵团体——南湖朗诵艺术团(南湖区朗诵家协会)的诞生,这个艺术团体产生了袁瑛、炜航、郭洁、高原等一批享誉国内朗诵界的朗诵家，他（她）们都获得中外散文诗学会等单位主办的在嘉兴南湖颁发的"中国散文诗最佳朗诵奖"荣誉，他（她）们的不少优秀朗诵作品除了在上海、成都、杭州一些文化活动中展示外，还通过在广播电台的传诵，几乎传递到每一位嘉兴人。我们还一起推动与策划了包括钟丽燕独唱音乐会等国内多次大型演唱会的召开，一首由我作词、四川音乐家协会副主席彭涛作曲的脍炙人口的《嘉兴美》，也由此诞生，在嘉兴电视台连续三个多月进行播放，同时，我的多个朗诵碟盒也由嘉兴吴越音像出版公司出版。

我们在南湖、在嘉兴联合策划的一系列重大活动，活跃了嘉兴与南湖诗坛，繁荣了中国诗歌界，直到今天，我们仍然在一起做很多对社会十分有益的事情。

晓弦是植根于仁庄的乡土作家、诗人，是中国诗歌界有特色的著名诗人，他对故乡仁庄一往情深，十多年来一直在为仁庄写诗，他以《仁庄纪事》为组诗题目完成并发表的近千首诗歌，我想应该成为仁庄诗学重要的组成部分，这次由中国作协副主席吉狄马加题写馆名的"晓弦诗文展览馆"的建立，可以让人们通过展览陈列的作品一窥他的孜孜以求的"仁庄怀情"，考量晓弦的仁庄诗歌理念，提升晓弦的诗歌艺术水准，所以说，这既是嘉兴文化上的一件大事，也是浙江文坛的一件喜事，更是国内诗歌界的一件盛事。而且，在中国共产党建党 100 周年之际建立这个展馆和创作基地，无疑具有重大意义。

我和晓弦，还会继续携手，为南湖，为嘉兴，为中国诗坛继续做些更有益的事，就像晓弦众多仁庄诗歌系列里的主色调，充满上扬的能量。而且事实证明,这些通过文化艺术传播释放正能量的事,对国家和地方经济社会发展,都极有好处。

2021年3月12日

嘉兴秀湖

今天就要离开嘉兴了，早晨，我与学良在宾馆周边散步，我们来到了不远处的秀湖，后来宪领、史伟、锋磊等同志也赶来了，我们一起漫步秀湖。秀湖优美的风景吸引着我们，虽然是初春，还带着一丝寒意，但我们还是兴致勃勃，漫步在秀湖，在雨后感受着晨风中的凉爽。

秀湖位于嘉兴市秀洲区新塍塘北侧，总占地面积1610亩，其中水面积780亩。宽广的水面，清澈的湖面，在晨风中泛起涟漪，让人心旷神怡，心情格外爽快。

满园的绿色、多彩的鲜花，丰富的植被，让初春的秀湖别具特色。长长的健康绿道，为热爱健康的人们提供了锻炼的场所，多样化的风景绿地，为老年人修养身体多了个去处，而水色风光更是增添了秀湖作为江南水乡的厚重色彩。

秀湖形成了"三湖汇八苑、一环乐六岸"的空间结构布局，以生态、乐活、艺术、科技为主题的多功能公园 。秀湖的"八景"很美，分别为：秀水泱泱、艺湖天地、湖畔闲庭、曲水长坡、梅园探春、浅湾竞乐、里仁桥畔、汉风古韵。

"东有南湖，西有秀湖"，秀湖的建成为秀洲、为嘉兴，增添了新的景点。远处望去，嘉兴新的大剧院正在加快建设，在建党

100 年来临之际，嘉兴新的大剧院将落成，迎候各路嘉宾。现在的嘉兴，气象万千，日新月异，到处充满建设与发展的热潮，人们用建设发展的实际成就，用各种可能的方式，庆祝建党 100 周年，庆祝红船从南湖出发 100 周年的纪念。

听了学良与嘉兴分院的工作报告，满心喜悦，嘉兴分院与华东分院等大院合作，新年伊始，凯歌高奏，连下多城，两个月的成绩胜过多年过往，说明"十四五"元年发展大有潜力，说明我们在嘉兴落户开始收获累累硕果，说明我们与红船相伴必定深受其鼓舞，说明我们在长三角发展战略的完全正确。

潮起东方，风起云涌，东边风景好；红船再出发，奔向新未来，风景更加美；抓机会，促成功，一路急驶向远方。

幸福是奋斗出来的，我们在嘉兴、在长三角的机会与地位、目前出现的爆发性增长态势，是多年来持续不断沉积的结果，是长期不懈奋斗换来的，舍此以外，没有任何捷径。

2021 年 3 月 12 日

二月二，龙抬头

看到朋友们不断发来微信贺卡，才意识到今天是阴历二月二，是龙抬头的日子。

龙抬头（阴历二月二），又称春耕节、农事节、青龙节、春龙节等，是中国民间传统节日。"龙"指的是二十八宿中的东方苍龙七宿星象，每岁仲春卯月（斗指正东）之初，"龙角星"就从东方地平线上升起，故称"龙抬头"。

2016年二月二（阴历），我第一次参加龙抬头的活动是在巩义市，当时我正好在巩义公务，遇上世界赵氏宗亲会在巩义举行祭祖活动，因为宋太祖赵匡胤与宋朝皇帝的陵墓都在巩义，因此全世界赵氏宗亲祭祖的活动都选择在龙抬头那天在巩义宋太祖赵匡胤的陵墓前进行。在当地朋友的热心安排下，我参加了那次活动，而且受到了赵氏宗亲会的特别礼遇，提前祭拜。看到如此众多的赵氏宗亲不远万里，从世界各地赶来祭祖，感受到宗亲的力量竟然是如此强大。

时光穿梭，岁月易逝，一晃就是5年过去了。从那次活动后，我再也没有机会参加任何有关龙抬头的活动，但那次活动给我留下的深刻记忆很难忘却，那次活动也开启了我们在巩义的投资发展之旅，我们在巩义的投资发展之旅在5年间越来越精彩。

5年来，国家巨变，中国在发展的道路上快速前进，东方龙昂首抬头，东方巨龙腾飞，中国成为世界第二大经济体，在防疫风暴中一花独放，显示特色制度的无比优越与强大优势，显示中国人民在中国共产党人领导下表现的坚强韧性。

5年来，十一科技巨变，十一科技这条工程龙抬头，与亲爱的祖国同行，昂首迈入百亿元俱乐部，且在高位上继续快速增长，一路狂奔。

5年来，我们兑现当初在巩义投资的全部承诺，扎根巩义，建设巩义，与美丽的巩义同行，在历届市委、市政府领导的亲切关怀下，我们在大裕沟镇将军岭建成自持的40兆瓦光伏电站，在市委市政府与大裕沟镇的全力支持下，于2016年12月23日并网发电。今北岭电站早已足额发电，永立在巩义将军岭山头上，每天都发出强大的清洁电源，为减排作出贡献，河南省委主要领导多次亲临现场，视察肯定，我们也首创了在巩义光伏扶贫的案例。我们与大裕沟镇共建的光伏大道，成为美丽巩义的一道靓丽景观，成为一个独特的光伏山地公园，为历史厚重的巩义增添新的光彩。我们把在国内首创的光伏树在巩义大面积推广，取得很好效果。

5年来，我们融入巩义，融入巩义的建设，融入巩义的发展，融入巩义的文化，在巩义这个诗圣杜甫的故乡，我们多次与政府联合举办多场次的文艺、党建、诗歌朗诵会与新能源商会等重大活动，在巩义的发展史上留下浓墨重彩的一笔，一场场精彩的文艺会演留给人们是永恒的回忆，伴随我们度过一个个难忘的时光，而一大批企业家来到巩义，给他们展示的不仅仅是杜甫故里、康百万等巩义历史文化的展示，更多的是对巩义发展的一种推荐。一本《我们走在大路上》的诗书，激励巩义在建设的大路上大步快进，而一曲《巩义美》以精准的作词、优美的旋律、精彩的演唱，成为巩义文化建设新的成果，《巩义美》响彻巩义与中原大地。

　　岁月多变，世事难料。5 年来，随着发展的进行，人事更迭快速，好朋友一个个远离，或升迁，或调走，或离开，当年熟悉的面孔越来越少，惆怅与失落涌上心头，心中有太多不舍，正应了苏轼的诗篇："人有悲欢离合，月有阴晴圆缺，此事古难全。但愿人长久，千里共婵娟。"

　　岁月有痕，人虽走，事业在，难忘战友情。美好的记忆长留心间，留下的是惠及各方的光灿灿的事业，必将载入史册。在这新风浩荡的 5 年里，一批人才脱颖而出，他（她）们将继续扛起这面大旗，继续前行。新事业，再开张，一茬一茬往下接，一锤一锤继续敲，接出新的天地，敲出新的未来。

　　岁月如歌，每年都有龙抬头，每次龙抬头都是过去的结束，又都是一个新的开始。这是对过去的继承与留恋，这是对新未来的希望，生命在新老交替中永恒，愿君"常忆着那份情，那份爱，昨夜星辰，今夜星辰，依然闪烁"。在龙抬头的日子里，共同回顾那些美好的岁月，共同迎接光明的未来。

2021 年 3 月 14 日

倾吐真诚心声
——为赵振元、彭涛歌曲集《心声》而作

我与彭涛老师合作的《心声》歌曲集就要由新华文轩出版了,这28首歌曲收集了我与彭涛老师从2004年到今的16年的合作歌曲(主要是最近几年),感谢新华文轩让这些歌曲结集在全国出版,从而满足听众的需要。

这28首歌,大体可以按以下六个类别:一是对党、对祖国的激情歌颂《党与祖国篇》;二是对现代城市美的系列歌曲《城市系列篇》;三对亲人亲情的真情向往《亲情篇》;四是对美好大自然的尽情赞美《自然篇》;五是对行业、企业发展的热切期待《行业与企业篇》;六是对过去岁月的深情回忆与对新时代的讴歌《岁月篇》这六个方面的歌曲都表达了一种内心真实的情感,表达了真实的心声,因此用《心声》命名这两张碟子是再合适不过了,这也结束我们在命名上长时间的纠结。

彭涛老师是著名的作曲家,是我音乐事业的亲密合作伙伴,我们相互尊敬,沟通畅通,这为我们创作成功奠定了基础。彭涛老师极具音乐天赋,他旺盛的创作能力,成就了他杰出的音乐天才,他不断突破自我、超越自己,超越别人,给我、给大家、给听众一个个新的惊喜,如此众多的歌,出自一个词作家、出自一个作曲家,

这并不多见，而且这些歌曲的风格迥然不同，这让人感到非常惊讶。彭涛老师蓬勃的活力，敏锐的思路，不倦的进取精神，是音乐创作的高产者，我们收获着友谊，也收获着音乐创作的累累硕果。

我们的创作，是我们友谊与合作的结晶，你中有我，我中有你。彭涛老师时常根据他作曲的需要或创作经验，对我的歌词进行修改；而我也时常对他的作曲提出要求或提出修改意见，一首歌的定稿，往往需要多次往返，歌曲在修改中臻于完美，在一次次磨合中，歌曲变得更加完美、更加动听、更能流传。

在这些歌曲的创作过程中，我努力实践着由散文诗人向词作家的转变。比较而言，我更喜欢词作，因与普通诗歌相比，歌曲有更大的传播力与影响力，歌词的创作难度也比普通诗歌大，歌词的创作几乎需要千锤百炼、字字珠玑，而散文诗则会随意些。

这 28 首歌是在我与彭涛老师这种亲密合作的氛围中完成的，这些歌成为有生命力的音乐作品，成为歌坛一股清风，目前这些歌通过音乐平台已在全国传唱，并在全国 KTV 点歌系统播放，受到大家的肯定与欢迎，中央电视三台《向幸福出发》综艺节目，已多次播放《小宝宝》《老伴》《妈妈》，这是中央电视台对我们创作的肯定，对此，我们深感荣幸。

在建党 100 周年之际，发行出版《心声》，具有特别的意义，这是我们献给党百年诞辰的最好礼物，也是献给全国听众的最好礼物，愿这些发自内心的心声，唱出你我共同的心愿。

感谢著名歌唱家钟丽燕、史倩、代涛、何刚等老师的优美歌声，感谢黄华、刘怡、高楠等一批颇具实力的青年歌唱家的精彩演绎，感谢著名词作家王晋川老师的多次合作，感谢太太小平对词作的多次修改与对创作的监制指引，感谢乐涛风潮、艺联汇对歌曲首发的支持，感谢李在成、郭进飞、荣明等制作团队的努力，感谢余才志同志的精心策划，我还要特别感谢十一科技，感谢我们伟大的时代，因为正是伟大的新时代、正是十一科技这样宽广的发展大舞台，给了我永不枯竭的创作源泉。

新的时代，需要新的歌声；新的未来，需要新的音乐，让我们不断在音乐世界里，找到动力，找到激情，找到方向，找到未来！

2021 年 3 月 15 日

伟大的中国是如何复兴的

2021年3月15日《参考消息》转载俄罗斯东方媒体新闻网主编安德烈·卡拉钦斯基文章：《伟大的中国是如何复兴的》。

文章说，中国的经济总量达14.7万亿美元，人均国民生产总值（GDP）连续两年超过1万美元。按年平均汇率折算，2020年中国经济总量占世界经济的比重超过17%。由于新冠肺炎疫情，中国GDP超过美国的时间将比预期时间提前。西方金融专家认为，中国GDP将在2028年超过美国。

文章说，中国共产党已经完成的一项最重要的历史使命就是建立一个独立自主国家。中国采取了睿智的做法：吸收了计划经济的所有长处。人们甚至认识到，一个国家可以有两种制度。"一国两制"使澳门和香港逐渐与祖国融为一体。如今，中国共产党已有9000多万名党员，中国共产党是中国的领导力量，并且特别重视社会稳定。

文章说，在应对危机方面，中国比所有其他国家做得更好。中国共产党与中国中央政府采取了果断措施，新冠肺炎疫情被控制住了，中国卫生保健系统在抗击疫情中取得世界最好的成绩。

文章说，在中国共产党的倡议下，中国建立了自由贸易区，建立了中、小型私人银行，取消了乡镇和小城市的落户限制（在大城市与中心城市仍未取消）。移居城市的农民享受社保，获得住房，农村允许农民以市场价格转让土地承包经营权。孤寡老人、孤儿和残疾人等弱势群体得到了国家关照。

文章说，中国几乎保留了对每个关键经济领域的国家控制权，包括金融、石油、能源、航空、教育、电信、汽车、交通基础设施和医疗保健等。

文章说，无论贪腐人员处于何种职位，中国共产党都坚决且卓有成效地与其腐败行为作斗争。2020年前三季度，中国的纪检监察机关共立案44.3万件，处分39万人。2020年全年，中国共有197761名官员因违反中共中央有关打击腐败的"八项规定"而被处理。

文章说，中国共产党认为，共同富裕是中国特色社会主义的本质之一，也是人民群众对于执政党的共同期盼。中国的扶贫不是空洞的政治口号，而是落实到了行动上。自2012年以来，中国各级政府投入到扶贫的资金累计近2320亿美元，用"精准扶贫"的方法集中力量解决偏远地区的贫困问题。

文章说，中国向贫困地区派出了25万多个驻村工作队，累计300多万名驻村干部奋战在脱贫攻坚一线。如今，中国832个贫困县已全部脱贫摘帽。现行标准下，中国9899万农村贫困人口已全部脱贫。

文章说，经济发展的指标之一是用电量与货运量。客运与货运的速度越快，经济效率就越高。截至2019年底，中国铁路营业里程超过13.9万公里，其中高铁营业里程超过3.5万公里。公里里程501.3万公里，其中高速公路15万公里。这些都是世界最高纪录。

文章说，作为中国"一带一路"建设的标志性项目之一，中欧班列有着全球里程最长的运行线路。通过该班列，货物可以从中国运至20多个欧洲国家的90多个城市。2020年，中欧班列全年开行12046列，共运送货物113.5万标箱。世界首列时速为350公里/小时的货运列车已在中国下线。

文章说，现在中国的科研经费投入总量居世界第二，且正在不断提高。比如，中国的科研投入从2015年的2279亿美元增长到2020年的3479亿美元左右。

中国的科技实力在抗击疫情期间也发挥了重要作用。由于产能不足和西方国家疫苗被超量抢订，许多发展中国家至今仍然没有获得任何新冠肺炎疫苗，而中国已有多个疫苗方案。中国现在已有7款新冠肺炎疫苗进入第三期临床试验。中国目前已经或正在向53个国家提供疫苗援助，向27个国家出口疫苗。中国疫苗成为许多发展中国家人民的救星。

文章说，中国设定了一个宏伟的目标，即到2045年成为世界领先的航天强国。太空探索是一个国家的意志和经济技术水平的标志。

2021年3月16日

多元化使事业常青

在市场与发展中,由于多方面的复杂原因,不太可能有常胜将军,关键是要及时总结,随时调整,采取一系列快速、有效而强有力的应对措施。而多元化的战略经营则分散了市场的风险,会出现东方不亮西方亮的格局,前进的脚步不会因偶然的失误(即使可能遇重大挫折)而停止,因为多元化的战略已经分散了过分集中的风险。

业务领域的多元化。过分集中某一领域,会有很大风险。在面临日趋激烈竞争的市场,要稳住并扩大在某一领域的市场占有率,并不是件容易的事,受各方面复杂因素(主观失误或其他一系列客观因素)变化的影响,市场与个别重大项目的变化与失手,在所难免。毫无疑问,这种变化会对你的品牌、影响力等构成严重影响,甚至影响生存,但如果你已经多元化了,那么这种影响力就会减弱,就会有所淡化,否则就会加剧。

地区的多元化。地区的发展总是在波动的,总是不平衡的,不能对一些热点地区过分依赖,而是要多地区发展,要实现地区间发展的平衡,这些就能从容应对地区间发展的突然变化,就会出现东方不亮西方亮、黑了南方有北方的局面,不致于因某些地区的突然变化而惊慌失措,而束手无策。

赢利模式的多元化。利润结构的多元化很重要，如果利润结构过分单一，同样给发展带来某种不确定性。而利润结构的多元化，摆脱了对单一市场、单一业务、单一领域的过度依赖，夯实了发展的基础。

客户的多元化。大客户是最重要的，但我们发展中要考虑客户的多元化，既要不断深化与老客户、大客户的关系，也要不断开发新客户。不断优化与大客户的战略合作，不断扩大客户群，不断丰富客户群，是我们事业持续发展的基本保证。

人才的多元化。人才是企业发展的基础，是竞争力的重要组成部分，要有多元化的人才，适应企业多元化业务的发展。对一些关键岗位的关键人才也要考虑充足的人才备份。我们要保护、提拔并重用一些关键人才，但同时又不能对个别人才过分依赖，因为现在市场环境充满着诱惑，这些人才能否经得起这些诱惑的考验，我们不得而知，除了采取一切必要的措施留住人才外，考虑充足人才的备胎是完全必要的，而人才多元化是个正确的选择。

2021 年 3 月 17 日

道不同，不相为谋

古人云"道不同，不相为谋"，这是一条千真万确的真理。在与友人的交谈与自身的亲历中，深有体会。一旦与志向不同、性格不同、甚至是与骗子合作，你等于迈进了无底深渊，踏上了一条万劫不复的道路。

这是一个坑。这个坑起初并不大，后来越来越深，让你无法自拔；这个坑越来越大，让你无法脱身，最终会淹没你。

这是一个泥潭。深陷泥潭而不能自拔，这是万分痛苦的事，有力而无法使，越陷越深，听任这艘船下沉，让人真是后悔不迭，后悔当初。

这是一个局。这个局一开始就是骗局，轻信别人的话，听信骗子的话，就容易上当，就容易走上不归路。设好的局会把你越卡越紧，

这是一条万劫不复的路。一旦踏上这条路，无法转弯，无法回头，无法脱身，无法回到过去，无法回到从前。

本来是有机会脱身的，但关键时刻缺乏果断，缺乏敏锐，缺乏智慧，最终失去摆脱困境的机会。

一切挫折，并不都是坏事，会使我们更加聪明起来。毛主席说："错误和挫折教育了我们，使我们比较地聪明起来，我们的事

情也就办得好起来了。任何政党、任何个人，错误总是难免的。"任何挫折都是财富，我们在挫折中变得聪明起来，变得更有经验，变得更加智慧，变得更加坚强起来。

　　一切困境，都将磨练你的意志。困境，将磨练你的意志，使你的意志更加坚强；困境，将考验你的勇气，使你的斗志更加旺盛；困境，将锻炼你应变的能力，你的能力在摆脱困境中得到锻炼与提升。

　　一切困境，都是成长过程中难以避免的。成长的道路，不会一帆风顺，有明媚的阳光，也有狂风暴雨；有平坦的大道，也有荆棘塞途；有灿烂的鲜花，也有毒罂粟花；有真诚的掌声，也有充满敌意的诽谤，这些都是不以人的意志为转移的，这就是我们的环境，这就是我们所处的真实世界，对此，我们必须学会适应与面对，这样我们才能从容面对。

　　远离那些道不同者，与志同道合者一起，与亲密的战友们一起，与一切真诚合作者一起，结成强大的战略联盟，共同开创美好的未来。

2021 年 3 月 17 日

乱云飞渡仍从容

1961年9月9日，毛主席在庐山创作了一首七言绝句《七绝·为李进同志题所摄庐山仙人洞照》。当时，国外面对以苏联、美国为首的反华势力猖狂攻击中国，而国内经济进入三年困难期的艰难时刻，毛主席在这黑暗的时刻，写下的神圣的诗篇："暮色苍茫看劲松，乱云飞渡仍从容。天生一个仙人洞，无限风光在险峰。"这壮丽诗句与豪迈诗篇，给困境中的中国人民以巨大的鼓舞，成为中国人民战胜内外敌人的强大武器，成为中国人民战胜困难的强大动力。

如今，虽然已经过去了整整60年，国际风云仍然动荡不安，世界形势仍然多变而复杂。虽然特朗普下台，但拜登上来并没有完全改变美国对华的敌视政策，最近召开的美、澳、印、日四国首脑视频峰会，明确把中国作为共同的对手，发表了不利于中国的联合声明，而英国、加拿大与西方对中国有偏见的国家，更是利用在香港、新疆、西藏等问题的极端偏见，刮起一股股反华的浪潮，一切又似乎回到60年前那个时候，如今这国际上真有些"黑云压城城欲摧"的感觉。

但，历史不会重演。现在的中国已完全不同于60年前的中国了，无论是经济总量、科技水平、国防实力、国民素养、生活富裕程度、现代化建设、基础设施建设、城镇化水平、开放程度、全球生产力布局、抗疫能力等都已跻身于世界前列，其发展速度更是一马当先，无人能比。无论是谁，都挡不住中国在不太远的时间内，成为世界第一大经济体的目标。看看我们日新月异的建设发展速度，与几乎处于停滞状态的一些西方国家比，我们是多么的自豪啊！而我们如今的幸福生活，让世人瞩目，成为各国的典范。

历史不会倒退。发展中有逆流，前进中出现局部的倒退，都是正常的，但总的发展趋势无法改变。逆流与浊流，只能混沌一时，而不能搅混永远。黑暗终将过去，曙光就在前面，中国人民为全世界人民忠诚而无私奉献的精神，最终一定会得到世界人民的认同，各国人民有权选择符合自己国情的社会制度。

历史一定会奔腾向前。幸福是奋斗出来的，今天的中国是无数奋斗者前赴后继奋斗出来的，是无数奋斗者打拼出来的。我们珍惜今天的一切，珍惜我们的成就，我们将用更大的奋斗，创造新的未来。

乱云飞渡仍从容，在国际上暗流涌动、乌云当头的今天，我们必须更加坚定我们的理想，必须加快调整我们的步伐，我们深信阳光必将穿透这重重迷雾，照亮我们的前程。世界终将拨乱反正，回归正确发展轨道，我们将继续我们神圣的征程，继续攀登更高的山峰，这一切都是无法阻挡的。

2021 年 3 月 19 日

漫长的赛道

田径场上的赛道，有起点，也有终点；而人生路上的赛道却漫漫而路远，一直要到生命的终点才能结束，是一条漫长的赛道。

在人生的赛道中，有时喜，有时悲；有时笑，有时哭；有时快，有时慢；有时顺，有时逆；有时胜，有时败；有时聚，有时散；有时分，有时合；有时进，有时退，一切都很正常，要以平常心对待。

漫长的赛道，到处是机会，处处有转折，把握这些机会，就会不断出现转折，跃上新的台阶，从而实现你的人生目标，成为人生赛道上的成功者。而一旦失去这些机会，你就会止步不前，在赛道里徘徊而不能前进，成为人生赛道上的失败者。

漫长的赛道，阳光总是洒满，但也有阳光无法到达的阴暗之处，在那里充满着黑暗与陷阱，稍有不慎，就会踏入泥潭而不能自拔，使你无法走完人生赛道。要与志同道合者前行，远离那些无法同路的人。

漫长的赛道，一路上有美丽的风光，有盛开的鲜花，也有大煞的风景，更有带刺的玫瑰；你必须保持敏锐的判断力，保持你的定力，作出你的正确选择，不在多彩的赛道上迷失方向。

漫长的赛道，有催人奋进的激昂乐曲，也有消磨斗志的乱调；

有美妙无比的诗歌音乐，也有杂乱无章的噪音；有高尚的艺术享受，也有低劣的庸品。你要昂扬正气，坚持真理，坚持你的追求，人间正道是沧桑。

不因赛道漫长而消磨斗志，不因路途遥远而丧失信心。一万年太久，只争朝夕，人生路虽然漫长，其实在历史长河中也是一个短暂瞬间，是一个匆匆过客；平常心看成功，努力就不后悔，奋斗着就是幸福，抓住机会就是成功；人生赛道虽然曲折，但赛道上风光无限，赛道上又一切都是平常，平常与快乐，这就是快乐的人生。

2021 年 3 月 21 日

中国率先批准 RCEP

2021年3月23日《环球时报》记者倪浩报道，中国率先批准 RCEP 协定。

文章说，中国商务部国际司司长余本林 22 日在商务部举办的《区域全面经济伙伴关系协定》（RCEP）第二次线上专题培训班上表示，中国已完成 RCEP 的核准，成为率先协定的国家。此外，泰国也已批准协定。RCEP 所有成员国均表示，将在今年年底前批准协定，推动协定于 2022 年 1 月 1 日生效。

RCEP 由东盟于 2012 年发起，2020 年 11 月 15 日，15 个成员国的经贸部长正式签署该协议。RCEP 是全球最大的自贸区，15 个成员国总人口达 22.7 亿，GDP 达 26 万亿美元，出口额达 5.2 万亿美元，均占全球总量约 30%。

2020 年，中国对 RCEP 成员国出口规模达 6984 亿美元，约占中国出口总额的 27%，进口额达 7754 亿美元，约占进口总额 38%。

2021 年 3 月 23 日

我们能否为地球"人工降温"?

2021年3月24日《参考消息》转载:我们能否为地球"人工降温"?

文章说,如果全球平均气温升高3摄氏度,人们将如何忍受?应对气候变化的斗争能走多远?

文章说,几年前,196个国家签署了《巴黎协定》,承诺将全球平均气温在与前工业化时代的水平相比上升不超过2摄氏度。遗憾的是,这一承诺被证明是个谎言。如果二氧化碳排放量保持现在规模的话,地球的温度将上升3.2摄氏度。

文章说,一年前的此时,一篇发表在英国《自然》周刊上的文章警告说,如果我们继续对环境进行破坏与袭击,那么一定会受到大自然的惩罚。每年,随着我们将数以10亿吨计的二氧化碳释放到大气中,专家们设定的1.5摄氏度的最大升温阈值将很快被超过。因为只需5800亿吨的二氧化碳即可使温度幅度达到1.5摄氏度,而事实证明,当前已有的设施——无需再新建哪怕一座工厂或新造一辆车辆——就能产生比这更多的二氧化碳。甚至不必达到1.5摄氏度的阈值,我们就会投降。

文章说,目前气候变化已经不再是未来的威胁。许多冰川已经融化,没有回头路可走;海平面上升的速度正在加快;热浪袭击的强度越来越大；许多动物的习性已经发生改变；一些物种正在加速走向灭绝；许多植物的开花时间已经明显提前。

文章说，那么，我们还在等什么？阻止气候变化的计划必须立即实施，不能再像前些年那样找借口了。但问题在于，能否实现从碳基化石燃料向完全可再生燃料的跃进，取决于世界各国的政治和经济决策。如果不是2020年席卷全球的新冠肺炎疫情使我们的生活方式发生巨大变化，全球大多数领导人似乎不会像现在这样关注气候变化问题。他们一直拒绝改造现有的基础设施，也不愿采取其他必要的措施来降低二氧化碳的排放量。

文章说，新研究发现，从1952年到2011年，夏季平均从78天增加到95天，冬季则从76天减少到73天。春秋两季也分别从124天缩短到115天，由87天缩短到82天。

文章说，研究人员预测，如果这些趋势继续下去而没有任何缓解气候变化的努力，那么到2100年，冬季将持续不到两个月，作为过渡的春秋两季也将进一步缩短。

2021年3月25日

管 | 理 | 随 | 笔 ❺

巨额债务影响全球航空业复苏

2021年3月24日《参考消息》转引自英国《金融时报》网站3月20日报道，题：面对3000亿美元债务逆境，各大航空公司艰难起飞（记者 菲利普·乔治亚迪斯）

文章说，全球最大的航空公司已经累积了超过3000亿美元净债务，这一迹象表明，随着航空公司面临偿还救援资金和国家支持带来的巨额债务问题，新冠肺炎疫情仍将在数年内阻碍行业复苏。

文章说，人们希望夏天能够有限恢复旅行，注意力正聚焦航空公司在航空史上最严重的危机之后怎样迅速恢复其资产负债表。

文章说，根据本网站利用美国慧甚公司关于50家最大航空公司的资产负债表数据进行的分析，尽管企业现在坐拥现金1400亿美元的短期投资——这一数据高于年初的900亿美元，但同期债务也增加了600亿美元，至3200亿美元。美国四大航空公司联合航空、美国航空、达美航空和西南航空带头筹集资金，包括获得了超过600亿美元的政府援助。

文章说，在欧洲，法航、荷航集团和汉莎航空获得了数十亿欧元的国家支持，而英国航空公司的母公司国际航空集团向股东筹集了27.5亿欧元（约合32.9亿美元），从英国获得了20亿英镑（约合28亿美元）政府支持的贷款，并于当周通过发行债券筹集约12

亿美元。

文章说，一旦乘客终于能够重返天空，各大航空公司便可以开始尝试改善其资产负债表。

2021 年 3 月 25 日

在苦难中坚强

苦难，是人生路上必须要遇到的。人的一生，有阳光明媚的大道，也有黑暗无际的小路；有鲜花盛开的百花，也有毒罂粟花；有频传捷报的胜利时刻，也有连续受挫的悲伤时分；有风平浪静的岁月，也有风云突变的日子，这一切都是正常的，都是人生路上必须碰到的，正是这些跌宕起伏的变化，才丰富了我们的人生，铸就了我们辉煌的一生。

在苦难中坚强。苦难是一本书，书中写尽人生的酸甜苦辣；苦难是一首歌，曲调有喜有悲有高有低；苦难是一首诗，铿锵昂扬悲情万里；苦难是人生路，生命不息，考验不止。

在苦难中成长。在苦难中生活，在苦难中成长，在苦难中冲杀出一条成功的路，在苦难中练就一身过硬本领，在苦难中成就一番伟业，在苦难中实现人生的华丽转身，在苦难中登上人生事业的高峰。

在苦难中坚持。坚持，是成功之本；坚持，是胜利之根；坚持，是通往理想的天梯；坚持，是最重要的法宝。对的东西，在坚持中得到发扬；错的东西，在坚持中得到纠正；成功的事业，在坚持中光大；错误的，在前行中抛弃，而半途而废则会葬送掉一切，变得一无所有。

在苦难中方显英雄本色。唯其艰难，更显坚毅勇敢。"沧海横流，方显英雄本色"，"乱云飞渡仍从容"，更显勇士心态，苦难，考验着我们的决心；苦难，磨练着我们的意志；苦难，激发我们的斗志；苦难，炼就真正的钢铁。

2021年3月27日

新的赛道

走路走大道，大道上阳光照。比赛选择新赛道，新赛道上风光好，新赛道上气象多，新赛道上景色美。

新的赛道，没有这么拥挤。在拥挤不堪的老赛道上前行，无法加速，快不起来，而且随时可能被挤下道去的可能。老赛道上，硝烟弥漫，战火不断，这里无法收获丰硕的果实，无法品尝醉心的甜果。

新的赛道，空间无限。新的赛道，是蓝色的海洋，波澜壮阔，海阔凭鱼跃，天高任鸟飞，任你纵横驰骋。

新的赛道，更加精彩。新的赛道，带来的是无限风光，呈现出的是勃勃生机。新的赛道，百花盛开，万紫千红，春风一路，风景这边独好。

新的赛道，更加快乐。踏上新的赛道，宽敞的赛道，美丽的风景，让你的心情愉悦，你因此变得更加快乐。这里没有拥挤的人群，没有弥漫的硝烟，也没有决战的战场，这里有着广阔的空间。

进入新的赛道，并不容易。进入新的赛道，依然需要"牌照"与"准入证"，而这个"牌照"与"准入证"是长期转型的能力，是长期转型的结果，是长期付出的回报，是战略的胜利。没有之前持续的转型与努力，无法取得新赛道入门的资格，无法欣赏新赛道上美丽的风景，无法收获新赛道上遍地的累累果实。

新的赛道也会变化，随着时间的推移，新的赛道也会逐渐变成老的赛道，从而失去蓬勃发展的生命力。再转身，会发现更多、更新的赛道；再转身，会发现更美、更好的新的赛道，勇敢踏上更新的赛道吧，让生命永远持续保持生命的活力吧，让一切永远更加美好吧！

"山穷水尽疑无路，柳暗花明又一村"，新的赛道是风景的新发现，是老赛道的延续与更新，是再出发的开始，是新腾飞的起点，是思维的新突破，是行动的新变革，是新生命的涌动，是一个更新、更美春天的到来。

2021 年 3 月 27 日

管 | 理 | 随 | 笔 ⑤

大兴机场

昨天上午，从成都乘南航的飞机到达北京，降落在新的大兴机场。

大兴机场是一个规模大、设计新的机场，也是目前全国最大的机场。

我一下飞机就被大兴机场现代化的设计而吸引，新颖的构思、创新的设计、立体化的多层布置、精心的施工，让你感到大兴机场的与众不同。

报载，北京大兴国际机场航站楼由法国 ADP Ingenierie 建筑事务所和扎哈·哈迪德（Zaha Hadid）工作室设计。航站楼按照节能环保理念，建设成为中国国内新的标志性建筑。航站楼设计高度50米，采取屋顶自然采光和自然通风设计。北京大兴国际机场航站楼主航站楼和配套服务楼、停车楼总建筑规模约140万平方米；航站楼面积78万平方米，设104座登机廊桥；地上地下一共5层，轨道交通在航站楼地下二层设站，地下一层是广场式的换乘中心，可以换乘高铁、地铁、城铁等，其中包括京雄城际铁路和廊涿城际铁路。

北京大兴国际机场航站楼形如展翅的凤凰，是五指廊的造型，造型以旅客为中心，整个航站楼有79个登机口。

大有大的好处。作为全国最大的机场，大兴机场可满足2025年旅客吞吐量7200万人次、货邮吞吐量200万吨、飞机起降量62万架次的需求。这样就为北京以后的发展准备了充足的新动力源。宽敞的候机大厅，创新的设计，现代化的设施，让你在大兴机场感到心旷神怡，充满着自豪感。

大也有大的难处。一是出站时间久。从飞机降落到站口，大约需要25～30分钟；二是大兴机场离市里远。从大兴机场到市里，如果乘汽车要1个多小时，这样从飞机降落到目的地，一般需要2个小时。这么多珍贵的时间都耗在路上，太可惜了。这让以后在选择航班时会犹豫，除非迫不得已，以后进出北京会尽量避开乘坐在大兴机场降落的航空公司，而会尽可能选择在老机场降落的国航、深航与川航。对很多第一次来到大兴机场的旅客，更如同刘姥姥进了大观园，找不到北，要提前足够多的时间到达机场，才能不耽误乘机。

现在高铁很方便，高铁往往成为我们中短途旅行的选项。与其乘飞机这么来回折腾，不如选择便捷舒适的高铁，高铁能确保你按时抵达目的地的时间，保证公务活动与旅游的准时进行。而飞机则往往受气候与机场空中流量管制的影响，无法保证准确的时间。特别是在今年春天里，受蒙古国沙尘暴的影响，北京的气候变得差起来，这会影响航班的正常飞行。

在两难中寻求平衡。我们一方面留恋小机场的便捷，感叹小机场的好处，另一方面感受大机场的现代，赞叹大机场的气派，如何平衡这两者之间的关系，兼顾两者特点，是我们在布局设计时要考虑的问题，既要有大机场的气魄，又要保持小机场的方便，要在这两者中寻求平衡,而不能一味求大,表面好看,实际上华而不实,造成人流物流线过长,耗去不必要的资源,并不受人欢迎。

2021 年 3 月 28 日

国内旅游业开始复苏

今天乘高铁 G111 从北京到无锡，在北京南站候车，看到了几个老年人的旅游团在候车，北京南站的旅客很多，候车厅显得很忙碌，这些迹象表明国内旅游业正在开始复苏。

旅游团的重新恢复，是旅游复苏的标志，因为只有上规模的旅游团，才能带动旅游业的真正发展，自由行的散户，由于人数少，则无法形成旅游规模，无法满足国内庞大旅游业发展需要。

从国内防疫的情况看，国内已完全控制住了新冠肺炎疫情，疫苗的接种人数在不断增加，接种人群也逐渐从 60 岁以下开始扩大到 60 岁以上，全民免费普及疫苗接种的时间不远了，中国疫苗的高效率与高安全性，打消了人们接种疫苗的忧虑，增强了人们防疫的信心，也为恢复旅游业创造了条件。

即使防控形势好转，但国内严格的防控措施并没有改变，人们已经习惯在公共场所佩戴口罩，测量体温，出示健康码，保持一定的社交距离，密集人群相处都有严格措施等，这些都确保了防疫措施的落实，为旅游业的恢复创造了条件。在这些严格管控下，国内逐步恢复旅游业的风险是完全可控的。

恢复国内旅游业，可以满足国内庞大旅游人群的需要，这些人群中既有在职人员，更多的是人数众多的退休人群，他（她）们有更多的时间，也有更紧迫的需求，他（她）们是旅游常年的主力军。对在职人员，旅游也非常需要，现在美丽乡村多了，青山绿水江山美如画，现代化城市建设日新月异，到处是景色，遍地是花园，旅游可以让人们接触这些美景。同时，中国已消除贫困，富裕起来的人们，对休闲、度假、康养的需求强烈起来了，而且现在各类假期越来越多，交通与旅游设施越来越多，越来越好，出行十分便捷舒适，在当下，国内旅游成为人们的首选，国内旅游业的发展空间非常大。

旅游业，可以带动航空、铁路、公路、水路等交通业的发展；旅游业，可以带动餐饮、休闲、旅馆、服务业、金融业、商品零售业的发展；旅游业，可以带动旅游景点、景区的繁荣、推动美丽乡镇的建设、带动本地特色商品的销售；发展旅游业，可以扩大旅游业的就业人数，繁荣旅游业。旅游业是扩大内需、带动消费大市场、扩大内循环的重大举措，在中美、中欧争端不断、磨擦加剧的情况下，大力发展国内旅游业具有多方面的重大意义，这是惠及民生、强国富民的重大工程，我们应当全力为之。

2021 年 3 月 28 日

不忘来时路

3.26 日那天,看了素心董事长的朋友圈,一张十分珍贵的照片,突然跃入我的眼帘,触动我的敏感神经,让我想起四年前的那天。

四年前,是历史注定的会面。这张照片是 2017 年 3 月 26 日上午,我陪素心董事长与时任无锡市常务副市长的黄钦同志、无锡高新区管委会主任封晓春、无锡市发改委副主任许可、无锡产业集团主席蒋国雄在无锡湖滨饭店 9 楼首次就华虹落户无锡会谈后的合影,这次会谈拉开了华虹进军落户无锡的序幕,以后的一切,在素心董事长的全力推动与无锡市的亲切关怀下,一切都稳步快速进行,新闻给予无锡华虹建设充分而又广泛的报道,这里不再重复了。自那以后,无锡华虹始终处于行业与无锡新闻的热点与中心。

四年来,在素心董事长的全力主抓与无锡市委李小敏书记(原任)、黄钦书记(现任)的亲切关怀与无锡各界的支持下,无锡华虹快速发展,以一系列创纪录的速度,不断刷新新的行业记录,为无锡产业强市写下了无比壮丽的辉煌篇章。

四年来,华虹在素心董事长正确战略的领导与亲自指挥下,发扬华虹 5.20 精神,以每年开建一个 FAB 的业内惊人之举,迅速开启华虹战略扩张的步伐,取得骄人成绩,为业内关注。

四年来，时过境迁，人事更迭，频频调整，你来我去，当年熟悉的面孔已经少了很多，但不变的是当年的初心，不变的是无锡对华虹的深情，不改的是华虹对无锡的钟情，没有忘记的是来时的路，牢记在心的是华虹的不朽精神：家国情怀与使命担当。

明天下午，我们四年前的朋友们，将受无锡之邀，在美丽的蠡湖之畔，再度相聚，回首四年前的往事，重叙友谊，寻找来时路，加鞭快发展，谱写未来几年发展新的蓝图，让长三角的产业融合之花，开出更加艳丽的花朵！

2021 年 3 月 27 日

来时路上风光好

四年前的今天，我们这群人在美丽的蠡湖旁相聚，从此亲密携手，开启了无锡产业强市新序幕。这四年风雷激荡，风风火火，好戏连台，奏出无锡产业强市最强音；这四年，关键产业链形成，一步一个脚印，深深的足迹写在行业发展的前进路上，留在城市发展的光辉史册上。

四年后的今天，还是原班人马，队伍里又多了些重要的新生代领导，在樱花盛开的美好季节，再次相聚在美丽的蠡湖旁，相逢在美丽的鼋头渚，重温四年来走过的珍贵岁月，重忆四年来建立的温暖友谊，重走四年前来时的路，再立下新发展的豪情壮志，重锤敲响"十四五"再出发的嘹亮钟声，再次奏响产业强市新的乐章。

新的四年，老将出马，宝刀不老，再发威；新的四年，新苗茁壮，誓与天接，代代强。

不忘初心，继续前行。逝去的是流金岁月，留下的美好的记忆。

相逢不是梦，梦想能变真。四年岁月弹指一挥间，"可上九天揽月，可下五洋捉鳖"，四年来梦想成真，挥就光辉一页。

相逢是首歌，歌声永不断。小船前行，歌声与欢乐充满其间，小船航行在碧波荡漾的太湖，穿越风景如画的鼋头渚，驶向新的远方。

"太湖佳绝处，毕竟在鼋头"，鼋头渚是太湖风景的最佳处，无数历史名人在这里留下千古流传的诗篇，而今天大家再次相聚在这里，站在古人曾经踏足的地方，同样用实际行动，书写新的历史，开启新时代的新的篇章，实现古人的梦想。

前进，在华虹的光辉旗帜下，中环暖阳，无锡腾飞，共同发展，行进在光明的大道上。

2021 年 3 月 28 日

樱花谷里歌声飞

昨天下午，我们聚集在无锡，聚集在著名的鼋头渚，观赏樱花。下午，阳光明媚，鼋头渚花如海，人如潮，一片节日欢腾的景象，难得的好天气，迎来这两年著名风景区鼋头渚人流的最高峰——当日游客突破 9 万人。

这里是拥挤的人群，人山人海。樱花盛开，鼋头渚赏花人如潮，人们大都是全家出发，从四面八方聚在这里——中国最大的赏樱基地，观赏浪漫盛开的樱花。现在是观赏樱花的最好季节，也是踏青旅游最好的日子。乘船，可破浪前进在碧波荡漾的太湖，观赏鼋头渚被樱花包围着的美丽景色；步行，则挤在纷拥的人群中，与漫天飞舞的樱花相伴，感受这里特有的浓浓人气，亲密接触鼋头渚的美丽风光。

这里是欢乐的人群。这里没有疫情的感觉，这里是旅游的强劲复苏，是人们快乐的张扬，是美的音符的跳动，是热爱大自然旋律的奏鸣曲，是国泰民安的生动体现。

这里是安静的人群。无论是白天阳光照耀下的鼋头渚，还是在美丽夜樱景色下的景区，你看到的是有序的人群，虽然拥挤但有秩序，一点不乱；虽然人多但整洁干静，文明卫生，你在这里享受到的是一种自然的美，一种文明的美，是一种和谐的美，是一种特别的旅游感受。比景色更美丽的是文明，是修养，是心灵深处的美，是对环境的热爱与保护，是对规则与秩序的敬畏，无锡与来锡游客素质的大幅提升，反映的是中国人民不断提升的素质，文明是最美的景，这点已成为人们的共识。

樱花谷里歌声飞。在春天的美好时分，在灿烂的季节里，我们相逢在鼋头渚，畅游在樱花谷，看到的是飞舞的樱花，听到的是悠扬动听的歌声，拍到的是多姿的美景，感受到的大自然的美丽。

樱花飞舞百花开。春天已经到了，万紫千红，百花盛开，让我们拥抱着美好的春天吧，让我们赞美这美丽的樱花吧，让我们与美丽的春天同行吧！

一首《樱花美》小诗送给大家：

樱花美

樱花好，樱花美，樱花朵朵吐花蕊
樱花飞，樱花落，樱花飞舞漫天飞
一年一度樱花开，鼋头渚上人如潮
万人相拥赏花去，万朵樱花扑面来

樱花好，樱花美，樱花浪漫齐争艳
樱花飞，樱花落，樱花纷芳飘香来
岁月声声催人老，樱花年年开不败
来时相逢终是别，来年再约赏花来

注：后来作曲家彭涛老师在作曲时，将第一段谱成了《樱花美》《樱花年年开不败》两首优美的歌，其中《樱花年年开不败》被中央电视台选中，于 2022 年 9 月 19 日晚，在中央电视台 CCTV-15 音乐频道——民歌中国栏目首播。

2021 年 3 月 29 日

相逢宜兴阳山荡

阳山荡公园位于宜兴市芳桥镇阳山荡东北侧，是环阳山荡新城打造的重要景观公园之一，阳山荡景区为国家 AAA 级旅游景区。阳山荡景区一期占地约 8 万平方米，总投资约 3000 万元。公园沿孝侯路由北向南分为 A、B、C、D 四个区域，这里是著名科学家周培源的家乡，景区把人、建筑与自然和谐统一，漫步阳山荡公园，蓝天依着碧水，绿地映着连荫，阳山、岱华山的倩影在水面波动，这儿是全国最大的水上摩托艇基地。

今天上午，我驱车来到宜兴，与浩平、林建伟、曹建伟、才志、彦君等会合。我们先是在宜兴中环产业园参观交流，听取浩平、林建伟之间高层次的对话，从中了解到新能源制造业正在发生的一些创新、合作与变革的方向，然后我们一起来到阳山荡。

我们在风光秀丽的阳山荡湖边，与专程赶来的尊敬的无锡市小刚市长与宜兴市晓春书记、寿彬市长、晓进常务副市长、焕良常委、无锡产业集团国雄主席等亲切交谈，共谋合作与发展。

这是我第二次来阳山荡，第一次在去年，是焕良副主任带我们来的。这次来，也是自去年十月在宜兴参加金秋商业洽谈会后，首次再来宜兴，也是首次在宜兴见到新任的晓春书记。

春天里，宜兴分外美。春天的宜兴，万花盛开，姹紫嫣红，绿色满园，阳山荡水波荡漾，水上摩托驰骋湖面，卷起千层浪花，江南春色好。

春天里，产业忙。2030年碳达峰，2060年碳中和。党中央已经明确了新能源的发展目标。2020年9月22日，中国政府在第七十五届联合国大会上提出："中国将提高国家自主贡献力度，采取更加有力的政策和措施，二氧化碳排放力争于2030年前达到峰值，努力争取2060年前实现碳中和。"2021年3月5日，国务院总理李克强在2021年国务院政府工作报告中指出，扎实做好碳达峰、碳中和各项工作，制订2030年前碳排放达峰行动方案，优化产业结构和能源结构。"十四五"新能源遇来新机会，时不我待，以中环为主导的宜兴材料园分外忙碌，产业发展呈现勃勃生机。

春天里，合作忙。沈浩平、林建伟、曹建伟等都是新能源界叱咤风云的大咖，新思想活跃，新技术不断推出，影响着业内发展，参与这样的交流，对我而言，是一次对新能源技术发展趋势的深化了解。

春天里，朋友情浓浓的。与林建伟、曹建伟是久别重逢，与浩平是继昨晚后，今天再相聚。与无锡、宜兴的领导们，也都是熟识的，无论是常相见，还是久别重逢，都是一样地亲切，都是一样地情深，之所以这样，大概因为都有同样的志向与目标吧。宜兴，是我们情感深厚之处，一系列重要的事，让我们与宜兴密不可分。

再见，昨天相逢在鼋头渚，今天相逢在阳山荡，都是美丽的风景；昨天在无锡，今天在宜兴，都是一片产业发展的热土；今天谈合作，明天议产业，都是发展的事。

与志同道合者合作，与美丽城市同行，向着美好的明天迈进，天更蓝，水更清，环境更优美，生活更幸福！

2021 年 3 月 30 日

腾讯大股东宣布减持

据 2021 年 4 月 7 日证券时报网报道,腾讯大股东 Prosus 将出售 1.92 亿股腾讯控股股票,持股比例从 30.9% 降至 28.9%。

根据文件,Prosus 拟用每股 575 元至 595 元,减持最多 1.9189 亿股,较腾讯今日市价折让 5.5% 至 8.7%,持股比例将由 30.9% 减至 28.9%,此次交易涉资至多 1141.8 亿港元。

在 2019 年,南非传媒集团 Naspsrs 把 Prosus 分拆出来,Prosus 是一家控股公司,用来持有南非投资公司 Naspers 的国际互联网资产。Prosus 在 2019 年 9 月 11 日完成上市,一下子就成为 10000 亿的互联网公司。

这是人类史上最成功的一笔投资。南非报业集团 Naspers 在 2001 年对深陷困境的腾讯抛出橄榄枝,向其投资 3200 万美元,一度持有腾讯 46% 的股权,且以后的 20 年时间都是腾讯的第一大股东。

截至目前,Prosus 持有腾讯 30.9% 的股权,今天腾讯的市值高达 60398 亿港元,也就是 Prosus 持有的市值高达 18663 亿港元,再加上 2018 年套现 769 亿港元,加起来折算成美元差不多是 2500 亿美元,回报率高达 780000%,净赚 1.6 万亿人民币,能与之媲美的只有投资阿里巴巴的孙正义。当时马化腾——拜访搜狐、新浪、金碟、联想等，寻求投资，但结局无不令人唏嘘，无一愿意出钱。

2021 年 4 月 8 日

新冠大流行凸显
资本主义的终极衰落

《参考消息》2021年4月8日转载了《美国工人世界党网站文章》题：《呼吸机上的资本主义》书评（作者 特德·凯利）

文章说，《呼吸机上的资本主义：新冠肺炎在中国和美国的影响》一书记录了资本主义的终极衰落。此书就是一个说明进步的工人阶级组织通过合作可以取得什么样的成就的范例。

文章说，在评论这部开创性的文集时，笔者首先想到的是，我们的许多读者已经在迅速在全球蔓延的新冠肺炎疫情中失去了亲人。正在阅读本文的你们当中，有些人自己已感染了新冠肺炎。

文章说，萨拉·弗劳恩德斯在本书序言中写道："资本主义有意识地摧毁社会凝聚力。群体动员、工会和社区自治组织是对剥削的威胁。警察镇压和宗族主义是这个社会结构的重要组成部分，如同强力胶水一样被用来把一个行将崩溃的制度黏合在一起。"

文章说，截至2020年10月，美国有3650万工人加入了失业大军。随着他们的就业岗位的消失，他们的医疗保险也不翼而飞。那些保住饭碗的幸运儿则面临感染致命病毒的危险。杂货店和食品配送工人依靠可怜的工资生存，没有任何有保障的危险津贴。

文章说，我们只能得出一个结论：让民众大规模死亡是资本主义国家的政策。

文章说，李小轩写道："中国抗击新冠病毒的成功与美国的失败，证明了中国社会主义制度的成功和美国资本主义制度的失败及机能障碍。这也证明，美国的傲慢——由于针对中国的无休止的反共冷战——意味着美国不可能抛开分歧，学习中国的成功经验。"

文章说，中国、古巴、越南和其他社会主义国家的工人阶级已经为我们提供了这样一种真理楷模。每天，我们这些生活在资本主义制度下的人们面临着失业、种族主义、生态破坏、性别歧视与跨性别歧视、贫困与无家可归、恐怖主义行为，资本主义告诉我们，这"就是世界运转的方式"。

2021 年 4 月 9 日

香飘云天外

在朋友圈里看到北京的战友们在北京庆祝一师施工连赴兵团乌拉山发电厂（1971.4.7—2021.4.7）50周年纪念日，而昨天（2021.4.8）是母校西安交通大学125周年校庆纪念，虽受邀、但因忙仍然没有前往。

时间飞逝，到内蒙古兵团已有52周年，而到乌拉山发电厂也有50周年，从西安交大毕业有45年了。

人的一生，时光匆匆。来不及仔细品味，就已经过去大半；来不及认真总结，就要退出历史舞台，真可谓岁月不饶人。

人的一生，多姿多彩。艰苦的岁月，美好的回忆，总会留下深深的痕迹，总是让人无法忘怀。

青春无悔，无悔的青春在边疆的岁月。青春是羞涩的，青春是火热的，青春是不败的，青春是永放光芒的。

人生奋斗，永远在路上。幸福是奋斗出来的，而奋斗是永远不会停止的，永远在路上。兵团，只是一个驿站，大学，只是一个台阶，更多的挑战在后面，更多的考验在以后。

抓紧生命的每一个时分，抓住发展的每一个机会，青春还在向前跑，在新的赛道继续努力，生命不息，奋斗不止。

北国有红梅，红梅傲雪迎春来，香飘云天外；南国有红豆，想思千里在梦里，情谊隔不断。

《戈壁之恋》《草原之旅》是我献给战友的歌，是回忆兵团的歌，这两首歌通过 QQ 音乐、KTV 点歌体统都能查到，愿这歌声永远与我们相伴，愿这歌声能让我们永远记住这些难忘的岁月。

2021 年 4 月 9 日

一部催人泪下的情感影片
——电影《我的姐姐》观后

　　一部《我的姐姐》电影正在上演，且收到热烈欢迎，今天下午我与太太去看了这部电影，数次被电影情节感动而落泪。

　　《我的姐姐》由殷若昕执导，游晓颖编剧，青年女演员张子枫领衔主演（姐姐），肖央特别主演，朱媛媛、段博文、梁靖康主演，金遥源（弟弟）、王圣迪特别出演的剧情电影。这部电影只有 3000 万制作成本的电影，从 4 月 2 日首演至今已有 6 亿的票房了。该影片从 4 月 22 日起，将在北美、澳新地区上演，完全可以预见，《我的姐姐》将会在未来的日子里收获更好的票房。这部《我的姐姐》也在召示，低成本的小制作，更接地气，更容易得到认同，只靠那种大腕人物来炒作一盘，已经走进死胡同。艺术呼唤生命，电影回归真实。

　　情节是一场意外车祸把父母带走，也把素未谋面的亲弟弟带到姐姐的面前。在一系列风波过后，姐姐原本来自原生家庭的伤痛慢慢被治愈，她也成长为更好的自己。

　　影片讲述失去父母的姐姐在面对追求个人独立生活还是抚养弟弟的问题上展开的一段曲折的亲情故事。姐姐安然（张子枫饰）的父母为了要一个男孩，不惜谎报她身有残疾，是个瘸子，甚至在检查人员撞破姐姐身体健康的真相时,父亲对她一顿暴打。高考时姐姐填报的北京临床医学专业,也被父母偷偷改成了家乡的护理专业,理由是"女孩要早点赚钱养家"。考研去北京成为姐姐摆脱父母的光明出路。但父母不幸车祸身亡,给她留下了年仅六岁的弟弟(金遥远饰)。原本已经明确人生规划的姐姐,面临着要抚养关系冷漠疏离的弟弟,还是追求个人理想的艰难抉择。

该片之所以感人:

一是撞击着人的心灵。在父母因车祸突然双亡后,安然(姐姐)面临着要否照顾未成年、也未曾谋面的六岁弟弟,还是去北京考研实现自己梦想的艰难选择。观众们都为天真可爱的六岁弟弟的命运而深深担忧,姐姐不断作出的每一个将弟弟托付给别人家的决定,都撞击着观众内心深处的脆弱心灵,一次次的艰难选择,都让观众流下眼泪。

二是曲折的情节,始终牵动着人们的心。弟弟从不愿姐姐离开,到为了姐姐前途作出自愿到别人家的选择,更是让观众看到了姐弟之间的血脉之情,这种离别是另外一种意义上的生死离别,是一种爱的离别,是一种撕心裂肺的离别,影片一次次地展示了这种离别,观众的心始终为之而牵。

三是揭示了姐弟的深厚的血脉亲情。亲情、爱情、友情是人性的体现,影片中安然的姑妈、舅舅等都从不同角度演绎了姐弟之间的情感,安然在姑妈等亲友的言传身教下,在亲情的感召下,在与弟弟逐步建立起的血脉之情、血脉之亲的力量推动下,在事业与亲情中作出了最终的选择。爱,是人性的本性;爱,是永恒的力量。而血脉一家亲是亲情中最强大的力量之一,家是国,国是家,国与家永远不能分，也永远无法分。

电影是文学艺术的一种表达形式，而文学艺术的生命在于真实、感人与新颖。电影剧本是电影的基础，如果剧情不能打动人，再豪华的演员阵容，再大牌的导演，再昂贵的制作费也是没有用的，不会打动观众的心，不会有好的票房；反之，看似一些小制作，看似一些不太出名的新演员，但由于剧情深深地打动着人，反而会有很好的口碑，票房也不会差，《我的姐姐》就是这样一部电影。

过去台湾有部电影《妈妈，再爱我一次》也是非常催泪的。《妈妈再爱我一次》是台湾独立制片富祥公司1989年出品的台湾伦理悲剧片，由陈朱煌执导，杨贵媚、李小飞、谢小鱼、文英、陈淑芳，孙亚东等人主演，影片于1989年上映。

影片改编自台湾民间故事《疯女十八年》，以倒叙方式进行，描写精神病医生林志强（孙亚东饰）寻找失踪18年的母亲秋霞（杨贵媚饰），悲情的故事曾感动了亿万观众，而由萧芳芳、谢小鱼原唱的电影插曲《世上只有妈妈好》，感动着亿万人，已成为经典而永远流传。这次《我的姐姐》同样有这样的艺术效果，同样感人，只是把母子亲情换成了姐弟亲情。我为我国电影的快速成长，为年轻的电影工作者的快速成长而骄傲。

借用台湾1984年播出的电视剧《昨夜星辰》的插曲为本文的结尾："爱是不变的星辰，爱是永恒的星辰，绝不会在银河中坠落，常忆着那份情那份爱，今夜星辰，今夜星辰，依然闪烁。"

2021年4月10日

节约土地，中国倡导生态葬

《环球时报》2021年4月13日转载日本《东方新报》4月11日文章，原题：为缓解土地不足，中国各地大力提倡生态葬（李玉珍译）。

文章说，在中国，由于墓地土地严重不足，海葬、树葬等"生态葬"在全国各地盛行开来，各地政府为了推广免建墓地的生态葬，还给予补助金支持。

文章说，上月29日，浙江温州举行联合海葬活动，109位逝者的家属参加了这次活动，家属们用绳子将可降解材料制作的安息盘缓缓没入海中。一位失去儿子的母亲流着眼泪说道，"海葬是一种环保的安葬方式，这样孩子离开时也不会占用土地"。另一位送别完母亲的女士说，"母亲生前长期住院，饱受病痛折磨。如今，回归了自然，母亲从此自由了"。

文章说，温州市新审批公墓实行骨灰楼（堂、塔）、花葬、树葬、草坪葬等生态葬的占比达到100%，提高新增死亡人口节地生态安葬占比达70%。对采取节地生态安葬方式的，根据各县（市、区）财政收入不同，给予5000元至8000元补助。

文章说，据悉，不靠海的辽宁沈阳的市民可前往大连、丹东等地为逝者举行海葬，该海葬活动去年举行了33次，共计2143份骨灰被撒入大海。往返沈阳和沿海城市的车、租船、安息盆、花束等费用都由政府来承担，此外还有400元补助金。

　　文章说，中国人口世界第一，死亡人数当然也不低，2019年就有998万人死亡。目前，生态葬在北京、天津、河南郑州等大城市得到鼓励推广，预计今后也会在中国全国范围内推广。

2021年4月13日

管 | 理 | 随 | 笔 ❺

损人害己的决定

当地时间 4 月 13 日，日本政府召开内阁会议正式决定，福岛第一核电站核污水经过滤并稀释后将排入大海。

日本首相菅义伟在当日的内阁会议上表示，排放处理过的污水是停用福岛第一核电站过程中无法避免的事项，政府将确保排放污水达到安全标准，同时采取措施以消除"形象受损"的问题。

菅义伟 12 日表示，一旦正式决定排入大海，可能还需要 2 年的时间来准备。

美国时间 4 月 12 日，美国国务院发表声明表示支持日本政府的决定，并表示该做法符合"全球公认的核安全标准"。

美国国务院就日本政府决定将核废水排放入海一事发表声明称："在这一具有挑战性的情况下，日本方面权衡了各种选择和影响，一直对其决定保持对外透明，似乎已经采取了一个符合全球公认的核安全标准的做法。我们期待日本政府在监测上述方法的有效性时可以继续进行对外协调和沟通。"

日本政府设置的 ALPS 净化水处理小组委员会共讨论了 6 个方案，包括将污水继续在罐内保存，稀释排放入海，加热大气蒸发，电解大气释放，注入深地层，混合混凝土制成板状埋入地下。

国际环保组织"绿色和平"认为日本有技术、有条件在福岛第一核电站所在地点及周边无人区建设更多长期储存罐，一定程度上将核辐射扩散的风险控制在最小范围内。但日方认为这和尽快恢复当地正常生产、生活的目标相悖，同时在面对地震、海啸、台风等灾害时的抵抗能力就较弱。

德国海洋科学研究机构指出，福岛沿岸拥有世界上最强的洋流，从排放之日起57天内，放射性物质将扩散至太平洋大半区域，10年后蔓延全球海域。绿色和平组织核专家指出，日核废水所含碳14在数千年内都存在危险，并可能造成基因损害。

韩媒指出，如果日本的核污水入海，被污染的海水只需220天就会抵达济州岛，400天后就会到达韩国西海岸。

国际原子能机构专家组评估报告明确指出，如果福岛核电站含氚废水排入海洋，将对周边国家海洋环境和公众健康造成影响，同时现有经过处理的废水中仍含有其他放射性核素，需进一步净化处理。

联合国原子能辐射效应科学委员会报告也认为，福岛核电站事故核废水对海洋生态环境的影响需持续跟踪观察。

日媒评论称，排放核污水不能简单地归结为日本内政事务，毕竟伴随洋流流动，其产生的影响则跨越了国界，并将"辐射"到周边国家乃至国际社会的公共福祉和利益。

日本市民团体"全国核爆受害者第二代团体联络协议会"当地时间12日宣布，已向首相菅义伟和6名相关阁僚发送了请愿书，要求勿排放入海。请愿书指出："迄今（我们）见证了战争的结果，遭到核爆的父母苦于辐射影响的情形，目前自己也作为无法否定遗传影响的存在经历痛苦。"

据报道，"全国核爆受害者第二代团体联络协议会"去年10

月也发表了反对声明。

另据韩媒报道,韩国政府13日回应日本决定将核废水排海一事。韩方称,对此感到"强烈遗憾",绝对无法容忍,将与国际社会扩大沟通。日方举措不符合国际安全标准,应该公开处理核废水的相关信息。

日本政府的这个决定损人害己,充分暴露了日本政府转嫁危机的做法,撕下了伪善的假面具。

首先,日本所在的太平洋沿岸海峡将受到影响,特别是福岛周边局部水域。日本是个岛国,海洋是其生命,海鲜与海产品是其餐桌上的必需品,是人们生活所必需,是渔民生活收入的主要来源,也是吸引游客的十分重要原因,一旦核废水排放入海,渔民的收入必定受到影响,日本海产品的声誉大打折扣,日本的国际信誉大受影响,来日本的游客会大幅减少,对日本的经济有严重影响。

对邻国与国际社会而言,影响更大。据来自德国的海洋科学研究机构的计算结果显示,从排放之日起,57天内,放射性物质就将扩散至太平洋的大半区域,3年后,美国和加拿大就会受到核污染影响。也就是说,日本的核事故,最终全世界都会受到影响。

此外,俄罗斯科学院远东分院太平洋海洋研究所实验室首席科研员、生物学博士弗拉基米尔·拉科夫表示,福岛一号核电站内的水,即使经过仔细清洗,如果被排到海洋中,仍有可能导致放射性同位素留在包括鱼类等海洋生物体内,继而在人体内积累。

(根据新华社、央视、《参考消息》、4月13日《华西都市报》综合)

2021年4月13日

在过程中发现机会

有很多机会,不是在我们的主观预测中,也不是在我们的梦想中,而是在我们的实践中,要善于在实践过程中发现机会、抓住机会,推动事物的根本好转。

过程是很重要的,要亲身实践过程,在这些过程中把握机会,如果没有把握机会,就很难扭转不利局面,无法推动形势向好的方面发展。

在实践过程中的机会有很多,要注意观察,敏锐分析,果断把握,推动小机会成为大机会,大机会成为转折点。"早启动,细策划,看得准,出手狠",应该成为实践、成功与谋划的向导,成为我们抓机会的指导方针。

以工程建设为例,在实施过程中有多方面的关系需要处理好,如客户的信任度与关系、工程安全、工程质量、工程进度、工程投资、与分包商的关系、与政府的关系、与第三方等其他有关方的关系等,都需要处理好。在很多情况下,这些关系的处理并不容易,需要一个较长的过程,需要在这个过程中作出大的努力,最后才能处理好,达到和谐,才能顺利实现我们的各项目标。

在这个过程中,相互磨合是非常重要,没有磨合过程,就无法趋于一致,就无法建立互信,就无法达到和谐,也就无法顺利实现工程目标。

无数小机会的累积，就是大机会；而无数大机会的成功把握，最终造就成功。机会是推动事物变化的转折点，能否把握这些机会并促使机会的升级，这是非常关键的。

过程中的机会固然是重要的，但比过程机会更重要的是如何抓住过程，因为过程本身就是机会。很多项目，都是从小开始的，逐渐成为大工程，成为大市场的，如果我们不是果断出手抓住这些项目，那么也就没有这些项目过程了，也就没有以后的故事了。很多合作都是从小开始的，但这些小合作可能会变成大合作，以后会越来越好，影响面越来越大，而如果我们轻视这些合作或甚至放弃，也就没有以后合作的更大成果。

因此，我们必须重视每一个不起眼的机会、每一位不显山不露水的朋友、每一位似乎不重要的伙伴，未来新的机会、新的赛道、新的发展可能就在这里，不能因为我们的不经意而让它溜走，否则我们会痛失机会而面临失败。

惊喜，总在不断奋斗中来临；彩虹，总在风雨后出现；胜利，在不断努力下实现；困难，在排解中逐渐克服；突破，总是需要不断累积；战略，是指路的明灯；信心，永远是致胜的法宝。

2021 年 4 月 14 日

在调整中快速纠错

在遭遇挫折、特别是连续遭遇挫折后,需要冷静下来,认真总结,采取果断措施,制止下滑,逆转颓势,重回正确轨道。

纠错,不是全盘否定。而是肯定正确的,纠正错误的。纠错,不能像泼洗澡水一样,泼出去就完事,而是要把脏的东西泼出去,把干净的留下来,使盆子里的水更加干净。

纠错,不是开倒车。纠错,是在前进中的调整,不是走回头路,更不是倒退,我们决不能开历史的倒车。纠错,也不是停下发展的脚步来纠错,而是在前行与发展中纠错。历史的发展,是曲折的,不会是笔直的,是螺旋式的,之所以这样是因为事物的内部组成是复杂的,人们认识复杂的客观规律是一个很长的过程;就外部而言,市场竞争的充分性与激烈程度,也放缓了我们推进的速度。

纠错,要有巨大的勇气。勇气,是个体意志过程中的果断性和具有积极主动性的心理特征相结合而产生的士气状态。勇气,就是士气,就是队伍的蓬勃朝气,就是战胜困难的信心。要敢于直面严峻的竞争形势,敢于直面激烈的竞争,要有巨大的勇气战胜困难,赢得胜利。

纠错,要有真诚的态度。管子曰:"诚信者,天下结也。"诚信的人,天下的人都愿意结交。如果以真诚的态度检讨我们的失误并以实际行动改正，我们就会赢得客户的重新信任，就会重建过去那种亲密的合作关系。

纠错，要有一定的速度。速度慢了，错误会继续，带来的危害会扩大。快速地纠正错误，可以防止错误继续扩大，把错误的影响降低到最低限度。同时，在错误的萌芽状态、在错误刚出现苗头时纠正，所花的代价会比较低。

纠错，是一个过程。只要发展没有停止，过程没有结束，纠错也不会停止。纠错，总是与发展相随，总是与成长伴舞。发展，在纠错中进行，纠错与发展相伴；不断纠错，使我们越来越完美，变得越来越强大。

2021 年 4 月 15 日

天若有情天亦老

"天若有情天亦老",是一个诗词名句,出自唐代李贺的诗《金铜仙人辞汉歌》。形容强烈的伤感情绪,也指自然法则是无情的。毛主席的《七律·人民解放军占领南京》中亦有引用此句。

倘若上天也有感情,也会随着岁月蹉跎而老去的,形容强烈的伤感情绪,也指自然法则是无情的。

金铜仙人辞汉歌

[唐]李贺

茂陵刘郎秋风客,夜闻马嘶晓无迹。
画栏桂树悬秋香,三十六宫土花碧。
魏官牵车指千里,东关酸风射眸子。
空将汉月出宫门,忆君清泪如铅水。
衰兰送客咸阳道,天若有情天亦老。
携盘独出月荒凉,渭城已远波声小。

据朱自清《李贺年谱》推测这首诗大约是公元 813 年(唐元和八年),李贺因病辞去奉礼郎职务,由京赴洛,途中所作。此时,诗人"百感交并,故作非非想,寄其悲于金铜仙人耳"。

全诗可分为三个层次。首四句是第一个层次，借金铜仙人的"观感"慨叹韶华易逝，人生短暂，世事无常。诗中直呼汉武帝为"刘郎"为"客"，表现了李贺不羁的性格。中四句为第二个层次，用拟人化手法写金铜仙人初离汉宫的酸苦惨凄情态，亡国之痛和移徙之悲跃然纸上。末四句为第三个层次，写出城后途中的情景。"衰兰"一语，写形兼写情，而以写情为主；"天若"一语，设想奇伟，意境辽远，感情深沉，司马光称为"奇绝无双"。

历史上很多名人如欧阳修、贺铸、元好问等，都引用过这段名诗，而毛主席以一个无产阶级革命家与伟大领袖的宏伟气魄，在解放前夕写的光辉诗篇七律《人民解放军占领南京》引用这句诗，则赋予这首诗以新的生命力，原诗如下：

钟山风雨起苍黄，百万雄师过大江．虎踞龙盘今胜昔，天翻地覆慨而慷．宜将胜勇追穷寇，不可沽名学霸王．天若有情天亦老，人间正道是沧桑 。

在"天若有情天亦老"的后面加上了"人间正道是沧桑"的后句，其意是自然界与人类社会发展有其自身的规律，这个发展规律是无法抗拒的，是不以人的意志为转移的。宇宙间无穷无尽的事物都要经历产生——发展——消亡的过程，沧海与桑田总是更迭着的，新生事物也总是战胜腐朽。

毛主席的"天若有情天亦老，人间正道是沧桑"的诗句，没有任何悲伤，充满着革命的乐观主义。人间正道是光明的，自然界与人类社会变得越来越美好的趋势是客观规律，是任何人都无法改变的。

毛主席的"天若有情天亦老，人间正道是沧桑"的诗句，对未来充满着必胜的信念，无论发展多么曲折，无论经历多久，相信正义的事业必定能战胜非正义的事业，这是无法抗拒的，这是自然界与人类社会发展的必然规律。

毛主席的光辉诗篇是发表在社会主义的新中国成立的前夜，至今已有 70 年的时光了，70 多年的发展证明社会主义道路是中国发展的正道，通过这次疫情更加证明，中国的制度有巨大的优势，中国道路是值得我们自豪与骄傲的，中国与中国人民是当前全世界最幸福的国家与人民。

毛主席的"天若有情天亦老，人间正道是沧桑"的诗句，说明上帝与老天是不会有情的，不会特别眷顾我们，一切要按规律办事，要走正道，走大道，实现梦想要靠自己的努力，幸福是奋斗出来的，顺应规律，顺应大势才能进步，改变自己的命运要靠自己的努力。

2021 年 4 月 15 日

烟花三月下扬州

扬州，是一个具有悠久历史的古城，也是一个充满活力的现代城市，而从古至今贯穿这个城市历史的一个最贴切的字——美。

扬州的美，美在美丽的瘦西湖，风景如画，湖水清澈见底，两岸杨柳依依，小桥流水，亭园楼阁，湖中船只忙，岸上行人多，一派江南的典型风景。因杜牧的"青山隐隐水迢迢，秋尽江南草未凋。二十四桥明月夜，玉人何处教吹箫。"的诗篇，使瘦西湖二十四桥名声在一千多年的历史长河中光芒永耀。扬州，瘦西湖，二十四桥，多少柔情在里头，让人们跟着杜牧的记忆，追寻扬州曾经的风情，扬州的美丽，扬州曾经的辉煌。风情万种的扬州，曾经是多少帝王将相、才子佳人的梦幻之地，这里曾经留下多少名人的足迹，留下多少千古流传的不朽诗篇与名家书画，又演绎多少惊世骇俗的爱情故事。

扬州的美，美在人间最美的季节——四月天（即阴历三月），李白的："故人西辞黄鹤楼，烟花三月下扬州。孤帆远影碧空尽，唯见长江天流。"的美好诗篇，成为人们在四月（阴历三月）里争相来扬州的一个美好理由，一千多年来，这首诗一直成为美丽扬州最好的名片。三月的扬州，春风浩荡，杨柳依依，满城春色，气象万千，游人如织，到处是清澈的绿水，满目是万紫千红的花朵，扬州处处透出无法阻挡的美。而扬州的淮扬菜肴，让人神往，扬州小吃，更是难舍。

扬州的美，美在扬州独特的地理位置。扬州，是长江三角洲中心区 27 城之一，是世界遗产城市、世界美食之都、世界运河之都、东亚文化之都、首批国家历史文化名城和具有传统特色的风景旅游城市。扬州位于江苏省中部、长江与京杭大运河交汇处，由于特殊的地理位置，使得扬州在中国古代几乎经历了通史式的繁荣，一直伴随着文化的兴盛，扬州有着"中国运河第一城"的美誉；被誉为"扬一益二"，可见扬州的历史地位是多么重要，而这一历史地位很大程度是由其当时独特的地理位置决定的。

扬州的美，美在美好的记忆中。记得在 2006 年 4 月 7～8 日，我曾陪同尊敬的老领导来扬州，受到亲切接待，短暂的时间几乎走遍了扬州的主要地方，美好的回忆总在心头萦绕，使我倍加怀念与珍惜那个美好时光，如今更加美丽的扬州也是与当时奠定的大格局分不开的。以后我又多次来扬州，每一次来都加深着我与这座美丽城市的感情，拉近着我们的距离。我撰写的《江南的雨》的专著与朗诵碟片中，有关于扬州的美好诗篇，是这本书与碟子的重要组成部分，这些都是永远无法抹去的美好回忆。

再来扬州，重温美好记忆。与城市的缘分不期而遇，再好的朋友也要常见面，否则会疏远。再美好的记忆，也要重温才能加深。已经多年没有来扬州了，扬州日新月异的变化，让我们感到非常惊讶，久别重逢，感慨良多，扬州变得越来越美丽了。

再来扬州，寻找新的机会。新的时代，新的使命。扬州在快速发展中，快速发展的扬州给我们带来很多新的机会，我们要抓住机会，为扬州发展出力，为自身发展插上新的腾飞翅膀。

再来扬州，寻求合作。合作，实现共赢；合作，是世界的主旋律；合作，开辟新的领域；合作，开辟新的未来。今年八项同时并举的战略中，合作是主旋律，合作将推动我们在高位持续增长，助推我们实现美好的梦想，这已被今年前四个月发展的实践所证明。

再来扬州，虽已无再看风景的心思，也无观赏美景的时间，有的只是与这座城市一并跳动的快节奏，有的只是匆匆来去的脚步，但这一切都无妨对这座城市的美好记忆，都无法改变对这座城市的深厚情感。

2021 年 4 月 16 日

新的赛道在哪里？

在老的赛道上，到处是拥挤不堪，是一片红海，但虽然是红海，人们为了生存，仍然必须在红海中博杀，那怕是身溅一身鲜血，仍要奋勇争先，因为这是生存所需，立足之根，使命所在。

在老的赛道上，大家都在不计成本地抢订单，拼规模，都把利润放到一边，因为大家深知，没有订单、没有市场，就什么都没有了，失去了市场就失去了营收与利润。而丢了市场，就等于丢了一切，因此利润低一些或者亏损也要做。之所以这样除了为了生存之外，创立品牌也需要业绩支撑，否则品牌也会失去影响力。因此市场竞争日趋激烈，正在逐渐失去理性，大家在这个有些扭曲的市场里变得无序与缺乏理智，变得疯狂起来，这无助于建立一个健康、有序、规范、可持续发展的市场。

新的赛道在哪里？新的赛道应当具备（同时或局部）以下一些条件：1.新的赛道的市场应有广阔的市场前景；2.新的赛道应有较高的利润空间；3.新的赛道应有较高的营收增长空间；4.新的赛道能兼顾营收与利润；5.新的赛道应能充分发挥我们现有的优势；6.新的赛道只能产生在我们持续的转型与新的合作中；7.新的赛道不应、也不会是单一的赛道，应该是多赛道的组合。

由此可见，根据上述提出的条件，新的赛道重点是以下一些方面：1.新能源的开发（持有与转让）；2.新能源的市场（光伏、风力发电、氢能源、动力电池、储能等）；3.电子、生物的深化；4.用资本推动与切入大型总承包项目；5.加快推进新合作的步伐；6.加快推进新地区布点（合肥大区、粤港澳大湾区、西北区），同时细化原有市场分布；7.抓住新增长点的机会，发现苗头，推动成功。

2021 年 4 月 16 日

价值投资的思考

投机的心态，在当前的资本市场特别明显，也一直是我们的"传统"，不断在光大。当然，资本市场上一定程度上的抄作，能够活跃市场，也是适度需要，但长期炒作而且成风，其危害甚大，破坏了资本市场的健康发展。

拉机构，炒概念，幕后操控，轻惩罚，宽放松，不担当，成为一股风。有些热点的股票的市盈率都在100倍或更高，而做局的机构在推高后就撤出，接盘的都是些不知情的散户，到头来大亏损。而从资金层面看，市场也没有这么多资金来长期支持如此高涨而庞大的泡沫市值。

此风不可长。此风如果长，将留下一地鸡毛。人为地设定行业的市盈率标准并不科学，这会引起人们对于概念的一味炒作，只要与这些概念沾边的，就是鸡毛也能飞上天。现在与集成电路突然挂钩的企业迅速猛增到几千家，其中鱼目混珠的占多，搞得一般股民搞不清，只能跟风走。炒作只能一时，而不能长久；跟风只能碰壁，而无法带来大运。

在鼓励类产业的范围内，判断投资价值的唯一标准，就是长期的回报与成长性，回报越丰厚，就越有投资价值，而稳定、持续、快速成长也是其投资价值判断的重要标准。

长期回报的衡量有很多标准，但其中营收、利润的稳步增长，分红的稳步逐年提高，股东权益的稳步提升，是其十分重要的判断标准。

在价值投资方面，我们有一大批杰出大师，他们已经为我们指明了正确的方向与提供了经典的案例，并在实践中一再点燃价值投资之光。

如南非报业集团投资腾讯，当年的 3200 万美元的投资，至今已获得 78 万倍的高回报率，净赚 1.6 万亿人民币；而孙正义投资阿里巴巴也同样获得惊人回报，这些回报都是长期稳定的投资与极具远见的战略眼光所致，而这种投资都是在腾讯与阿里巴巴最困难时的雪中送炭，而非发展鼎盛时的锦上添花。

2021 年 4 月 16 日

最美的文明风景线
——再游美丽的无锡蠡湖

这几天,由于工作原因,一直在华东地区转,今天上午有空再次来到蠡园,感受美丽的自然风光,有一种说不出的快乐感觉。

美丽的蠡湖,这里流传着范蠡的智慧,西施的美丽,人们在历史的佳话中畅游蠡湖。美丽的蠡湖,春风轻拂,杨柳依依,湖光山色,亭园楼阁,一派美丽的江南风光。蠡湖旁,城市风景尽收眼底,堤上游人如织,亭园内则另一番小桥流水、水静如画的景色。在拥挤的游客人群中,最多的是本市老年市民与外地老年旅游团,他(她)享受着这人间堪称最美的景,过着最快乐的生活。

无锡如此美丽的景色,岂止只有蠡湖,更有风景甲天下的鼋头渚,还有风景别致的梅园。在风景如画的蠡湖漫步,如此美丽的景色,既是美丽的自然风光,更是无锡文明元素的集合。

文明,没有固定的模式,随着时代进步而变化,文明的内容也在不断变化。文明是多彩的生活,文明是快乐而健康的享受,文明是快乐而健康的生活,是修养、整洁、礼貌、规则、安全、爱心、富强、现代的总合。

文明,不是人为的恩赐,而是一种市民发自心底的感受,是一种幸福的流淌,是市民的普遍认同感。无锡美丽的自然风光,众多的旅游胜地，成为文明城市的象征，特别是浩大的蠡湖改造工程，更是城市文明改造的典范，受到联合国的肯定与嘉奖。

文明，是现代化的象征。现代化，首先是产业现代化，这是城市现代化的基础，无锡产业强市的累累硕果，在集成电路行业的突飞猛进，成为国内新的领军，成为长三角一颗耀眼的明珠，这颗明珠是产业进步与文明的象征，是长三角城市的典范。

无锡，这颗璀璨的明珠，在文明城市当中，有着辉煌的过去，也一定有更加领先的未来，让我们祝福无锡。

2021 年 4 月 18 日

祸不单行

有时候，遇上各种因素的叠加，会遭遇连续的"滑铁卢"，真应验了一句古话，叫做"祸不单行"。

祸不单行，失利一个接着一个，连续出现多个重大失利。这是各种不利因素长时间的积累，这些不利因素累积到一定程度，在特定的环境下就会总爆发，造成系列大祸。

这些祸，是由一系列主、客观因素造成的，某种程度上是不以人的意志为转移的。要果断消除这些祸，否则"妖为鬼域必成灾"，小祸成大祸，单祸成双祸，祸伤危及生存发展。

这里面"三分天灾，七分人祸"，除了客观因素外，主要还是我们自己的过失造成的。这些过失主要是观念、理念上背离了原先的核心价值观，在行动上没有践行我们的价值观，在战略上偏离了正确的方向，在策略上明显失误，在细节上的粗心，在用人上的不当，在连续胜利后的轻敌等，都是主观原因，最大的原因是自以为是、不谨慎、轻敌，这是造成失败最重要的原因。

一个大的胜利，会鼓舞一大片；同样，一个大的失利，也会影响久远；要消除重大的失利，要弥补重大失利带来的创伤，需要很长的时间周期，更需要一系列果断调整的有效措施，否则失利造成的负面影响会持续下去，无法从失利的阴影中走出，无法纠正"祸不单行"的局面，成为"滑铁卢"，成为由成功转向失败的转折点。

必须高度重视市场上的每一个项目，必须分析这些项目成败所传递的信息，必须采取一系列果断而正确的措施，重振雄风，重回正确的轨道，飞得更高，飞得更远，永远让别人无法超越。

2021 年 4 月 19 日

六年，匆匆逝去的岁月

时光流逝，岁月蹉跎，一切都在匆忙中过去，在今天（4月19日）太极实业的年度董事会上，独董丛亚东在发言时说了一句很经典的话，他说："一不小心，新一届董事会的任期已过去一半多了，明年8月又要换届了"，这句话引起了我们的强烈共鸣，这在提醒我们，时间真是太快了，这让我想起匆匆过去六年的重组岁月。

从2015年初开始的太极实业与十一科技的重组，屈指数来，已经过去六年，正好覆盖"十三五"规划的五年周期，而在新的"十四五"规划开启的元年，重温过去的六年，对于未来意义重大。

重组六年匆匆而过，但六年的足迹却是闪光的，六年来我们没有虚度，而是以坚韧的毅力，踏实的足迹，以一连串靓丽的数据，向大家交出合格答卷，开创堪称重组的经典案例。4月20日太极实业公布了财报，其中以2020年的营收与利润两个数据与重组前（即六年前）数据进行比较：

六年前（2014年底，重组前）太极实业2014年数据：营业收入42.03亿元，净利润1.08亿元。如今（2020年底，重组6年后）太极实业2020年数据：营业收入178.46亿，增长325%；净利润8.33亿元，增长671%。

六年前（2014年底，重组前）的2014年十一科技：营业收入49.39亿元，利润总额2.40亿元，净利润2.05亿元。而2020年的十一科技：营业收入136.43亿元，增长176%；利润7.87亿元，增长228%；净利润7.19亿，增长251%。

六年来，在无锡、成都两市领导的亲切关怀下，在大股东无锡产业集团的主持下，太极实业成功进行一系列非主营业务的剥离，进行主业的聚焦，现在太极实业新的市场定位是"集成电路与半导体市场领先的制造与服务商"，制造主要集中在太极总部（海太半导体、苏州半导体），而服务主要集中在十一科技。

重组，不是简单的相加。重组是一种战略性的产业功能再造，是相互的深度融合，是相互的优势互补。简单相加，不能产生1+1>2的作用，而战略性重组，是结构元素的再造，是围绕发展目标的业务流程的重组与再造，是市场核心竞争力与市场形象的重塑。

重组，要有相关性，否则不容易成功。但这不是重组成功的唯一条件，太极实业与十一科技的重组，当初都不看好，一是盘子太大，二是制造与服务看似并不相关，但通过业务的再造与提炼，通过市场的重新定位，太极实业与十一科技在一个共同目标下有机地融合在一起了，以集成电路与半导体为核心，制造与服务并存，这样可以带来太极实业的稳步发展，可以平衡来自多方的风险。

重组，首先是股东间的事，但关系着干部员工的切身利益。股东间真诚的信任是最重要的，没有股东间高度地信任、和谐与团结，重组不会成功。而没有广大干部员工对重组的高度认同，重组也不会成功。

重组，磨合是不可能缺少的过程。有容为大，相互理解，相互支持，相互融合，最终成为一体，这是磨合的结果。重组，合则两利，斗则两败，二人同心，其利断金。

重组，创造奇迹。但这奇迹不是天上掉下来的，而是重组后用六年的时间艰苦奋斗出来的，资本是有力量的，但总是有限的，不能过分夸大资本的作用，决定资本方向并使其发挥作用的是技术的创新与市场的争先，还有一种永远争第一的精神，资本只有用在有竞争力的企业才能发挥作用，核心技术与竞争力是买不来的。

"天上不会掉馅饼"，"幸福是奋斗出来的"，这两句话都是金玉良言，重组成功的关键并不在于一开始如何布局，而是在实践中如何坚持开局，如何推动重组后的持续破局，如何充分发挥重组的叠加效应，如何提高重组后的市场竞争力，这些都是最关键的。重组协议的签署只是开始，艰巨的任务都在后面。

时光流逝，当年主导太极实业与十一科技重组的一些领导，已经或将逐步离开曾经的领导岗位，但作为业内一个重组的经典案例，将会继续起到示范作用，历史不会忘记重组的那段曲折多变的难忘岁月，我们也会时时想起那些难忘的往事，那些温暖的时光，想起那些在困难情况下勇于坚持的人们，正是这些坚持才有我们今天的故事，正是这些坚持，才有今天值得大写的重组辉煌。

一切都在继续，我们的后来者会继续沿着这个正确的航线，在今天成功重组厚实的基础上，开辟新的赛道，书写更加辉煌的华丽篇章。

必须指出的是，十一科技发展的基础是改制，这主要是得益于时任中国电子（CEC）总经理杨晓堂总经理的大力支持，在2002年与2004年十一科技两次历史性改制的关键时刻，他以远见卓识与宏大魄力推动十一科技改制；而十一科技的腾飞，则主要得益于无锡市委书记黄钦同志（时任无锡市常务副市长）的大力支持，在2014年下半年在十一科技大股东转让与以后与太极实业重组关键时刻，以他的远见卓识与巨大魄力，给予全力推动，没有这两个关键点，十一科技不会有今天，而他们俩的大力支持，不仅在这两个关键点上，更是在十一科技发展的每个重要时刻，对于这些十一科技人永志不忘，永远心怀感恩之心，永远载入光荣的史册。

必须指出的是，改制与重组，对无锡产业强市有重大的推动，无锡华虹、中环大硅片，这两个项目成为无锡"十三五"最重要的项目（市长报告提到的是三个，还有一个是海力士），正是通过我与十一科技成功引荐，在小敏书记、黄钦书记的全力指挥下，成功落户无锡，如今中环大硅片已上二期，无锡华虹一期扩产完成，未来可期，华虹与中环在无锡的发展，成为行业与无锡的光荣典范，成为国人的骄傲。

然而，一切都在路上，荣誉只能说明过去，不代表未来，未来的前途取决于以后不断以更大的魄力，继续改革，抓住更大的机会，争取新的发展。

一切都在路上，我们准备好了。

一稿：2021年4月10日
二稿：2021年4月20日
三稿：2021年5月9日

稳，是快的前提
快，是稳的前提

又稳又快，是大家都在努力的目标，也是非常明确的方向。一般来说，稳，是快的前提；快，是稳的目标。

在现实生活中，同时做到又稳又快并不容易，很多情况下，太稳了，就没有市场机会了，也就没有快的机会了。

首先，要认识到只有快，才能抓住市场机会。市场是我们生存的基础上，现在市场竞争非常激烈，任何人都无法轻松拿到项目，必须严格进入市场的竞争程序，一个项目往往有很多竞争对手，只有出手更快、出手更准、出手更狠才能赢得市场，出手慢了，就没有市场机会了。市场机会，稍纵即逝，失去了机会，就是丢掉了市场，失去了市场，就无法生存下去，无论是制造业还是服务业，市场都是其赖以生存的基础。

其次，只有保持一定的速度才能稳得住。在这个竞争充分的时代，发展速度太慢了就会被对手超越，市场领先的龙头地位就会被对手取代，市场影响力就会大大减弱，给竞争与生存带来负面影响，其最终结果就会被竞争对手打败，发展与生存面临困境。因此，在严峻的市场竞争环境中，我们必须保持较快的发展速度，以快致胜，以快抓机会，以快求生存，以快求发展。

最后，要处理好快与稳的关系。总体上，我们必须保持较快的发展速度，但在某个时段、某个局部、某项工作上我们可以依据实际情况，适当放慢速度，甚至停下来调整，特别是在重大转折的拐弯处、在转型的重要节点上、在新赛道的选择上，要适当降速，以保持运行的稳定，保证平安着落与平稳过渡。这个时候的慢，是为了更好的快。

2021 年 4 月 19 日

《让我们荡起双桨》的创作往事

据 2021 年 4 月 15 日《文摘周报》摘自《党史文苑》（赵征溶文）文章，批露了《让我们荡起双桨》的创作往事。

文章说，1955 年，长春电影制片厂拍摄新中国的第一部儿童彩色故事片《祖国的花朵》，导演严恭请刘炽为影片作曲，他爽快地答应了，因为他乐于为孩子们写歌。七月的一天，导演刘恭、苏里带领影片摄制组的全体成员和一大群十二三岁的孩子（电影中的小演员和群众），一起来到寿山体验生活。作曲家刘炽也跟着一起来了。

文章说，刘炽有一颗不泯的童心。在颐和园里，他跟孩子们一起做游戏，疯闹玩耍，有一种说不出的快意。可制片、剧务领着孩子们上小船，要去寻找水上的感觉，他在昆明湖边犯难了。刘炽从小有两怕：一怕鬼，二怕水。正在犹豫之中，孩子们热情地喊着："刘叔叔，赶快上来呀！"刘炽硬着头皮登上了小船。

文章说，与刘炽同船的有三个孩子，孩子们荡起了双桨，小船儿推开了波浪。可刘炽紧抓住船舷，一动也不敢动。孩子们划呀，嚷呀，湖面上便荡漾着欢声笑语，那活泼的神态，真像一群小天使。刘炽被孩子们的情绪感染了，也不怕了。他以孩子们的心境、孩子们的视角观察湖水、小船、风浪，在寻找歌中幸福少年的内心世界和节奏。

　　文章说，当船快到"犀牛望月"的那座铜牛附近时，刘炽突然感到了具体的乐章，这乐章在他脑海里显现时，他心里直跳，便立即向划船的孩子喊道："快把船靠岸，快靠岸！"三个孩子瞪着眼睛望着他，"刘叔叔怎么啦？""这首歌的旋律出来了，我得马上记下来！"

　　文章说，刘炽上了岸，对孩子们说："你们划你们的，继续去玩，我现在就写，歌儿写出来第一个给你们听。你们喜欢，就用它；你不不喜欢，我再写！"就在"犀牛望月"小小半岛上，坐在一块大石头上，刘炽以腿为桌开始了他的写作，20多分钟不知不觉地过去了，《让我们荡起双桨》的独唱部分和童声二步合唱部分完成了。回归的路上，歌曲得到了大家的首肯，孩子的辅导员柳兰建议将歌改成三拍子，可能会好听一些，他便答应试试。第二天，刘炽将两首歌交给了柳兰，让孩子们对照着唱，比较哪种更好。孩子们一致认为还是原先 2/4 拍的好听，也适合划船的节拍与感觉，这样，《让我们荡起双桨》才最后定稿。

2021 年 4 月 20 日

日本核废水影响有多大

4月15日《文摘周报》转引自中新网《科技日报》文章。

文章说，4月13日，日本政府召开内阁会议正式决定，富岛第一核电站核废水在经过处理及稀释后（这个过程预计有两年），将排入大海。多方质疑，这些处理水仍带有放射性物质。目前多达百万吨的福岛核废水从何而来？核废水究竟有何危害，海鲜还能吃吗？核废水排入大海，会影响哪些地区？

文章说，120万吨废水从何而来。这要从2011年3月，日本发生的东海岸最强烈的地震说起。这一场9级地震震感强烈，引发一场高达4层楼的大海浪冲上海岸，致富岛第一核电站三个反应堆发生熔毁，放射性物质外泄，酿成人类历史上最严重的核灾难之一。

文章说，事故发生后，持续冷却堆芯而新注入的水，以及大量反应堆的地下水及雨水等，生成大量核废水。目前，福岛核电站上千个大型储水罐中，已储存超过120万吨核废水。日方称，罐子将在明年达到饱和。

文章说，核废水将损害人类DNA。环保组织"绿色和平"2020年曾指出，福岛核废水中的放射性同位素碳14和其他放射性物质的含量之高相当危险，存在损害人类DNA的潜在危险。

文章说，海鲜还能吃吗。据《健康时报》援引专家观点指出，"总体来说，核废水排入大海是会对我们有影响的"。报道称，中国地质大学海洋学院刘恩涛指出,"人类处于食物链金字塔的顶端,海鲜等生物富集的放射性元素,会通过食物链的传递影响到人类"。

文章说,全球还没有核废水排海的先例。在福岛核事故发生前,人类已经经历了多次重大核事故。不过,包括切尔诺贝利核电站泄漏事故、三哩岛核事故,都选择了大气释放。有专家指出,此前没有发生过类似福岛核事故这样会产生大量废水的核事故,因此也没有核事故处理后的废水、向海洋排放的先例。

文章说,核废水会影响到哪些地区。可以预见的是,日本将经过处理的核废水排入大海,将覆水难收。起初,日本太平洋沿岸海域将受到影响,尤其是福岛县周围周边局部水域,之后废水还将会污染东海。日本周边的国家,将不可避免地受到影响。德国一海洋科学机构称,从排放之日起,放射性物质57天就将扩散至太平洋大半区域,3年后美国和加拿大就将受到影响。

文章说,国际社会高度关切。对于日方的决定,中国外交部4月13日回应说,这种做法极其不负责任,将严重损害国际公共健康安全和周边国家人民切身利益。韩国政府就日本的决定表示深表遗憾,并称将采取一切可行措施保护韩国公民的安全。美国似乎默许了日本的决定。美国国务院发言人内德·普莱斯表示,美方认为日方的措施"似乎符合全球公认的核安全标准",将继续与日方沟通。国际原子能机构在推特上发文,称该机构总干事格罗西对"日本宣布决定如何处理在福岛第一核电站中储存的核废水"的声明表示欢迎。

2021年4月21日

奔向更多的新赛道

原有的赛道已经十分拥挤了，已经非常饱和了，在老赛道上继续深度发展已经很困难了，必须根据发展的需要，研究新的赛道，要努力开辟更多新的赛道。

新的赛道，是原有赛道的延伸。新的赛道，不会凭空产生，也不会从天上掉下来，新的赛道只能在原有赛道上的延伸，离开了原有优势，离开了原有的基础，我们在这些新赛道上就没有优势，就缺乏强有力的竞争力，就容易失败。

新的赛道，是原有赛道的转型。在原有赛道上的不断转型，就形成了新的赛道，这些新的赛道既保持原有赛道的优势，同时又具备新赛道的特点，适应了新发展的需要。新的赛道，在不断转型中产生，转型，永远在路上；只有持续不断地转型，才能不断开辟新的赛道。

新的赛道，是原有赛道的跨越。有时候，需要跨越原有赛道，进行新赛道的超前布置，这就需要组织全新的力量，但这同样离不开原有赛道的支持，否则人、财、物等都无法得到强有力地保障，使开发新赛道的计划落空。

新的赛道，是希望的田野。新的赛道，是未来的希望，是新梦想的编织。新的赛道，是无数条新的小溪汇集而成，这些小溪汇成奔腾的大海，形成澎湃的力量，开启一条宽阔的新赛道，而这些新的赛道又会拓展延伸更多的新赛道，如此往复。

我们在这些新赛道上奔跑，享受着新赛道的无限风光，体会到新赛道的无穷魅力，随着新赛道的人不断拥挤，我们又开始奔向更新的赛道，新的未来，总是不断在向我们招手，新的赛道，总是不断出现在我们眼前。

这些新赛道，属于我们自己的，也是属于大家的，属于一切立志于创新者的新天地。

2021 年 4 月 23 日

这里一个激动人心的时期

4月13日,我从成都出发,到合肥首站,经无锡、扬州、上海、扬州、高邮、无锡、乌鲁木齐、喀什等地,直到24日下午从库车回成都,先后历时12天。这十二天里,与众多战友与合作伙伴一起,先后推动一大批重要项目;主持太极实业年度董事会,决定一些重大事项;通讯指挥院正常运行,推动成都、成华代表团成功访锡。

十二天里,硕果累累,收获无数,但最重要收获的还是与中国国电的成功谈判,这促使院决定把新能源开发作为快速发展的新赛道。以与中国国电投资能源科技公司的深度合作为契机,推动新能源开发的全面发展,推动新能源指挥部与新能源战略与咨询委员会正式成立。预计在4月28日协议签署与29日无锡新能源会议后,新能源开发将迅速成为院利润与规模的新增长点。

由此,院新的赛道已经正式确立,而新能源指挥部与新能源战略与咨询委员会的成立,确保有序、健康、稳步、快速进入新赛道。

这是一次决定新赛道的实践。4月16日与中国国电在上海的谈判非常重要,非常成功,这是近年来最成功的一次新能源合作,成功了,意味着在风险完全可控的前提下,我们将迎来一个重大的、鼓舞人心的、改变命运的机会，这就是我们新的重大赛道。

这是一个激动人心的时期。现在电子领域的竞争日趋激烈，我们必须保持龙头地位，这是不变的战略，但持续进行的低价战，使不少项目已无利可赚，不少项目接近亏本。如何突围，如何寻找新的机会，如何发现新的赛道，一直是我们在焦虑与思考之中的，这次多轮谈判的结果，终于让我们发现这个机会并成功把握这个机会，让人兴奋不已。

思想解放迎发展，勇于实践辟新路。一个决定改变命运，十一科技一条光明大路，就这样在千呼万唤下终于显现，在我们的大胆实践中开辟出来。

这是一个难忘而美好的时期。十二天的奔波，十二天的急驰，十二天的努力，十二天的思考，收获累累硕果。十二天的美好时光，十二天的行程，行万里路，交天下友，叙战友情，唱心中歌，做美好梦，观万千景，一路风尘，永远难忘。十二天的时光短暂，唯责任在身，使命在肩，指挥万千队伍，继续出征，打出更加漂亮大仗，让十一科技的大旗永艳。

这是一个快乐的时期。一路上歌声飞扬，诗意如画，写尽人间春色，唱出心中美好赞歌。阳光照耀下的高铁，美丽的江南春光，南疆的浓郁风情，大漠深处的风尘，都挡不住滚滚风尘，一路急驰，一路高歌，一路狂奔，奔向心中的太阳。

再见，这美好的行程；珍藏，这美好的回忆；再约，新的未来之路；再战，风华仍少年！

2021 年 4 月 24 日

印单日新增病例连续两天超 30 万

2021年4月24日《参考消息》转《印度教徒报》网站4月22日报道，文章说，截至4月22日印度标准时间下午11时30分，印度单日新增确诊病例332348例，这是印度连续两天报告新增病例超过30万。印度新增死亡病例多达2247例。目前累计报告确诊16257337例，死亡186919例。

文章说，这还不包括拉达克地区的确诊和死亡病例。这些数据来源于一个汇总每日数据的独立机构"印度新冠肺炎"网站。

文章说，印度的每日平均新增病例仍居世界首位，目前占全球每日报告病例数的三分之一。截至4月21日，印度平均每日死亡人数仅次于巴西，居世界第二。

而新加坡《联合早报》网站4月23日报道，印度第二波新冠肺炎疫情愈演愈烈，单日新增确诊病例创下全球最高单日纪录。当地如今面临严重的供氧和病床短缺问题，医疗系统正在崩溃。

文章说，印度科学家周二在推特发文指出，已发现印度本土出现第二个双重变种病毒株 B.1.168，目前正在深入研究。这是印度继 B.1.167 病毒株之后发现的第二个双重变种病毒株。传染性更强的双重变种病毒株再加上"超级传播"的大型集会，导致印度长期以来资源不足的卫生体系在第二波疫情冲击下濒临崩溃。

2021 年 4 月 24 日

全球领导人承诺展开气候合作

2021年4月24日《参考消息》报道，中国国家主席习近平22日呼吁各国共同努力，同时尊重各国在减少碳排放方面的不同责任。习近平是在美国牵头的领导人气候峰会上（世界地球日，拜登与40位世界领导人出席）提出上述观点的。

中国在2020年9月宣布，中国将力争于2060年前实现碳中和。戈尔在接受《华盛顿邮报》直播平台采访时说，中国有"规划工作，然后实现规划的记录。他们只有在完全有把握可以实现的情况下才会提出目标，他们往往超预期实现"。戈尔还对习近平提出减少煤炭消费的计划表示赞赏。

美国总统拜登承诺，到2030年实现与2005年温室气体排放量相比减少50%到52%。

日本首相菅义伟承诺到2030年与2013年相比减排46%。

加拿大总理特鲁多宣布，加拿大计划到2030年与2005年排放量相比减少40%到45%。

巴西总统博索纳罗宣布，巴西的目标是到2050年实现碳中和，比此前宣布的目标提前10年。

英国首相约翰逊保证，英国到2035年与1990年相比将减排78%。

欧盟确认，2030年与1990年相比至少减排55%。
韩国则保证将停止为海外煤电厂提供资金。

2021年4月24日

英终结新冠大流行得益于疫苗

2021年4月24日《参考消息》转英国《每日电讯报》网站4月23日报道，专家称，英国不再处于大流行状态，因为新数据显示，疫苗接种计划让有症状的新冠肺炎病例减少了90%。

文章说，在有关疫苗接种对普通人群影响的第一次大规模研究中，研究人员发现，疫苗接种对减少有症状和无症状病例产生了重大影响。

文章说，这项新研究是基于去年12月1日至今年4月3日期间采集的373402人的咽拭子。研究发现，在注射一剂辉瑞或阿斯利康疫苗3周后，有症状感染者减少了74%，无症状感染者减少了57%。注射两剂疫苗后，无症状感染者减少了70%，有症状感染者减少了90%。

2021年4月24日

月有阴晴圆缺

人的一生都是在分分合合、聚散离别中度过。在古代，朋友间的聚散离别、书信来往，往往是诗歌创作的主要来源之一，在诗人作品中占比极大。

现代生活中，交通的便捷，手机的普及，微信的使用，使千里之隔的思念变成瞬间的相见，这固然是一种古人未曾想到的飞跃，但没有了距离，缺乏了空间，失去了时间，也就埋没了更多不朽的诗篇。

每一次征程，都是与客户与战略伙伴的亲密接触与交流，是老朋友的重聚，是新朋友的相识，是新朋老友的会面，一旦分手，有的是对下次再见面的期盼，对深化合作的期待。物以类聚，人以群分，与志同道合者前行，才能迎来明媚的春天，才能迎来事业的不断发展，

每一次旅途，都是与亲密朋友同行，都是与朋友们近距离的交流。旅途中，烦恼置于脑后，换来的是对风景的迷恋，对再出发的新思考。旅途，实际上另一种工作方式。思维，往往在放松时会突发联想，新思维涌动，新思想聚焦，从而形成新的行动纲领。快乐的旅途，往往会增添你对美好生活的向往，会增进与朋友们的情感，为未来增添新的动能。

然后，天下没有不散的宴席，送君千里，终有一别。相聚时，快乐满满，离别时，依依不舍，正应验了"人有悲欢离合，月有阴晴圆缺，此事古难全，但愿人长久"的诗篇。

再出发，又是新的旅途。人生路上永远是旅途，人生路上永远是风景，人生路上永远有风雨，新的旅途将使我们的人生更加精彩。

再出发，又是新的使命。使命在肩，责任重大，考验不断，在再出发中开辟新的航线。

再出发，再会朋友们。朋友多了路好走，新朋友不断，老朋友永在，过去的一切将永远珍藏在我们的快乐回忆中。

2021 年 4 月 25 日

祝你平安

这两天，我们中央党校电子分校第 5 期班（1995 年）的部分同学（14 人，占全班 43 人的三分之一），在建党 100 周年之际，在善昭班长、胡燕、康理等人的带领下，来到成都，与十一科技一起，共同参与党建活动，以特殊的方式回顾过去，歌颂建党 100 周年。大家一起参观了十一科技院史馆，感受到改革开放给十一科技带来的发展机会；一起参加了由成华区文旅局、四川爱乐乐团、猛嘴湾街道办、十一科技联合主办的《奋斗百年路，启航新征程》庆祝建党 100 周年的交响乐曲的专场会。这些活动以及参观成都市日新月异的变化，都给大家留下了深刻的印象，大家一致认为，这些活动太精彩了，正能量满满，大家在 26 年后再聚，是一次更大的精神鼓舞。

往事如烟，时光回到 1995 年的 3 月底到 7 月初，根据组织安排，我脱产 3 个月，在位于北京四拨子的电子工艺部管理干部学院，参加中央党校电子分校第 5 期班的学习培训。四拨子在海淀和昌平的交界，具体位于清河小营往北 800 米左右，我们就在那里度过了快乐的 3 个月的党校生活。

那是一些"精英"荟聚的日子。我们这个班一共 43 名，来自电子部各院所的年轻的副职领导与后备干部，大家朝夕相处 3 个月，进行党建与管理的集中培训，在这个期间，我们的党建水平与管理水平提高很快，后来班上的同学绝大多数都成了院所级的正职领导，有的还成了部局级领导与地方领导，别人称我们这个班为"电子黄埔5期"，的确如此，我们没有辜负党的培养与组织的信任，没有虚度那些美好的岁月。

那是一个意气风发的时期。那一年，我40岁，班上的同学绝大多数都比我年轻，除了大家学习上你追我赶、不甘落后外，在善昭班长的卓越组织下，生活丰富多彩，时常进行的蓝球、排球、乒乓球比赛活动等，把大家的业余生活安排得满满的，大家的精神充满蓬勃，晚上也很少有闲，很多时候是老师对我们学习的亲切辅导，我们对每一天都充期期待。我记得非常清楚，我们每天都看午间新闻，在午间新闻前，我们每天最爱听的那首歌就是孙悦唱的当红歌曲《祝你平安》，这首歌把我们对美好未来的向往与对亲人的思念都融进去了，优美的歌声，真诚的祝愿，歌声飞扬，伴随我们在北京党校的3个月，永远让人难忘。

那是一个初露锋芒的日子。我非常珍惜这段日子，集中精力就国企体制改革进行了专题研究，在党校期间，我写了一篇长篇论文《中外国有企业管理特点比较》，刊登在《中共中央党校报告选》（1996年第4期）的中央党校学员论坛专栏，这是我的光荣，也是全班的光荣，消息传来，我感到莫大荣耀，这是一个党校学员最高的荣誉，也为我日后全面开始写作，打下了基础，增强了信心。

那是一个担负重任前的准备日子。从电子5期党校回来后，经过5年的一线实践锻炼，在2000年7月我开始担任十一科技一把手，至今有21年了，从此领导十一科技不断走向新的辉煌。电子

5 期党校的学习，对我来说是非常重要的，在各方面为担任这重要一职务奠定了基础。

那是一个无法再现的日子。从那以后，再也没有机会脱产 3 个月学习，看到别人每年都有机会去学习，心中充满羡慕，而我只能是在岗的自学，在岗位上的奋斗，这安静的学习环境，长时期远距离的思考，将永远与我远离。

如今，大家在事隔 26 年后相聚，有的是对曾经美好相处的眷恋，有的是对逝去岁月的惆怅，有的是对今天再相聚的欢乐，有的是对未来美好的梦想，更多的是对真挚友谊的永远珍藏。

2021 年 4 月 27 日

旅游，不止是风景

旅游，是看风景，体验当地风情，了解历史等，但旅游更多的是一种快乐的经历，是一种愉快的生活，是人们学习的另一种新方式。

旅游，是一种快乐的经历。任何经历，都是财富，只有经历过，才能深刻体会到，而只有深刻体会到，才能更多地去理解，去把握。快乐的经历，带给人们很多新的启示，带给很多新的机会，这些机会往往会改变你。

旅游，是一个学习的过程。人们旅游，往往选择没有去过的、或虽去过还需要加深印象的地方，这些旅游景点，往往是历史、文化、艺术、建筑、人物、故事、风俗等综合，很多从未见闻的知识、很多一知半解、道听途说的东西，通过亲身接触与旅游，得到了全新的认知，开阔了你原本狭窄的视野。旅游，给你展示的全景式的知识版图，你通过旅游的感受，通过查阅相关资料，你会学许多到无法从书本上得到的东西，许多疑似问题会豁然开朗，是旅游打开了你知识的天窗，开启了你智慧的大门。

旅游，是思想活跃的集中时期。旅游，把繁重的工作放到一边，一路轻松上阵，使自己的身心得到自由释放，换来的是全身的放松，而轻松则会容易使人的思维涌动，思想活跃，新想法频频，新思想突现,茅塞顿开,"柳暗花明又一村",思想出现全新的境界。

旅游,是增进了解的过程。平日里,大家在工作中的了解还是肤浅的,在旅途中的相互了解会更真实、更全面,对于你了解人、发现人才、纠正一些偏差,都会有很大的帮助。

"纸上得来终觉浅,绝知此事要躬行",旅游是亲身的实践,是快乐的经历,是知识的学习,是认识世界的之路,是走向必然王国之路。一切书本上知识,都需要在实践中获得检验,都需要在实际中感受深化,而旅游就是一种书本知识与实践相结合的过程,是人们追求快乐的好方式。

2021 年 4 月 27 日

管 | 理 | 随 | 笔 ❺

印度第二波疫情悲剧警醒世界

2021年4月28日《参考消息》转英国《金融时报》4月26日社论，题：印度第二波疫情的悲剧

文章说，印度民众在第二波新冠肺炎疫情中的遭遇是一场惨痛的人间悲剧。对世界而言，这也是一种警醒。随着印度医院氧气短缺，大量民众在街头死亡，今天的印度可能接近16个月前发现新冠病毒时所设想的最坏情况。

文章说，这也在警告世界，不要认为病例增长放缓就意味着新冠病毒被击败了。印度总理莫迪领导的人民党2月份宣布赢得抗疫胜利为时过早。印度政府太快允许恢复大规模集会，包括选举集会和大壶节集会（这一在恒河举行的印度教集会可能引发了"超级传播事件"）。认为印度即将实现群体免疫的想法是错误的。尽管中国成功遏制了最初的疫情，但印度残酷的经历强调了其他许多国家的情况：没有大规模疫苗注射，就算新冠肺炎疫情看似消退，也有可能迅速卷土重来。

文章说，世界其他地区面临的风险是全球感染人数越多，病毒突变产生更具传染性或对疫苗具有抗性的变异毒株的风险就越大。最初在印度发现的"双重变异"毒株后来又出现在其他几个国家。

文章说，印度人民党必须迅速采取行动，才能控制如今失控的

感染病例。这意味着要向印度人发出明确信息并执行限制措施，虽然在这样一个城市贫困率高、流动人口多的国家实施全面封锁很有挑战性。现在必须注意保持社交距离，禁止宗教聚集活动和婚礼等大型集会，还要限制出行。像其他的民粹主义领导人一样，莫迪不愿意采取可能暗示其政府早期决策失误导致如今疫情暴发的行动。但他若不采取这样的行动，印度各地将有更多的人需要用柴堆进行火化。

2021年4月28日

直教人生死相许

昨天，下了一晚上的雨，晨起，还是毛毛细雨，我趁着暮色，再次踏上新的旅途，离开蓉城，开始新的征程。

再踏新的征程，转战新的赛道。

新的赛道，乐声阵阵，凯歌高奏，充满着新的希望。新的赛道，是大道，走路走大道，大道上阳光照，大道上春光明媚，两旁鲜花盛开。新的赛道，我们已经准备了多年，砺戈秣马，披挂上阵，队伍雄壮，一令即发。新的赛道，空气新鲜，心情快乐，虽也有战鼓声声，但这里战场辽阔，可以纵情驰骋。

再踏新征程，是新的使命。殷实的家底，雄厚的实力，战略的布局，机会的把握，青年人才的突起，变不可能为可能的精神，将把未来新的格局奠定。新的时代，新的风貌，新的征程，新的未来。

再踏新征程，迎接建党100周年。时光真快，一不小心，"五一节"就要到了，一不小心，4个月就这样过去了。"五一节"过后，很快就要迎来一个光辉的日子——建党100周年纪念日，我们在4月26日已经参加了四川爱乐乐团的《奋斗百年路，启航新征程》活动，在"七一"前，我们在全国多地还有多项庆祝建党100周年的重大活动，能用这些方式庆祝伟大党的生日，是我们的真诚心愿，也是我们的时代幸运。看看让第二波疫情冲击下的印度，连续多日印度每日感染人数超 30 万（据 4 月 28 日《环球时报》报道，世卫组织首席科学家苏米娅·斯瓦米纳坦 26 日对 CNN 说，印度的实际感染人数可能是官方报告数字的 20 倍至 30 倍），印度新冠肺炎病毒患者死亡的人都来不及火葬，印度正在上演人间大悲剧，而我们中国是疫情控制的典范，上演的是人间的大幸福剧。通过这次疫情的鲜明对比，我们心中都会更加腾起对中国共产党的无比敬爱，对伟大祖国的由衷热爱，这时让我想起了梅花三弄的插曲"问世间情为何物，直教人生死相许"，这表达了我们对党、对祖国的坚贞不渝的心声。对党、对祖国，一生相随，"直教人生死相许"，初心不变，痴心不改，直至我们最后的生命。

2021 年 4 月 28 日

高质量发展

"十四五"的元年,高质量发展尤为重要,这是强体固基的需要。

高质量发展,要人无我有,人有我新。现在,行业的同质化竞争非常严重,这并不有利于市场的健康发展。为避免这一情况,我们必须以创新开辟新的道路,要做到人无我有,人有我新,以自己的特色站稳市场。人无我有,就是要具备别人所没有的本领,这种本领越多越好,越多越有竞争力。同时,要做到人有我新,虽然大家都具备这些特质,但你有自己创新的地方,吸引客户,吸引市场。做到这些,并非易事,要长期坚持转型,长期战略布局,而非一日之功。

高质量发展,要做到规模与利润同步增长。大家都在拼市场,拼规模,但别忘了要确保规模与利润同步增长,只有规模的增长而没有利润的同步提高,不是高质量发展,而是一种低水平的循环,长期下去难以为继。大,不一定强,强,能够大,只有大而强,才是我们追求的目标。高质量发展,要避免追求大而不强,要在发展规模的同时,稳步提高自己的赢利能力。

高质量发展,是多元化的发展。过分单一的市场,无法平衡市场波动出现的风险,市场的波动是不可避免的,总是高一阵,低一阵，总是快一阵，慢一阵，波浪式的发展是其规律，多元化的市场可以适应发展的需要，可以避免单一市场的风险，东方不亮西方亮，多元化是生存之本，是高质量发展的要务。

高质量发展，是和谐的发展。高质量发展，是市场竞争力，与文化力、员工的幸福感、归属感、企业的社会责任感、股东的回报、可持续发展、家国情怀等高度的统一，是现在与未来的统一，是国家、集体、个人的统一，是传统与创新的统一，是精神文化与富裕生活的统一，是幸福生活与奋斗的统一，是美好理想与现实的统一，是美好生活的向往，是诗歌与远方的召唤。

2021年4月29日

乒坛盛开友谊花

——中美乒乓外交五十年纪念

1971年3月28日到4月7日，第三十一届世界乒乓球锦标赛在日本名古屋召开，在时隔两届没有参加比赛后，在毛主席的直接决策下，中国乒乓球队再次参加这届世乒赛，给世界带来惊喜。

人们惊喜的不只是中国乒乓球队在名古屋取得的好成绩——中国队在31届世乒赛上取得了4项冠军的好成绩（男团冠军、林慧卿获女单冠军、林慧卿、郑敏之获女双冠军、张燮林、林慧卿获混双冠军），而由于美国乒乓球运动员科恩误上中国队的车，庄则栋冒着极大的风险，勇敢地与美国运动员科恩交朋友，为中美接触破冰，此事惊动了世界，得到了毛主席和周总理的表扬（毛主席：用小球转动了大球），打开了中美两国友好的大门，这就是震惊中外的"乒乓外交"，庄则栋的勇敢行为，为人类的和平做出了巨大贡献。此后，在毛主席、周总理的亲自决策下，邀请美国乒乓球队访问中国，从而揭开了中美关系新的一页。

小小银球，转动大球，是因为中美老一代领导人的远见卓识。50年前，毛主席、周总理和尼克松总统、基辛格博士等中美两国老一辈领导人，从两国人民共同利益出发，根据对当时世界形势的科学判断，以非凡的战略眼光和政治勇气，把握历史性机会，作出了重新开启两国交往大门的战略决策，亲自决策并推动实施了中美"乒乓外交"。1971年7月，基辛格博士秘密访华。1972年2月，尼克松总统访问中国，中美实现"跨越太平洋的握手"，在上海发表的中美三个联合公报，翻开了两国关系的新篇章。

小小银球，转动大球，是因为成功把握关键机会。如果不是毛主席亲自决策派出乒乓球队参加31届世乒赛，如果不是庄则栋主动与科恩交朋友，如果不是毛主席、周总理亲自决策邀请美国乒乓球队访问中国，那么以后的事，恐怕很难如期进行，错过这些历史性的机会，历史恐将会改写，以后的一段段精彩纷呈的历史无法再现。

小小银球，转动大球，是因为大势所趋，人心所向。作为世界上两个大国，一个是最强的科技、军事、经济大国，一个是人口最大的发展中国家，双方的合作有极强的互补性，是世界稳定与发展的基石。打开中美合作与交往的大门，是两国人民的根本利益所在，2020年，中美两国货物贸易额高达5800亿美元，当今世界上任何重大问题的解决，都离不开中美两国。

小小银球，转动大球，是美好的记忆。31届世乒赛纪录片的《乒坛盛开友谊花》的优美插曲，永远在我们的心底回荡，这部片子记载着那个美好的日子，记载着那段永远难忘的岁月，也一直伴随着我们的成长，直到今天，这段优美旋律仍然是我最爱的音乐旋律之一，只要这段音乐响起，仿佛就回到那个令人神往的年代，仿佛再现老一代乒乓球运动员的魅力与迷人风姿，是他（她）们用自己的勇敢行动与特有的风采，在毛主席、周总理的指挥下，打开了中美交往的大门，打开了中国通向世界的大门。

昨天下午，在无锡拈花湾出席 2021 年无锡跨国公司深化合作圆桌论坛会，小刚市长、常青副市长与 20 多家跨国公司的代表出席，在会上我见到上海美国商会会长季恺文（美国人），我们亲切交谈，他说今天他回上海，出席庆祝"中美乒乓外交 50 周年"的活动，我们愉快地合影，这也让我想起乒乓外交的 50 年，于是早起赶写此文，以示纪念。中美友好与交往，是不可阻挡的历史潮流，过去是，现在也是，将来还是。

2021 年 4 月 30 日

全力推动新能源

十一科技新能源的三架马车是指：十一科技光伏电力指挥部、十一科技新能源指挥部、十一科技能源战略与咨询委员会，这三个机构具有不同的职能又有共同的目标，形成十一科技的三架马车，这三架马车加上能投，形成了十一科技新能源从开发、建设到持有的完整产业链。三架马车，三轮驱动，推动十一科技新能源的快速发展。

十一科技在新能源的优势是：一是转型早，我们在10年前就开始转到光伏发电领域；二是十一科技在全国分布广；三是十一科技的品牌响亮，在新能源产业链有明显的一体化优势，这个优势是品牌优势、团队优势、资本优势、产业链优势、先发优势。10年来，我们一直是国内光伏发电最大的设计院之一。

十一科技新能发展的目标是跟随新能源界的大佬们，一路前行，把握新能源当前在百年来最大的发展机会，力争在今年实现新能源营收突破50亿，从现在情况看，这个目标能实现，这样今年就比去年增长4倍，2022年将继续保持增长。目前，十一科技新能源产业链的赢利能力已超过其他板块的总和，而之所以在无锡召开十一科技新能源大会是因为无锡是我们的福地，是全国新能源的发源地，我们这个新能源大会的重大使命就是结束多年来缓慢徘徊不前的情况，推动新能源快速发展，迈上一个新台阶。

作为中国最大的电子工程设计院,我们从 2010 年起一直保持营收排名第一的地位,至今这个地位没有变,因此电子依然是我们的主导产业,是十一科技的生命线,这点没有变。但新能源在国家战略与世界发展中,在控制全球气候转暖中的地位变得越来越重要,特别是我国 3060 碳目标的提出与实施推动,无论是从担负的神圣使命、或是从抓机会角度,都必须加快新能源发展。电子与新能源是十一科技发展的两大支柱,是两个轮子,双轮驱动的原则不会变,只不过根据市场情况,有时候一个轮子快一些,另一个轮子会慢一些,这很正常,总体上这两个轮子都会向前,而且前景都不错。

2021 年 5 月 1 日

跃进一下，很有必要

今年初，我在光指第一次会议上提出的新能源在 2021 年实现 100 亿合同与 50 亿的营收目标，当初提出这个目标主要想给新能源发展一点压力，这些年发展太慢了，而这个指标确实不低，这要比 2020 年增长 4 倍，当初看起来，大家都认为可能性不大。但昨天在新能源大会上，听取了光指总指挥万里浪同志的报告，获悉从前 4 个月的情况看，在全国新能源发展的大好机会下，我们开局形势很好，发展出现了飞跃。根据今年分阶段安排，我们最终在年底有很大把握地能实现这个大目标，这让我感到非常惊喜与倍受鼓舞。

跃进一下，很有必要，这打破了多年来的僵局。我们在新能源发展上长期停滞不前的状况，被今年打破，这是一个大的飞跃，说明抓与不抓是不一样的，推与不推不一样，有时候，跃进一下很有必要。

跃进一下，很适时，形成了你追我赶的竞赛氛围。新能源龙头分院华东分院、天津分院、南京分院等，率先发起快速发展的赛跑，不断传出胜利喜讯，特别是天津分院，从 4 月份开始出现爆发性增长，屡传捷报，让人倍受鼓舞，全院形成了你追我赶的大好局面。

跃进一下，很鼓劲，形成了万箭齐发的局面。现在新能源在十一科技已形成一股发展之风，越来越多的分院涉足光伏发电，从华东分院、天津分院、南京分院，到山东分院、昆山分院、青岛分院，再到海南分院、嘉兴分院、武汉分院、新疆分院、合肥分院、杭州分院、爱德公司、西安分院、河北分院、青海分院等，新能源正在形成万箭齐发的大好局面，预计这次新能源会议之后，将有更多的分院介入之中。

跃进一下，有了状态，能抓住机会。跃进一下，鼓干劲，激活力，才能抓机会。调整好状态，有利于把握当前新能源发展的大好机会。抓机会，需要眼光，需要智慧，更需要胆略，需要状态，需要活力，需要干劲。不在状态，再好的机会也会擦肩而过，无法把握。竞争，有很多要素决定成败，但状态是第一位，不在状态，必败无疑。

长期低迷，需要有利好带动；停滞不前，需要猛力推动；前行太慢，需要新动能；高质量发展，需要有高目标指引；突破重围，需要大跃进；抓住机会，需要惊险一跃。

一切目标，无须在制订时花太多时间去谈论是否正确，最后还是以小平同志的"发展是硬道理"作为唯一的判断标准；一切推动，无须要求十全十美，只要真正推动大发展了，就要肯定；发展前行，不应只是要求四平八稳，有时需要有大跃进，要有些暴风雨，否则一味地平静，缺乏了激情，没有了精彩，停滞了发展，失去了机会。

不仅艺术与生活，需要激情；科学，也需要诗与远方。

2021 年 5 月 1 日

攻城不怕坚

"攻城不怕坚,攻书莫畏难。科学有限阻,苦战能过关。"这是叶帅的光辉诗篇,也是鼓舞我们在新能源上奋力向前的巨大动力。

攻城不怕坚,我们要快速突破新能源开发的瓶颈。我们要形成从新能源的开发、建设到持有的完整产业链,对于提升我们在新能源的竞争能力与地位,非常重要。目前,我们在开发方面刚刚开始,经验还不多,但我们在阜平 200 兆项目的成功开发与运作,给我们树立了极大的信心,创造了成功的阜平模式,鼓舞我们在开发的道路上大步向前。

攻城不怕坚,要有大战的决心。在新能源发展中,我们曾经历过大考验,与当年我们通过工程持有光伏电站的艰难实践相比,我们现在在开发方面遇到的困难,是不值得一提的,根本算不了什么,开发所遇到的风险也是完全可以管控的。2014 年下半年,我们在内蒙古持有 100 多兆光伏电站,那是一个非常特殊的时期,这超出我们自身能力的巨额投资决策与我们当时面临的一系列不确定、极不利的政策风险,对我们是个生死攸关的严峻考验,那时这么难,我们都艰难闯过来了,我们还有什么不能克服的困难?如今,我们殷实的家底、雄厚的实力,面临的都是可控的前期风险,我们有足够的信心,战胜困难,取得胜利,对此我充满信心。

攻城不怕坚,大胆而有序推进。我们边学边干,边干边创新,保持在开发方面的较快速度，这样才能把握发展机会。做到开发一批、培育一批、储备一批，使开发有可持续性。在确定开发指标方面，院确定一批，各分院审报一批，经院批准后，正式下达指标，一旦下达，院在资源上全力保证，在推进上全力以赴。这样做，发挥了院与分院两个积极性，容易成功。

攻城不怕坚，要有科学的办法。我们在项目公司的股权上，可以视实际情况，选择多样的办法，实现股权选择多样化、转让的简捷化、合规化。在合作伙伴的选择上，可以是个体、团队、公司等，但前提是我们一定要自主、可控、安全，对没有实力、确乏诚信而又无资金实力的个人或团体，要保持高度的警觉，切实规避可能的风险。要紧紧围绕我们开发的两大目的：一是承接光伏发电的设计与总包；二是获得开发利润，在这个原则下，依据实际情况，灵活采用最好的方案。

攻城不怕坚，要关注重大风险。对开发风险的控制，要特别关注：一是土地（可建），二是电力准入（可入），三是指标（可批），四是合规（可转）。当然还有其他问题，但这四个问题特别重要，我们必须予以特别关注。

攻城不怕坚，成绩是奋斗出来的。大家要学习阜平 200 兆开发的成功经验，要学习刘娟同志长期扎在阜平、与阜平打成一片的宝贵精神，沉下心去，与当地打成一片，以实力与诚意赢得当地政府的信任。幸福，是奋斗出来了；成绩，是奋斗出来的，只有奋斗，才会有光明的未来。

2021 年 5 月 1 日

要善于"兴风作浪"

在发展中，领导者要善于学会"兴风作浪"，在平静的水面，掀起一股浪，打破过分的平静，从而形成发展的高潮，从而推动事物的发展。波澜不惊，不利于发展，波澜壮阔，才能上演威武雄壮的活剧。

"兴风"，才能"作浪"。风，是客观的外部环境与主观的因素形成的，就是主客观的条件，作为一个领导者，要善于利用这些条件，判断有利时机，果断造势，推动风的形成，掀起发展的高潮，打破停止不动、徘徊不前的局面，开创发展的新格局。

"兴风"，为了"作浪"。"兴风"，是手段，"作浪"，才是目的。没有风，就没有了浪，因此必须要有风。没有足够的风，难以形成浪。有了浪，发展就有了动力，前进就有了方向，发展的滚滚浪潮，汹涌澎湃，不可阻挡，带动一波发展的高潮。

"作浪"，为了发展。螺旋式发展，波浪式前进，是事物发展的正常形态。但波浪的形成往往需要推动，而不只是自然形成。

"长风破浪会有时，直挂云帆济沧海"，长风破浪会有时，这时在于领导者的敏锐判断与果断把握，在于外部条件的形成，在于自身发展的需要。

发展，要一浪高一浪，一浪接一浪，逐浪试比高；推动，要下定决心，在风口浪尖上敢于突破。

"兴风"需要魄力，"作浪"需要艺术，摆脱困境需要寻找机会，突破重围需要全力以赴，形成新格局需要奋力一搏，大发展需要大思路，大格局需要大动作。

2021 年 5 月 2 日

决心大，才能成大事

在市场经济环境下，做任何事，都不容易，做成任何事，都需要下大的决心，克服大的困难，排除大的阻力，才能成功。

决心，是成功的前提。做一件事情，决心是成功的前提，决心越大，成功的可能性也就越大。决心与成功的概率成正比。三心二意、犹豫不决的人，是不容易成功的，因为机会瞬息而过，我们往往会在犹豫中与机会擦肩而过。

决心，是坚持的关键。坚定、坚持，是我们成功的前提，而能否做到在任何情况下都能坚定不移、都能坚持下去，关键还是要看我们的决心到底有多大。决心大，信心足，信念就坚定，就不易摇摆；决心大，信心足，无论遇到的困难有多大，就会坚持下去，坚持就是胜利。成功，往往在于再坚持一下的努力之中；坚持，考验着人们，考验着人的毅力，考验着胜利的信念。

决心，是战胜困难的勇气。毛主席说："这个军队具有一往无前的精神，它要压倒一切敌人，而决不被敌人所屈服！"决心是精神的动力与源泉，是战胜困难与敌人的强大武器。

决心，是到达彼岸的动力。黎明前的黑夜总是最漫长的，到达胜利彼岸前的最后一段路程总是最困难的，但曙光就在前面，我们应当努力，决心就是我们扬起风帆的动力，靠着它，到达胜利的彼岸。

2021 年 5 月 2 日

绝笔诗篇传千古

昨天下午在央视一套看《国家记忆》,播放了《绝笔》,主要是讲红岩革命烈士蓝蒂裕、陈然,在英勇就义前写下的不朽诗篇,令人深受感动,倍受鼓舞。

蓝蒂裕(1916年—1949年10月28日),重庆市梁平县人,青年时参加救亡运动,1939年加入中国共产党。他先在重庆海员工会担任《新华日报》发行员,后又做党的交通工作。在国民党掀起的第二次反共高潮中,他不幸被捕,却又挖墙逃离虎口。1949年10月28日晨,蓝蒂裕等革命志士被特务从狱中押出,他意识到生命已到最后时刻,在将写好多时的《示儿》遗诗交给难友后,从容不迫地走向刑场。

蓝裕蒂诗《示儿》的全文:

示儿

[近现代]蓝蒂裕

你——耕荒,
我亲爱的孩子;
从荒沙中来,

到荒沙中去。

今夜，

我要与你永别了。

满街狼犬，

遍地荆棘，

给你什么遗嘱呢？

我的孩子！

今后——愿你用变秋天为春天的精神，

把祖国的荒沙，

耕种成为美丽的园林！

1949 年 10 月就义前夜

这一首诗，是蓝裕蒂烈士临刑前在渣滓洞楼上第六号牢房留交同志转给他的孩子的遗嘱。

陈然（1923 年 11 月—1949 年 10 月 28 日），河北省香河县人，1939 年加入中国共产党。曾任中共重庆地下党主办的《挺进报》特别支部书记并负责《挺进报》的秘密印刷工作。1949 年 10 月 28 日在重庆大坪刑场壮烈牺牲，年仅 26 岁。陈然是红色经典小说《红岩》中成岗的原型。

陈然临就义前，写下了这首惊天动地的诗篇，后经逃出去的狱友回忆口述，保存下来。

我的"自白书"

[近现代]陈然

任脚下响着沉重的铁镣,
任你把皮鞭举得高高,
我不需要什么"自白",
哪怕胸口对着带血的刺刀!
人,不能低下高贵的头,
只有怕死鬼才乞求"自由";
毒刑拷打算得了什么?
死亡也无法叫我开口!
对着死亡我放声大笑,
魔鬼的宫殿在笑声中动摇;
这就是我——一个共产党员的"自白",
高唱凯歌埋葬蒋家王朝。

这两首革命诗篇具有如下特点:
一、这些都是绝笔诗篇。
1949年11月28日,是蓝裕蒂、陈然两位烈士牺牲的日子,此时新中国已经诞生,离重庆解放的日子只有两天,蒋介石在重庆解放前夜疯狂枪杀革命烈士,蓝裕蒂、陈然等一大批革命烈士在黎明前倒下,这是我们最大的遗憾。但烈士们在从容就义前,已经知道中华人民共和国诞生,看到了为之毕生奋斗的事业已经成功,心中有千言万语要说,这两首诗就是表达他们心声的绝笔诗篇,是与祖国、与人民最好的告别。

二、这些诗篇是内容与艺术的高度统一。

从诗的内容与艺术形式看,这两首诗都达到了高度的统一。内容,是革命的,是红色的,是鼓舞人心的,是情真意切的示儿,是慷慨激昂的宣言;从艺术形式看,这两首诗都有极强的艺术性,造诣很深,都进入过教科书,流传千古,其艺术性完全可以与那些中外名诗相比,特别是陈然的《我的"自白"书》,更是流传千古,成为光耀史册的不朽诗篇。

三、这些诗篇胜过万千风花雪月的诗篇。

革命者,喜欢革命的诗篇,因为只有革命的诗篇才能鼓舞革命者奋斗,只有奋斗,才有今天的幸福生活。"梅花欢喜满天雪,冻死苍蝇未足奇",风花雪月,浪漫情怀,然而这些脱俗的情怀拯救不了世界,在黑暗的世界里,只有枪杆子才能出政权。

四、这些革命诗篇直到今天仍然有重大的教育意义。

当今世界,我们的责任依然重大。我们要不忘初心,牢记使命,我们将迎来建党 100 周年的光辉日子,重温这些诗篇,传承革命传统,不忘革命历史,在今天具有重大意义,我们要把革命工作做到底,必须要保持这股劲,必须时刻记住这些诗篇。

五、这些诗篇保存流传实属不易。

在就义前,在如此恶劣的环境下,能流下这些不朽诗篇实属不易。蓝裕蒂的诗篇,开始是蓝裕蒂写在香烟纸上,后来是逃出去的狱友根据回忆写下的,直到 1960 年,蓝裕蒂的儿子与家人才在出版的书中第一次见到蓝裕蒂留下的《示儿》。蓝蒂裕的儿子蓝耕荒，其父去世时他才 5 岁。1961 年入伍，1988 年转业到公安干部管理学院，负责分管后勤、绿化。蓝耕荒以自己的辛勤汗水实现着父亲的遗愿——"把祖国的荒沙，耕种成美丽的园林"。在蓝裕蒂去世六十年之际，他写下了诗篇《写给我的爸爸蓝裕蒂》，深情地用诗篇回答了他如何努力践行他爸爸在《示儿》诗中临终嘱托。

陈然的诗，是逃出去的狱友根据回忆补写的，没有这些狱友的努力，这些流传千古的革命诗篇就会就此散失，这些光辉诗篇是多么来之不易啊！

2021 年 5 月 2 日

五月的天

五月的天,阳光明媚,万里江山,如此多娇。大地锦绣,风吹草动,蓬勃生机,比起四月的天,五月的天更美,阳光更灿烂。

五月的天,是劳动者的节日。劳动者光荣,劳动者幸福,劳动者受人尊敬。幸福是奋斗出来的,成绩是做出来的,位子是干出来的,机会是抢抓出来的,局面是靠人改变的,新一轮高潮是靠人推动的,困境是靠创新突破的,一切都是干出来的。

五月的天,是青年人的节日。光辉的"五四",是青年人的节日。青春易逝,时光难再。人生处处是赛道,青春还在向前跑,对青春的不同理解,形成永远向上的蓬勃力量,青春力量的涌动,永远年轻,永远蓬勃。

五月的天,是中国人的骄傲。14亿人口大国,信心坚定,措施有力,无人感染,防疫成世界典范,几亿人出游,与大自然亲密接触,领略无限风光,享受人间最美。邻国印度,成人间地狱,每天30多万人被感染,治理能力低劣,无强硬措施,人民受罪。西方世界,一片混乱,唯东方大国,巍然屹立,人民幸福,风景这边独好。感恩共产党伟大,伟大祖国强大,人民幸福。五月里,重温红色经典,感恩毛主席开创伟大江山,感恩老一辈无私奉献。

五月的天,再出发的日子。"老牛亦解韶光贵,不待扬鞭自奋蹄",五月里朝霞满天,五月里阳光灿烂,五月里鲜花满园,人们用辛勤的汗水,写下最美的诗篇,书写最美的历史,让红彤彤的五月,照亮世界,照亮前程。

2021 年 5 月 3 日

放下包袱，轻装上阵

市场竞争，如同打仗一样，不能背上包袱，尤其不能背上太重的包袱，负担太重，压垮了自己，是无法取得好的成绩，无法在激烈的市场中取得胜利的。

包袱太重，期望值太高并不好。负担太重，期望值太高，不能放开一搏，缩手缩脚，影响正常水平发挥。要轻松上阵，一切要做最大的努力，作最坏的打算。

包袱太重，过不了心理关。过去的事总是放不下，过去的失败，留下的阴影太重，心理压力太大，会严重影响正常水平的发挥。要过各种关，首先要过心理关，没有坚强的心理，过不了心理关，也就难过其他关。

包袱太重，容易对自己失去信心。信心不足，最容易失败。要赢，首先要有信心。"自信人生二百年，会当击水三千里"，自信，才能斗志昂扬；自信，才能全力以赴；自信，才有可能去战胜对手。

持续快速增长，一战扭乾坤，这当然是我们所期待的。但持续快速增长，要有市场、人才、客户资源、市场信誉、项目积累、技术创新、资金等各方面的准备，要有坚实的基础，显然，这一切我们并没有准备好，因此不太可能持续高速，当我们把基础夯实了，持续的高速就有可能了。

  正确看待成败。过去的已经过去，再在乎也没有用，与其停留在过去，不如把一切都放下，一切从头开始，一切重新再来。真正的战士，不仅要善于热情迎接胜利的鲜花，也要直面重大的挫折，要经得起各种考验，要有永远一往无前的精神。

  新的机会，永远在路上。市场在继续，机会就会永远存在。放下包袱，吸取教训，总结经验，轻装上阵，全力以赴，再战仍是少年，再战更有斗志，再战更加出彩，那么我们一定会迎来新的转折点，一定会迎来新的胜利，一定会有更加美好的未来，这点是毫不怀疑的。

2021 年 5 月 6 日

论市场开发

市场开发，是永恒的话题；市场开发，是越来越重要的话题，成为我们生存所必须，成为发展所依靠。

市场开发，贵在延续。要把老客户的延续、深化放在第一位。回头客是最重要的，只有靠越来越多的回头客，才能使客户群不断壮大。靠什么巩固与深化与老客户的关系？关键还是要与老客户保持良好的、经常性的沟通，要注意倾听老客户的意见，要不断检讨、持续改进、不断完善对老客户的服务。要建立定期回访制度，畅通联系渠道，巩固与老客户的关系。

市场开发，延续的代价最低。只要在发展，只要与老客户的信任不断深化，老客户的扩建与新建就会继续，你的服务就会继续，你的市场就会不断扩大。老客户是市场的基础，只有稳住基础，才能不断发展。

开发新的市场，同样很重要。要不断开发新的市场，不断开发新的客户，要不断开辟新的领域，不断扩大客户群。只有不断开辟新的市场，才能从根本上确保可持续发展。

开发新的市场，需要经过艰苦努力，需要付出代价，有时候代价会很大。在竞争激烈的市场，新的市场开发不会一蹴而就，而是一个过程。

首先，要选择好突破口，要有效集中资源，全力争取新项目的获得；其次，在新项目获得后，要全力以赴跟进，不断发现新情况，解决新问题；最后，要加快与新客户的磨合，在不断磨合过程中增进互信，要逐渐使新客户成为老客户。

　　全力推动重大项目的突破。要坚持"启动早，策划细，抓机会，敢出手"的原则，要坚持"从源头抓起，从早抓起，主要领导亲自抓，抓全过程"的原则，坚持这些经验，我们就会减少失误，提高胜利的概率。

2021 年 5 月 8 日

主动性,是抓机会的关键

机会,总是在我们的身边;机会,总是瞬息而过;机会,并不容易抓住,抓住机会的关键是主动性。

主动性,是抓机会的关键。有时候,机会是需要等待的,有些机会的成熟需要时间的。但更多的时候,机会是要靠主动去抓的,而不能靠消极去等,这时,主动性成为我们抓住机会的关键。

主动性,是适应市场竞争的需要。在日趋激烈的市场环境中,机会稍纵即逝,慢半拍,就要失去机会,慢一步,机会就会擦肩而过。

主动出击,争取了市场的主动权。主动出击,变被动为主动。主动出击,争取了市场的主动权。主动出击,占得了市场的先机。

主动出击,可以创造机会。机会,是可以创造的,谁主动创造机会,谁就更有可能把握机会。主动性,是成功的前提,是主动因素的充分发挥,是信心的充分释放,是竞争精神的昂扬。

主动出击,赢来新的天地。突破一点,可以带动全盘。抓住一次机会,就有可能赢得一大片胜利。主动出击,换来的是崭新的格局。

主动性,变不可能为可能。很多事,看起来似乎很难,没有什么可能,但只要努力去争取,就变得有可能了,其中努力去争取是最为关键的。

　　胜利，是等不来的；胜利，要全力以赴去奋斗；胜利，要主动去争取。

2021 年 5 月 8 日

母亲节的思念

今天是母亲节,妈妈离开我们已经整整一年了,但我似乎感到妈妈仍在我们的身旁,注视、关心着我们,她的音容笑貌无时不在,她的慈爱笑容无时没有,这一切都激励着我在前行路上不敢有一丝的懈怠,而要继续努力,珍惜幸福的一切,让天堂的妈妈放心。

对妈妈的思念,与日俱增。妈妈走后,我们对妈妈的思念更加深切,对她的怀念与日俱增,对妈妈平时的教诲更多记在心里。

对妈妈的思念,更多地放在工作上。因为岁月无情,一年年很快过去,留给我们能够继续在岗位上工作的时间不多了,稳步新老交替是不可阻挡的趋势,只有抓紧有限的时间,抓紧不多的机会,争取多做些事,做成事,做好事,才能报答妈妈的养育之恩,才能不辜负妈妈的殷切希望。

对妈妈的思念,就是对今天幸福生活的珍惜。家庭稳定,生活幸福,儿孙们健康快乐地成长,这些妈妈生前最大的愿望,如今我们可以告慰妈妈的是,妈妈生前的所有愿望都已实现,我们在这个伟大的时代生活得非常幸福,我们会好好珍惜今天的一切。

我很喜欢孟郊《游子吟》的诗:"慈母手中线,游子身上衣。临行密密缝,意恐迟迟归。谁言寸草心,报得三春晖。"虽然游子再也无法再得到慈母用心血铸就的母爱，但已经得到的母爱已经足够了。今年"三八妇女节"那天，中央电视三台《向幸福出发》节目播放了由我作词、彭涛老师作曲、钟丽燕老师演唱的《妈妈》，后又多次连播，今天母亲节，我把那天央视录的《妈妈》再一次重发，献给我的妈妈，献给天下所有的妈妈，愿儿女们永远不辜负妈妈对子女的殷切期望。

2021 年 5 月 8 日

精彩的演绎

生活中很多精彩，或许原本并不存在，更不会从天上掉下来，但通过精心策划，出现精彩演绎。

变不可能为可能，敏感性很重要。要敏锐洞察合适时机，果断把握机会，推动小事变成大事，把一轮小波变成大浪潮，把一个小机会变成大机会，从而形成澎湃向前的滚滚浪潮。

变不可能为可能，就是要捕捉那些看似很不起眼的小机会，善于把这些小机会变成大机会。这里眼光很重要，没有敏锐的战略眼光，没有快速的决策能力，机会就会擦肩而过。

变不可能为可能，关键是要下决心，决心下了，一切事情就容易迎刃而解，就容易成功破冰，而瞻前顾后，犹豫不决，就会错过机会。

变不可能为可能，要抓住关键。抓住了关键，其他事情就容易迎刃而解。事物之间都是相互关联的，但有主要因素与主要矛盾，一旦抓住了关键因素，抓住了主要矛盾，问题就容易解决。

变不可能为可能，基础很重要。要有坚实的基础，要有领先的优势，要有亮点，要有新的思路，要有新的概念，这些都决定了是否构成机会的条件。

变不可为可能，不必求全责备。世界上极少有十全十美的事，十全十美只是我们努力追求的目标，现实生活中很少，过分追求，就会一事无成。只要我们的主要目标达到了，这就是胜利，这就是成功。要做事，做成事，就要安排既定目标努力，尽可能考虑细一些，但也没有必要过分求全，不必过分在乎别人的看法。意大利诗人但丁在《神曲》中说："走自己的路，让别人去说吧"，这应该成为我们的人生座右铭，坚持自己的目标，坚持正确的方向，我们就一定能最终获得成功。

精彩演绎。毛主席说："军事家活动的舞台建筑在客观物质条件的上面，然而军事家凭着这个舞台，却可以导演出许多有声有色威武雄壮的活剧来。"精彩是可以演绎的，演绎的空间在于我们敏锐的眼光与果断把握机会的决心，在于指挥员运筹帷幄的能力，在于多思善断的性格，在于有一股变不可能为可能的坚定决心。精彩演绎，一定是各方力量的合力作用，一定是各方力量的和谐配合。

精彩纷呈。平静的生活，会充满起伏的波澜。平凡的人生，会有着不平凡的发展空间。单调的日子，往往蕴藏着精彩的内容。看似不起眼的小小浪花，也会掀起大的风浪。

让我们热爱生活吧，让我们拥抱每一天吧，让我们珍惜每一个时分吧，精彩，就在每一天；精彩，在生命的每一个时分。

2021 年 5 月 10 日

只要人人都献出一份爱，世界将变成美好人间

非常高兴能够出席杭州"2021中国碳中和高峰论坛及全球光伏中国储能20强发布会"。自从习主席正式提出中国在2030年碳达峰、2060年碳中和的战略目标后，新能源正在以一种前所未有的速度向前发展，未来几十年，将会持续迎来新能源发展的高潮。

面对如此汹涌澎湃的新能源革命，我们应当从那里入手呢？

一是从改变自己的习惯做起，做低碳生活的先锋。比如我们应当尽量选择健康的出行方式，如步行、选择公共交通（地铁、公交、高铁等）、尝试使用电动车等，尽量减少碳排放。对生活垃圾严格分类，积极参加绿化，有效保护生态，用绿色打造我们的家园，打造我们的工作环境，把绿色设计作为必须的目标，节约能源，节约资源，绿色旅游，保护大自然，全力支持新能源事业等。

二是从现在的基础做起，切入新能源产业链。要从新能源的开发、制造、使用、运行、服务、传播等全过程的产业链中切入进

这是作者在杭州"2021中国碳中和高峰论坛暨2021全球光伏20强、中国储能20强排行榜发布会"上的致辞

去，争取在产业链中能够有所作为，争取在其中的一些细分领域取得领先的优势。当新能源的产业链的龙头当然是光荣的，但配套、配角工作同样不可少，也同样光荣。

三是十一科技在新能源界的定位。十一科技的目标是：电子与新能源是十一科技发展的的双轮战略。以光伏发电的设计、开发、持有带动光伏发电的总包，保持十一科技在光伏发电设计与总包的领先地位，是十一科技在新能源的战略目标。转型十年，十一科技光伏发电的增速今年出现突变，预计光伏发电产业链将达到百亿的规模，首次与电子并驾齐驱，以后稳步增长的空间仍然很大。同时加强创新，力争用光伏树的新产品适应市场需要，成为城市建设新的选项。

只要人人都献出一份爱，世界将变成美好的人间。新能源，与我们每个人都密切相关；新能源，离我们并不遥远；新能源，就在我们的身边；新能源，在我们的生活与生命的每一个时分。

让我们从小做起，从现在做起，努力做好新能源的发展。

2021 年 5 月 10 日

何谓龙头企业

龙头企业,代表着市场的方向,是行业发展的领军。

具备什么条件才能担当市场上的龙头企业呢?

我认为以下一些条件是必要的,具备其中之一者,应可称为龙头企业。

一、龙头企业是市场规模的领导者

龙头企业的营收规模,应该在行业中处于领先地位,因为规模代表着企业发展的量,没有数量就没有质量,数量一定程度上也代表着质量,代表着市场的占有率,是企业实力的主要标志之一。市场占有率,是客户对企业信誉、质量与服务的认同,是市场的接受程度,是市场影响力的重要标志。

二、龙头企业是技术的领军者

技术,是经验、知识与装备的统称。技术,决定着市场的方向,决定着产品与服务的竞争力。市场之争,是实力之间的较量,也是技术的比拼。龙头企业要保持在技术领域里的总体领先地位,其中虽不可能在所有领域里都保持领先地位,但在一些细分领域里,要保持技术的领先。

做到技术的领先,就是要加大技术的投入与开发力度,加大关键技术人才的引进,加大关键技术的储备。

三、龙头企业的发展速度在行业处领先地位

发展速度,是企业发展战略、企业实力、企业竞争能力的综合结果。龙头企业必须要保持一定的发展速度,才能使企业走在行业发展的前列,才能引领行业的发展。速度慢了,就不是龙头企业了。

四、龙头企业要在行业有影响力

影响力是个综合指标,是品牌影响力、产品竞争力、服务影响力的综合。影响力就是在行业的号召力,是行业领导力的标志。

五、龙头企业对行业产业链有整合与带动能力

龙头企业,一般在产业链的上端或在产业链中的核心技术端,只有这样,龙头企业才能有整合行业的资源的能力,能带动行业的发展。

六、龙头企业应该在各方面率先垂范

龙头企业在各方面都应在行业作出表率,要在低碳经济、节能减排、企业文化、团队建设、社会责任、遵纪守法、廉洁自律、扶贫帮困、助学助教等方面,都应当成为行业学习的榜样。

龙头昂起头,行业才能发展;龙头舞起来,行业才能精彩;龙头快起来,行业大步行。

2021 年 5 月 10 日

风,从东边来

晚上,在无锡渤公岛上吃饭,眼前是美丽的蠡湖风光,还有在夜色下闪耀的灯光。城市,因自然风光的美丽而更加动人;夜色,因灯光的辉耀而更加迷人。明天就要从无锡回成都了,这一月内,来华东三次,华东给了发展蓬勃的动力。

三次来华东,三次有大风,风从东边来,大风掀新潮。三次来华东,三次吹新风。风吹云水动,潮自东方来。

东边吹来的东风,是一股强大的风。风从东边来,东风压倒西风。中国,一花独放,巍然屹立在世界的东方。防疫的风暴,无情的病毒把世界彻底撕裂,几乎把整个世界冲垮,唯独东方中国成功抗疫,再现特色制度的无比优越。今年"五一节",如潮的游客,涌向美丽的大自然,与大自然亲密接触,成为东方奇观,成为世界一道最靓丽的风景线。反观邻国印度,如人间地狱,灾难深重,而被波及的尼泊尔,更是陷入一场大灾难。

东边吹来的是新风,新风浩荡辟新路。新路在哪里?在我们深思熟虑中,在我们的深远的战略研判中,在我们持续的转型中,在我们的坚持中,在我们对每一次机会的成功把握中,在我们快速的行动中。路,就在我们的脚下,脚下是宽广的路。

东边吹来的是劲风,吹响一轮又一轮进军的号角。三下华东，一路鼓劲，吹响进军的集结号，吹响新赛道的新号令，吹响"十四五"元年的出发令。一次次完美呈现，一路高歌；一次次把握机会，尽情演绎精彩；一次次推波助澜，变小浪为大潮；一次次风浪中考验，挺过去，前面是一片天；一次次战胜自己，奠定发展大格局。一切不可能的事，在我们坚韧不拔的努力下，成为可能。不可能与可能之间并没有不可逾越的边界，只要坚持努力，一切皆有可能。

东边吹来的合作发展的风。老友重聚，相逢是首歌。一路上有你，携手共赢未来。发展的主旋律，铿锵有力；合作的脚步，声声更紧。团结起来，就是美好的未来。

2021 年 5 月 10 日

产业链

产业发展,是一门科学,我们需要研究产业发展的规律。通常,产业在发展中形成一个长长的链条,通过这根链条上的有机连接成为一个产业链。

产业因链而聚,因聚而合,形成稳固的产业联盟,从而发挥更大的作用,更好地适应市场需要。

产业链,因聚合而变得更加强大。产业链的聚集,产生了产业的聚集效应,形成一股虹吸现象,吸纳更多的资源,形成更大的产业聚集。产业链的聚集,可以提升产业链的竞争力,推动这一地区的发展。

产业链,因多元而变得更加丰富。市场经济是多元的,是丰富多彩的,也是多变的。单一的制造与服务业态,很难适应生存与发展的需要,一定要推动产业链的多元化,只有多元化的产业链才能适应生存与发展的需要。产业因多元而变得更加丰富,东方不亮西方亮,东边日出西边雨,丰富的产业链业态,让我们在市场经济中游刃有余。多元的产业还可以使这些产业链之间得以相互补充从而使产业链更加完整。

产业链,因延伸而变得更有价值。产业链是可以延伸的,延伸产业链就是延伸市场,就是延伸价值,就是延伸生存线,就是筑牢生命线。利用现有的优势，延伸产业链，是事半功倍的事，是风险最小，代价最低，见效最快的事。

产业链，要抓住核心的环节。产业链上，总有一些关键的环节，影响着产业链的发展，因此要科学地分析产业链的这些关键环节，加快支持与推动发展这些关键产业链的力度，抓住这些关键环节，抓住这些关键产业链，就能带动产业链的发展，否则没有龙头的产业链是难以持久的。

2021 年 5 月 11 日

突然发力

在赛跑中，到终点时能否突然发力，加快速度，决定着运动员能否取得最后的胜利。在游泳比赛中，到终点触壁前的最后冲刺，决定着运动员的最终胜利。速度滑冰也是这样，马拉松比赛也是这样，一切速度型竞技比赛都是这样，能否取得最后的胜利，关键取决于最后时刻能否突然发力，超越对手。

在市场竞争中，情况也惊人的相似。很多情况下，与竞争对手呈黏着状态，不分上下，拉不开差距。这时如果能选择合适时机，突然发力，就会把对手甩到后面去，拉开与对手的差距，让对手难以超越。

突然发力，要选择好的时机。时机很重要，太早，太晚都不行，要看主、客观与外部环境的条件，要审时度势，科学而准确地判断，但也不必过分求全，去求最好时机，一切都是相对的，没有绝对成熟的时机，只要基本具备条件，就要果断突然发力，加快速度，大步超越对手。

突然发力，要有一套有准备的组合拳。要在突然发力前进行多方面的充分准备。突然发力，打的是一套组合拳，要打好这套组合拳就要进行充分准备，没有充分准备，无法取得胜利。这个准备包括突然发力的战略目标、战术、方法、方式、资源整合、人力组织及如何突然发力等,不要匆忙上阵。"不打无准备之仗","不打无把握之仗",要打就一定要打赢。单兵独斗,单拳出击,胜算并不大。

突然发力,要让对手措手不及。突然发力,要果断而勇敢,要让对手措手不及,难以还手。要高扬斗志,要全力出击,务求攻克目标。

突然发力后,要有持续的跟进。突破以后,要有持续的跟进,走好每一步,迈上新台阶,要巩固突然发力取得的成果,争取为下一波突然发力再做准备。

突然发力,是前进中的加速度,是照亮征程的美丽彩虹,是战胜对手的法宝,是排除障碍的武器,是奋斗者的杀手锏,是一切强者的选择。

2021 年 5 月 11 日

感恩
——关于《心声：赵振元、彭涛音乐歌曲集》的出版发行

在《心声：赵振元、彭涛音乐歌曲集》即将出版发行之际，有很多感想，从一个音乐爱听者，到爱好者，到参与者，到传播者，再到受欢迎者，真是经历无数风雨，经受了很多考验，但我一直坚信自己、坚定信心、坚持到底，这三个"坚"，推动了我在音乐跨界的成功。一个人的成功，当然自己的努力的是重要的，机会、环境与亲友的支持同样非常重要，在《心声：赵振元、彭涛音乐歌曲集》出版发行之际，我必须感谢与感恩以下的亲人与朋友们：

感谢太太小平的大力支持与一系列宝贵建议；感谢著名作曲家彭涛老师的音乐天才及之间的亲密合作、感谢著名词作家王晋川老师的指导与合作；感谢以钟丽燕、史倩、代涛老师为代表的一批著名歌唱家的精彩演唱；感恩郭进飞、李在成等老师、艺联荣明总等录制团队的倾力制作；感谢新华文轩出版社的精心出版。

我特别要感谢太太、我的很多朋友们，时常与我一路同行，这些出行大大丰富了我的创作灵感与源泉；感恩这个伟大的时代与十一科技及战友们——这个走在时代前列岗位的重要平台，让我永远充满激情，感恩妈妈从小放飞让我自由飞翔而获得的丰富人生阅历。

"唱支山歌给党听，我把党来比母亲，母亲只生我的身，党的光辉照我心"。在这 28 首歌曲中，歌颂党和祖国的新歌占了较大的比例，如《与亲爱的祖国同行》《潮起东方》《百年党旗艳》《南湖夜色美》《千流归大海》等，这充分表达了我们对党发自内心的热爱之心，我们把党比作母亲，而母亲永远是我们的最爱。

在建党 100 周年之际，作为在党的光辉照耀下成长起来的一名普通战士，这些歌曲在建党 100 周年光辉节日来临之际，是儿子送给母亲的最好礼物。

一切都在路上，任务仍然艰巨，精彩会继续，让我们继续一路同行，谱写最美的乐章，书写最美的人生画卷！

2021 年 5 月 12 日

战略，并不是万能的

战略，现在已经成为一个时髦的词汇，满天飞，成为一些空洞理论家的口头禅。

战略，其重要性是因为战略决定着方向。方向是否正确，决定着命运。比如，红军长征的方向，到底北上还是南下，毛主席正确路线与张国焘错误分裂路线之争，决定着红军的前途与命运，也决定着中国革命的前途与命运。最后，中央红军在毛主席北上路线的指引下，胜利到达陕北，在延安建立起革命胜利的大本营。而张国焘的南下部队，在百丈关遭遇重大失败，损兵近万余人，到1936年4月，红四方面军在张国焘南下的错误路线的指引下，已由当时8万大军，减员至4万人，损失一半。而毛主席领导的北上红军——第一方面军，则虽然只有1万多人，最终成为红军的主力，成为解放军的主力，这充分说明，在当时长征的特定内、外环境下，北上是唯一能够生存发展的正确路线，背离它，就会碰个头破血流。

然而，战略并不是万能的，战略并不一定能完全致胜。

第一，战略只是我们提出的一个设想。这个设想，是否正确，是否符合实际情况，是否有指导意义，需要在实践检验。在很多时候，提出战略是一回事，具体实施又是另一回事。没有经过实践验证与检验的战略，有很大的不确定性，具有局限性。正确的战略，不是空洞的泛泛理论，而应该是符合本国、本地区、本企业情况作出的唯一选择，而唯一的选择则需要经过在实践中检验，来证明其正确性与唯一性。因此，在实践中不断调整适应实际情况的战略，是不可避免的。

第二，实现战略的路也不是唯一的。条条道路通罗马，在正确的战略提出后，实现战略的路径具有多样性。市场经济的广阔而丰富的空间里，同样的目标，其发展路径也有着多样的选择。

第三，战略只是一个大致的方向。在实际执行中，不断根据实际情况，调整、修正、甚至改变这些方向，是常有的事。其主要原因是市场需求的变化，市场环境的变化，竞争对手的变化，客户的变化，自身内部的变化等，这些变化不以人的意志为转移，作为指导我们行动指南的战略，如果一成不变，便会失去指导意义，失去生命力，便会阻碍发展。战略的稳定性是基石，而战略的灵活性是生命。

第四，比制订战略更重要的是在执行与实践中开辟更新的路。敢于把握每一个机会，千方百计为争取更好结果而努力；顽强奋斗，变不可能为可能；坚定坚持，永不言弃，为实现战略与梦想而努力；持续改进，为把战略变成蓝图而努力，这些比停留在口号上的战略，更有意义。

第五，我们需要战略，因为行动需要方向。战略不是万能的，但没有战略是万万不能的。战略不必也不可能太细，更多的是丰富的实践中去调整、补充、完善，在实践中丰富战略理论，使战略更加丰满，更加贴近实际，更有指导意义。

2021 年 5 月 12 日初稿

2021 年 5 月 13 日终稿

拆出新天地

今天（2021年5月）院下文，从华东工程中拆分出一部分，新成立华东系统工程部（简称华东系统），从此华东分院又多了一个总包部门。

2018年年1月，院决定独立于华东总包公司外，成立华东工程部，成为华东分院除新能源之外的第二个部门。几年来，在不影响华东总包公司发展的基础上，华东工程得到长足发展，今年合同已达10多亿。而把其中专做学校蔬菜配送的这部分的专业部门分拆出来，一是可以让这部分独立性强、越做越好的专业总包做大做强，二是可以让其在专业的基础上综合发展，形成规模，再造一个华东工程，而这种拆分，对华东工程影响并不大。

华东的一拆二，二拆三，即从总包外另成立华东工程，再从华东工程拆出华东系统，使原有规模扩展多倍，这是根据华东的实际情况作出的，对华东分院的总承包将是极大的推动。

什么是华东的实际情况？华东的实际情况是：华东处在市场的前沿，处在市场最活跃的地区，华东市场大，华东人才多，只要有基础，有品牌，有合适的带头人，市场机会多，容易吸引人才，容易抢占机会，容易形成规模，过去发展的实践证明了这点，以后还会继续证明这一点，在华东拆分总包是正确的。

领导者的责任是出主意、定政策、用好人，还有就是保持大客户、大关系、大项目的沟通、协调与指挥。主要领导必须懂得，要发展，必须要充分授权。要把市场经营与日常管理权，更多的下放到基础层，下放到更多的干部身上，充分调动干部的积极性，充分释放干部的创造力，让每一个部门都动起来，活起来，飞起来，这样才能更好地适应竞争日趋激烈的市场，才能永保持续增长的活力，才能永保市场的活力，否则，大权在握不肯放，全部安危系自己一身，而一个个市场机会由于你应接不暇而擦肩而过，这是非常危险的信号，这是全面衰退的开始。

责任下移，权力下放，考核到位，这是当前必须要作的改革，也是确保未来可持续发展的关键，同时也是在实践培养与造就一大批干部的需要。干部的成长，需要在岗位上全面锻炼，需要给机会，给权力，给压力，在市场一线经历风吹雨打的考验，而如果一切都有上面领导定下来，干部只是一个执行者而不是开拓者，干部就得不到锻炼成长机会，而新老交替是一个永恒的过程中，是无法抗拒的，因此我们必须通过压担子、给机会、给权力，充分锻炼与培养干部，让他（她）们有实战的能力。

华东分院的这次拆分，使华东分院真正具备总包能力的部门达到4个，它们是华东总包公司、华东工程、华东系统、光伏电力事业部，这四个部门在华东分院在向百亿级规模目标上奋进的道路上，是四大强有力的先锋，而四大总包部门相互间的合作、竞争也将推动其自身的发展，形成你追我赶的喜人局面，出现东方不亮西方亮的结果。

2021 年 5 月 13 日

新动能，在哪里？

前行，需要新动能，新动能主要有内生动能与外生动能两大类，那么，我们来看看新动能到底在哪里？以何种方式产生？

新动能，在对市场机会的准确研判中。对市场机会的准确研判，是我们能否把握市场机会的关键，而市场机会的来临，必然会给我们带来新的动力。

新动能，在精心策划中。策划，是成功的前提；策划，是获得新动能的关键。通过策划，发展有了新的增长点，转型有了新的方向，推动发展有了新的方法，资源引入有了新的渠道，一句话，新的动能已经获得。

新动能，在不断的改革中。主要是通过改革，激发主体的活力与创作力。改变现状，通过一系列改革措施，进一步解除各方面的束缚，进一步释放能量，通过激发现有主体活力，激发主体创造力，从而产生新的动能。

新动能在资源整合与投入中。主要是通过资源整合与资源投入，获得新动能的增加。资源整合，主要是通过内部结构性的调整，使内部结构合理化而增加新动能。资源投入，主要通过新的投入，获得新的动能。加大外部资源的投入，往往是新动能增加的重要渠道。

新动能，在我们持续的转型中。不断转型，可以获得跨领域的优势，从而取得在新领域里发展的新动能。持续的转型，则可以获得持续的新动能。

新动能，在我们不倦的探索中。探索，也会带来新动能。很多时候，我们往往在没有航标的路下前行，不断探索，摸着石头过河，成为我们必然的选择。探索，属于寻找新动能，而新动能则可能来自内外两部分。

新动能，在我们勇于开辟的新路中。走新路，也会获得新动能，这个新动能来自于思想创新，思想创新，是内生动能增长的发动机。

新动能，在我们的开放合作中。开放、合作，是我们发展的基本方针之一，特别是通过开放合作，可以大大开拓我们的市场范围，可以提高我们的市场竞争力，从而扩大市场。这个新动能主要是外生动能，来源于外部。

2021 年 5 月 14 日

美执政者应听懂基辛格的警告

2021年5月31日《参考消息》援引外电报道（专栏作家李叶明），题：基辛格的警告说明什么？

文章说，97岁高龄的美国前国务卿基辛格近日在一个论坛上说，美国与中国的紧张关系"是美国面临的最大问题，也是世界面临的最大问题"。

基辛格说："如果我们不能解决这个问题，全世界范围内可能会形成一场中美之间的冷战。"这两个超级强国经济、军事和技术实力的结合所带来的"新冷战"风险，要大于当年美国与苏联的冷战，可能导致"世界末日"般的大决战。

基辛格说，虽然核武器的规模在冷战期间已经大到足以毁灭世界，但核武器和人工智能的进步，已使得"世界末日"的威胁成倍增加，而中国和美国都是核技术和人工智能领域的领导者。

基辛格说，"苏联没有经济实力，他们有的是军事技术能力……中国不仅是一个军事大国，还是一个经济强国。"

基辛格建议，美国对华政策必须采取双管齐下的方针，一方面坚持美国的原则，要求中国予以尊重，另一方面则通过持续对话，寻求双方可以合作的领域。他说："我并不说外交一定会带来有益的结果。这是我们面临的复杂任务……没有人能完全成功完成任务。"

　　文章说，其实，真正关键的是美国统治精英的态度，他们在"坚持美国的原则，要求中国予以尊重"的同时，有同样尊重中国吗？新加坡总理李显龙在两年前就说过："作为世界头号强国的美国，必须容纳一个更有影响力的、日益强大的中国。美国也必须接受，阻挡中国的崛起是不可能的，也是不明智的。"美国必须与中国寻求建设性的关系，以及在经济上相互依存的关系。"只要有这样的态度，美中之间寻求合作，并不会像基辛格所说的那么困难。"

2021 年 5 月 14 日

巴西小城用中国疫苗做实验

2021年5月13日《参考消息》援引外电报道（作者唐立辛），巴西小城用中国疫苗做实验，结果令人振奋！

文章说，一直以来，外媒在报道中国疫苗时多会表达"担忧"，如英国《金融时报》表示，中国承诺向发展中国家提供疫苗，但国际上对中国产疫苗的有效性仍然怀疑。英国《卫报》也曾报道称，有批评人士质疑中国疫苗"缺乏公开实验数据……"类似论调常常出现。

文章说，不过，巴西一座小城日前亮出的最新数据，成为对那些"批评人士"的一次有力回击。

文章说，这座小城名为塞拉纳，位于巴西东南部，人口仅约4.5万。这两天，"塞拉纳"三个字正越来越多地出现在各大外媒的报道中。

文章说，"通过一项独特的实验，一个巴西小城正在击败新冠肺炎病毒"。这是美国《华尔街日报》5月7日对塞拉纳的最新报道，而这项"独特实验"其实并不复杂：在过去3个月时间里，对几乎每个成年人（未成年人及孕妇等除外）接种新冠肺炎疫苗，然后看看会发生什么。

文章说，实验结果令人振奋：在大多数成年人接种完第二针疫苗后，新冠肺炎感染病例和死亡病例都大幅下降，人们的生活近几周逐步恢复正常。尽管在巴西很多没有接种疫苗的地区，大流行仍在肆虐。

文章说，值得一提的是，这次实验采用的疫苗，正是中国研发的科兴疫苗，当地人对这种疫苗的热情高涨。今年 2 月，一位 81 岁的老人成为塞拉纳首批接种疫苗的人之一，他在接受法新社记者采访时表示，自己对疫苗期待许久了。"我迫不及待要亲吻我的孙子。"他说。

文章说，成年人中近 80% 的疫苗接种率，让塞拉纳成为外媒口中"全球首个完全疫苗接种城市"，而当地居民的大力配合很快收到了回报，塞拉纳如今的新冠肺炎感染病例已经比峰值时下降了 75%，并且仍然在持续下降中。

文章说，事实上，在没有接种疫苗之前，塞拉纳的境况曾非常艰难，该市所在的圣保罗州属于巴西疫情最严重的地区之一，而塞拉纳又是圣保罗中感染率较高的城市，并且当地还有相当一部分居民每天要通勤去附近的城市工作，这都给疫情防控提出了巨大的考验。

文章说，圣保罗州州长在此前宣布启动实验时指出，这是一项"全世界独一无二的研究"。而正是这项"独一无二的研究"，塞拉纳最终挺过疫情危机。据当地官员介绍，在完全接种的人群中，没有再出现死亡病例，这表明疫苗对巴西发现的传染性更强的变异毒株也有作用。

2021 年 5 月 14 日

全球热带雨林加速消亡

2021年5月13日《参考消息》转引自日本《每日新闻》5月11日报道，题：全球热带雨林遭破坏速度加快

文章说，保护森林和促进森林再生以增加对二氧化碳的吸收量非常重要，但近年来热带天然雨林遭破坏的速度仍在加快。

文章说，美国环境智库、世界资源研究所（WRI）与马里兰大学的科研团队3月发布数据说："2020年原始热带雨林减少了4.2万平方公里。"这相当于荷兰的国土面积，比2019年消失的雨林面积增加大约12%。换句话说，这意味着26.4亿吨的二氧化碳排放量，比日本整年的排放量高出一倍。

文章说，由于新冠肺炎疫情的影响，人类活动在减少，但森林被破坏的情况在加剧。原因似乎在于监控力度不够，非法采伐增多。世界资源研究所高级研究员弗朗西斯·西摩警告说："原始雨林加快消失，不仅对气候变化而言，对生物多样性来说，也是重大问题。"

文章说，据上述研究团队介绍，原始雨林减少最多的国家是巴西，减少面积为1.7万平方公里。其次是刚果民主共和国，减少面积为4900平方公里。在巴西，开垦农地造成亚马孙热带雨林遭破坏，加上森林火灾，使得原始雨林减少的面积比2019年增加

25%。非洲刚果河流域的热带雨林减少的面积仅次于亚马孙热带雨林，这里的农田开垦也使得原始雨林不断消失。

文章说，各国力争实现的"净零排放"目标，并非要使温室气体排放量完全为零，而是意味着让排放量与通过森林等吸收的量相等。美国专家强调森林对于脱碳化的重要性时指出："如果对森林进行保护和促进其再生，用可以使用的森林资源来替代塑料和化石能源，那将是成本极低的防止地球变暖对策。"

文章说，为所有国家中，因2015年的消费导致国外热带雨林被破坏面积最大的是美国，达到4652平方公里。其消费的相关产品包括巴西的牛肉和大豆、柬埔寨的木材以及利比利亚的橡胶等。日本造成的国外森林被破坏面积为2158平方公里，居世界第二位。

2021年5月14日

美国国家领导人退休后的日子

2021年第12期《看天下》杂志陈劲松文,美国国家领导人退休后,日子过的有多惨?

文章说,谁能想到,美国的国家领导人退休后,日子过得有这么惨。4月初,美国前总统特朗普开通个人网站,还命名为"第45任美国总统官网",并在网站首页吹嘘其在任内的各种"辉煌"。任何用户都可以在网站上填写表格,邀请特朗普夫妇前来出席相关家庭活动或者重要时刻见证。特朗普夫妇承接的活动项目包含:毕业典礼致词、军士退役颁奖、家庭新成员诞生宴席、婚礼祝福、丧礼悼念等。简单来说,家里有红白喜事,都可以邀请到这对美国前总统夫妇。

文章说,特朗普败选后,彭斯也不得不搬离副总统官邸。由于8年前就卖掉了房子,国家又不再提供住所,彭斯有很长一段时间处于无家可归状态,只好去华盛顿共和党同僚家里轮流睡沙发。后来去到哥伦布市自己哥哥家里定居下来,一直到现在。4月初,彭斯终于找到了赚钱门路:写回忆录,他与出版商西蒙·舒斯特签下合同,这笔交易价值"达到了七位数"。希望这笔钱能够帮助他重新买房,从哥哥家搬走。

文章说,前国务卿蓬佩奥没有朋友。蓬佩奥第一个落脚处是保守派智库哈德逊研究所，薪水不会高于 13 万～22 万美元。蓬佩奥本人并没有多少钱，根据公开材料，他的家庭净资产为 50 万美元到 80 万美元之间。4 月 8 日，福克斯电视网宣布，聘请前国务卿蓬佩奥担任电视节目嘉宾，参考当时的博尔顿年薪 56 万美金，已经算高薪了。

2021 年 5 月 14 日

歌声，再次响起

周末，今晚本应飞往华东，怎奈华东暴雨，晚上的飞机都停飞了，只有明天一早走了。

晚饭，与久别重逢、从外地赶来的朋友们相聚，晚饭后是难得的家庭影院 K 歌。歌声阵阵，笑声不断，这歌声把我们拉回那些难忘的过去，拉回在草原的日子，拉回留在江南的美好回忆。

怎不忆江南。虽然时常去江南，但一旦离开，马上就忆江南。忆江南的雨，江南淅淅沥沥的雨，构起童年的回忆。忆江南的水，小桥流水，岸上人家，江南风情难忘。忆江南风和日丽的春天，春天的江南，万紫千红，百花争艳，江南春早。忆江南金黄色的秋天，江南的秋天，果满园，沁心脾，歌声乐，心儿醉，累累硕果，一片收获景象。

怎不忆草原。草原上风光美，蓝蓝的天上白云飘，白云下面马儿跑，牛羊满山坡，一曲《草原之旅》把我们拉回去年十月的草原之行，从漠河穿越大兴安岭来到呼伦贝尔大草原，这首《草原之旅》是那次旅游的感受，是那次旅游的成果，如今已通过 KTV 系统，传遍全国。

怎不忆美好的过去。往事如烟，世事多变，今晚的歌曲让我们想起过去的往事，想起那些初识的日子。时光荏苒，过去的一切美好，都成为往事，但回忆仍在，友谊永存，这些美好的回忆通过一首首动听的歌曲而留存，通过一幕幕优美的 MV 而载入史册。

怎不珍惜音乐原创的成果。今晚，原创者，原唱者云集这里，给这里增辉，为 K 歌添彩，原唱者将歌曲生动演绎，将情感充分释放，再现当时风采。颂百年党旗艳，唱祖国正年轻，盼阵阵春风，再席卷东方大地。

2021 年 5 月 14 日初稿
2021 年 5 月 15 日终稿

继续新地区的布局

地区的布局是一个持续的过程，永远不会停止，也不能停止，一旦停下来，就适应不了市场发展的需要。

地区的新布局，首先要考虑国家的发展新战略。市场跟着战略走，国家新的地区战略将引导更多的资源往这些新地区集中，从而在那些新地区形成新的大市场，如果不能及时跟进，就会痛失在这些新地区的发展机遇。

地区的新布局，要考虑自身的基础。并不是所有的机会你都能抓住，并不是所有的机会都属于你，再好的机会，如果没有足够的实力，就无法抓住机会。如果你在这一新地区的实力很弱小，那么你的地区目标不可能太高，新布局不会很快见效。

地区的新布局，要考虑资源的战略性重组。一个新地区的布局，可以通过对原有区域进行一系列的重组与调整来完成，这就是地区资源的战略性重组。充分利用现有的基础进行调整，是成本最低、见效最快的，同时也是最有效的。

地区的新布局，要有创新。地区的新布局，不是原有地区的简单拆分、调整与重组，而是围绕实现地区发展新目标进行的一种全新布局，要一次到位，分步实施。规划要一次到位，实施时可分阶段进行。这种布局也许在短时间内无法见效，但从长远看，这种布局具有重要的战略意义。

2021 年 5 月 15 日

人类实现碳中和希望在哪

2021年5月15日《环球时报》发表王元丰的文章：人类实现碳中和希望在哪？

文章说，在2021年的地球日，40多个国家的领导人召开网络峰会，英国、欧盟和美国分别作出新承诺，到2030年，要在2005年的水平上，分别减排68%、55%和50%~52%。有不少人疑惑，实现这样的大幅度减排有困难、有挑战。在化石能源仍占全球一次能源85%的情况下，人类能够在未来30年至40年内改变过去200多年形成的现状吗？

文章说，2013年，美国能源部发布的报告《现在革命：四种清洁能源技术的未来到来》指出：风能、光伏太阳能、高效LED照明以及电动汽车的价格正不断降低，在各自市场上的份额则迅速扩大并对市场产生影响，美国正在见证一个更清洁、更内化、更安全的能源转变。从这份报告发布到现在，7年多过去了，支撑新绿色低碳转型的四项技术有了更大发展。

文章说，进入新世纪以来，以风能、太阳能为代表的可再生能源成本显著下降，较传统化石能源发电的成本优势开始显现。国际可再生能源署的数据显示，可再生能源发电成本低于化石燃料，2020年全球有超过3/4的陆上风电、1/5的太阳能发电项目价格低于最便宜的燃煤、石油和天燃气发电成本。在《2020年世界能源展望》报告中，国际能源署分析指出，伴随全球煤炭、石油能源需求下降，可再生能源有望在2025年取代煤炭成为主要发电方式，到2030年时将提供全球近40%的电力供应，到2050年在总发电结构中占比将达到86%。

文章说，对于电动汽车，国际能源署（IEA）日前发布的最新报告指出，在过去10年间，全球电动汽车在政策和技术进步的支持下大幅扩张。新能源汽车在2025年将比化石燃料汽车更便宜。预计到2030年电动车将占全球汽车销量的40%，而世界三大评级机构之一惠誉称，到2040年全球将有13亿辆电动车，比当前世界汽车的总量还多。

文章说，对于LED照明，随着技术的提升、价格的下降以及各国陆续出台禁产禁销白炽灯的背景下，LED照明产品渗透率不断提升，2017年全球LED照明渗透率达到36.7%，到了2018年全球LED照明渗透率上升到42.5%。

文章说，能源行业正在发生一场革命，而且这场革命正在经历一个临界点。按照《纽约时报》畅销书作者瑞米·里夫金在《零碳社会》一书中的观点，当太阳能和风能在一个国家的能源占比达到14%时，资本就会不可逆转地向清洁能源流动，也会让能源转型进入彻底转变状态。而当前，上述几个技术的占比除电动汽车外，都超过了14%，因此，未来30年到40年，人类将经历前所未有的能源变革，使全球实现净零排放。

2021年5月15日

无力回天

昨晚与今天,成都双流机场出现大面积飞机滞留,原因是航路有雷雨,只有今天早晨8:00之前飞上海的八趟飞机(包括昨晚延误的,还有计划今天8:00之前起飞的飞机),幸运按时飞出。而计划从8:00后所有往东面飞的飞机(飞上海、南京、无锡、常州的飞机)全部停飞,那怕是8:05分也不行。这样,我在机场等了一天,在没有希望的等待中,一分分过去,心中充满焦虑与无奈,因为要到无锡去出席的这个活动非常重要,心里非常着急,但眼看时间就这样一点点过去,得到的通知还是飞机取消,最后的一丝希望破灭了,无力回天,心中后悔不迭。

无力回天,是一种无奈。在突发性的风暴面前,在自然界的外力下,人们往往是无能为力的。特别是飞机事关人身安全,决非小事,必须按照飞行标准来执行,不能有任何侥幸心理,毕竟人的生命是高于一切的。

无力回天,是一种后悔。痛失这次参会的极好机会,有说不出的遗憾,虽然极端因素的叠加,使准时到达无锡的愿望泡汤,但如果早下定决心,在极不利的条件下还是有机会的,但这个机会的时间出现很短(乘坐昨晚的飞机,还有机会),对这些原本还存在的机会,自己没有仔细考虑过,只犹豫了几分钟,就没有机会了,机会在犹豫不决中错过。

  无力回天，是一种启示。一切都要从最极端的情况考虑，一切都要从最不利情况出发，这样才能立足于成功，这样才能立于不败。要有多套方案，要有最稳妥的方案，只有这样才能实现我们的原定目标。

  无力回天，要尽量选择可控。这一事例告诫我们，出外交通尽量选择可控的交通工具，比如选择高铁等，当非选择飞机时，一定要有多种预案，预案中最重要的方法就是提前再提前，就是要做到可控，不能把希望放在不可控的事上，只有这样，才能让无力回天不再出现。

2021 年 5 月 15 日

一座丰碑，华虹的的"5.20"精神，永放光芒

——纪念华虹的"家国情怀、一诺千金、敬业奉献、使命必达"的"5.20"精神正式对外发布一周年的初步学习体会

昨天下午，在无锡华虹七厂举行一系列活动，由于航路雷雨风暴，从昨晚起向东飞机几乎全部停了，只有一点点空档，运气好的航班起飞了，而其他的航班则没有运气了，全停飞，在机场等待一天后，只有放弃，成为一大遗憾，好在雷电暴雨挡不住文章的发表，我以文遥祝华虹"5.20"精神正式发布一周年。从素心董事长发出的照片看，黄钦书记、小刚市长亲临到会，上海也来了不少领导，我院白焰同志出席、上海分院的同志们还上台演出。

华虹的"家国情怀、一诺千金、敬业奉献、使命必达"的"5.20"精神已经正式公布了一周年了，这个口号成为行业的新标杆，成为行业思想文化建设的一盏明灯。

我个人认为，华虹"5.20"精神与众不同，主要表现在以下几个方面：

一、有鲜明的红色烙印

红心向党，家国情怀是"5.20"精神的灵魂与核心。从华虹成长的第一天，华虹就肩负着国家的重任，成为民族的一面旗帜。在

党的光辉照耀下，华虹的旗帜格外红艳，自主创新，国际合作，遵守规则，走出了一条有特色、可持续发展的道路，如今在素心董事长的挥舞下，华虹完成了一系列整合，发展提速，华虹旗帜格外鲜艳。

二、忠诚与奉献是"5.20"精神的主要内容

在华虹的光荣旗帜下，集结着一大批忠诚度高、懂专业、讲奉献、能拼博的各级干部与员工，他（她）们把华虹的旗帜高举，他（她）们有铁的纪律，有同志式的亲密关系，似一个温暖的大家庭。这支队伍特别能战斗，他（她）们不惧对手，顽强拼搏，不断刷新着业内一个个新的纪录：他（她）们亲切包容，携手国内外合作伙伴共同前行。这是当前市场经济条件下，为数不多的、仍保持着强大红色基因的特种部队。

三、由口号到精神的提炼是一个质的飞跃

由素心董事长首提并提炼，而由华虹一大批杰出干部、员工践行的华虹"5.20"精神，从口号到正式发布并变成大家的行动，这是一个质的大飞跃。实践、理论、再实践、再理论，是人们认识过程的不断升华，而素心董事长成功地集大成，将大家的实践，提炼成高度概括的的"5.20"精神，从而成为华虹全体干部员工行动实践的标准，这就建立了华虹思想与文化建设的一个里程碑，实现了华虹思想与文化建设的巨大飞跃，是后人难以逾越的一座不朽丰碑，其影响力将是深远的，其影响力不会亚于建一条芯片厂，因为芯片厂是有价的，而精神是无价的，精神所释放的能量是巨大的、是无敌的。人事的正常交替与更迭，在所难免，但树立的思想与文化的影响力将永远留存。

之所以说华虹"5.20"精神是座丰碑，理由如下：

其一，"5.20"精神科学总结了华虹历史。充分反映与总结了华虹20多年的历史，尤其是近几年快速发展的历史，为华虹"5.20"精神注入新的内容与高度。华虹的历史就是一部红色基因的历史，从成立的第一天就是国家之重器，到今未变，"家国情怀"是其最鲜明的特点，近几年在国内外市场长袖善舞的成功实践，使"5.20"精神具有巨大的影响力。

其二，"5.20"精神充分表达了华虹人奋力拼搏的状态。华虹，历来就是一诺千金，在国内外充分守信，遵守规则，遵守各项承诺，在市场上享有崇高的信誉与威望，华虹是业内一面艳丽的旗帜。

其三，"5.20"精神的"敬业奉献，使命必达"，既是华虹人的品质与使命的要求，也是华虹人向国家、向社会、向市场作出的庄严、新的承诺。这是华虹人的一种博大情怀，是华虹旗帜的光荣本色。

华虹"5.20"精神的确立，就是树立起一面华虹艳丽的旗帜，在这面旗帜下集结来自四方的队伍；就是规定了华虹人的行为准则与操守，是华虹人的新的行动纲领；就是华虹为实现更神圣使命的一种新的、更大的集结，是变不可能为可能的新动员。

四、精神的力量与影响

精神是什么？按照百度的解释：一是指人的情感、意志等生命体征和一般心理状态；二是指宗旨，主要的意义。

而我看来，精神是一种总结与提炼，是历史的科学总结与现实的高度提炼；精神，是一种传承，也是一种光大；精神是一种信仰,这是人生的精神信仰,是一种追求,是团队的共同理念,共同目标;精神是一种力量,是一种巨大的力量,是一种一往无前、战无不胜的力量;精神,是一种行动纲领,是一种庄严的承诺;精神,是一面旗帜,在光辉的旗帜下,才能集结队伍;精神,是一种行为准则,是共同遵守的操守;精神,是一种情怀,是一种胸怀,而家国情怀是其最高的境界;精神,是一种纽带,是一种凝聚力,是团队的生命线;精神,是一种境界,境界决定格局,格局决定胜负;精神,是一种高度,站得高,才能看得远;精神,是一种思想,思想的光芒是指引团队前进的方向,有了统一的思想,才能有统一的行动;精神,是一种奉献,是一种责任担当,有担当者,才能成大事;精神,是一种忠诚,忠贞不渝,新美如画;精神,是一种承诺,一诺千金,光荣使命,使命必达;精神,是一种意志,刚强坚定,无坚不摧。

作为华虹亲密的合作伙伴,我们将继续与巨人同行,认真用华虹的"5.20"精神武装我们自己,从"5.20"精神与华虹的发展拼搏史中获取力量的源泉,共同为祖国更好的明天而奋斗!

在华虹纪念"5.20"精神发布一周年之际,谨以此文向华虹的奋斗者致以崇高敬意。

2021 年 5 月 16 日初稿
2021 年 5 月 20 日终稿

策划新一轮高潮

刚刚过去一轮高潮，有声有色，推动了发展，提振了士气，迎来了重要转折。第一轮高潮刚过，第二轮高潮已经到来，要再一次抓住这个机会，全力策划好迎接第二轮高潮的活动。

机会，总是伴随着某些节点而来到我们身边，我们如果提前策划好，策划细，我们就有可能再一次把握这个机会。

机会，总是这样在不经意间来到我们身边，我们如果听之任之，我们极有可能一无所获。因此，保持对机会的敏感，精心策划，是把握这些机会的关键。

机会，一旦把握住了，会产生巨大的效果。每一个机会都是前进的浪，后浪推前浪，一浪高一浪。大浪，汹涌澎湃，势不可挡。大浪，形成发展的大势，大势所去，大局已定。

机会，永远在路上。只要市场在继续，发展就不会停止，机会就永远存在。领导者要善于发现与捕捉机会，组织力量，全力以赴，力争把这些机会转变成发展的一个又一个新的浪潮，从而推动事物的不断顺势发展。

2021 年 5 月 16 日

管│理│随│笔 ⑤

百花潭里歌声多

　　成都的百花潭公园位于成都西郊浣花溪风景区。1953年始建为成都动物园，1976年改建为综合性公园，1982年公园更名为成都百花潭公园。公园得名于《蜀中明胜记》，诗人杜甫在此留下了"万里桥西一草堂，百花潭水即沧浪"的名句。公园占地81750平方米。由于6月6日下午《心声：赵振元、彭涛音乐歌曲集》要在这里的瞳贰叁剧社进行首发式，因此我们今天在下午前到这里与彭涛老师会合，看看筹备情况。

　　这里面临场地与需求的矛盾。《心声：赵振元、彭涛音乐歌曲集》电子请柬发出后，报名的人很多，原想控制在200人，现在只有放到300人，场地只能这样，而且首发就是个仪式，不是演唱会，规模不能大。但目前外地与本地报名的人正在不断增加中，无法满足需要。解决这个矛盾最好的办法就是微赞直播，已决定采用，让外地与本地的国内观众可以在线观看这个首发仪式。

　　这是一场音乐盛典。之所以是音乐盛典，并不是《心声》这个碟子达到多高的音乐水平，而是将由著名女歌唱家钟丽燕、史倩，男歌唱家代涛等一大批著名歌唱家出席这个发布会并演唱，这是一个庞大的演出阵容，让人充满期待。这次《心声》发布的28首歌曲中，钟丽燕老师原唱的有十首，史倩老师原唱的有三首，代涛老师一首《老伴》让人难忘。钟丽燕老师与代涛老师，都是2019年12月23日中、日、韩三国总理会议（成都）的男女主唱嘉宾，从当时照相合影的位置看，钟老师位于克强总理与日本首相安倍之间，代涛老师位于克强总理与韩国文在寅总统之间，俩人的位置是最重要的。他（她）将共同出席6月6日《心声：赵振元、彭涛音乐歌曲集》的发布会并演唱，这将使发布会大放光彩。而实力非凡的史倩老师、黄华、刘怡、杜疆、刘梦梅、廖丹、阿力、杨静等老师也将到现场，一展歌喉，这里真是群英荟萃。

4月6日，台湾著名歌手千百惠《留在成都》曾在这里首发。千百惠，是著名的女歌手，她的《走过咖啡屋》成为久盛不衰的歌曲，我本人也很喜爱千百惠的歌。策划人段宇总向我们介绍了千百惠《留在成都》首发的情况，彭涛老师也出席了那天的盛况。

这里是欢乐的乐园。百花潭公园，绿色青翠，百花盛开，充满勃勃生机。虽然还是白天，在百花潭公园练舞的人已经很多，人们脸上都挂着微笑，洋溢着欢乐，娇健的身材，翩翩的舞姿，是成都市民幸福的场景，是中国随处可见的快乐。

人们期待着，期待这6月6日下午的来临，期待四川音乐界的一次盛会，一批当今杰出的歌唱家在这里尽情放歌，歌唱伟大的党成立100周年，纪念这个光辉的节日，到时百花潭公园一定歌声飞满天！

2021年5月17日

管 | 理 | 随 | 笔 ❺

在实践中，争取最好的结果

有很多时候，无法在一开始就能完全预测与保证合同达到理想的预期。如果在合同阶段就力求完美，力求大赢，很可能因为双方差距太大而最终错过机会。

在大的合同框架确立并确保没有大的风险后，可以更多地在实施中力求最好的结果，这不仅完全应该，而且也是可能的。

一个重要而复杂的合同，往往在实施中遇到很多意想不到的事，会出现很多新的情况，出现很多新的问题，要持续跟进，不断解决，最终确保项目向预期方向前进。

在实践中，力争最好的结果。要善于并敢于把握住项目执行与调整中的每一个机会，促成项目质量、进度、投资控制、安全与赢利能力的好转，争取合同的全面履约。

在实践中，力争最好的结果。是一种积极的心态，是一种奋力向上的状态，是一种变不可能为可能的拼搏精神，有了这种精神，很多难题容易迎刃而解。

在实践中，力争最好的结果。实际结果超出预期，是存在可能性的，这种可能性存在于精心的策划，存在于上下的一致努力，存在于打硬仗的过硬作风，存在于把握一切可能调整的机会，推动项目的不断好转。

在实践中，力争最好的结果。不能只靠单一的个人，一次的会议，一次的行动，一次的努力，而是要紧紧依靠整个团队，要靠毫不松懈地持续推进，最终一定会有成效。

2021年5月18日

又是蓝天晴万里

今天早晨起床，从家里的窗户望去，又是一个蓝天当空，晴空万里，艳阳高照的好天气。

晴空万里，一扫多日的阴霾，蓝天白云，天空如彩霞，一切是那么的生气勃勃，一切是那么的美丽，一切都是盎然生机。

晴空万里，一切是那么的美好。虽然在市场经济环境下，任何人都轻松不了，但天气毕竟影响心情，朗朗的天气，让人的心情顿时愉悦起来，让平日绷紧的神经放松，得到充分的调整，调整后可以应对更加激烈的市场。

晴空万里，一切是那么的美丽。城市建筑在阳光下熠熠生辉，绿水青山在阳光下格外美丽，鲜花盛开总在阳光下，万物生长靠太阳，人们在希望的阳光下幸福生活。

晴空万里，乌云是挡不住的。这几天，往东的航路乌云密布，挡住了我们的行程。但，风总有停的时候，雾总有散的时候，拨开迷雾就是太阳高照，风雨之后就是美丽的彩虹，航路很快会通畅，新的征程更加阳光。我们的上空，是蓝天晴万里。

好好珍惜这个转折吧。晴朗时勿忘风雨时，胜利时牢记受挫时，强大时别忘弱小时，顺利时记得逆境时，永远保持这份清醒，永远保持这份冷静，永远保持这份热情，把事业不断推向新的高度。

好好珍爱这个时代吧,好好珍爱美丽的大自然吧,好好珍爱蓝天白云吧,一起努力,让碳达峰、碳中和的目标早日实现,让蓝天白云永远晴空万里。

2021 年 5 月 18 日

通道已经关闭

从 5 月 18 日起，6 月 6 日下午 3：00 举行的《心声：赵振元、彭涛音乐歌曲集》首发式的策划，姚虹与蒲李虹同志已全面介入，在姚虹、彭涛老师的总策划下，筹备工作很快进入面貌一新的新阶段。今天上午，姚虹同志告诉我，报名的人太多了，通道已全部关闭，不再受理。

通道已经关闭，反映了人们对正能量音乐的热爱，反映了人们对主流明星的追捧，反映了人们对这场音乐会的热切期待。这些日子里，不断接到电话，要求给予入场的机会，但我却无法表态，因为现场能容纳的人数有限，原先的预估一直被打破，让人无法表态。

通道已经关闭，反映的是机会总是有限。现场无法满足人们的需要，而这是一场歌星荟萃的聚会，是一场歌坛明星的聚会，是一场庆祝建党 100 周年的演唱会，在当下，这个机会对成都、对我们大家是非常难得的，人们迫切渴望参加这个发布会的心情是完全可以理解的。

通道已经关闭，直播将在线进行，说明机会还在。这边通道关闭了，但更大的通道在开启中，微赞直播的开通将满足大家的需要。组委会将在 6 月 6 日上午通过多个渠道，公布微赞直播的击点进入办法，希望大家留意。这说明，有时这个机会没有了，但还存在另外一种机会，任何时候都不要轻易放弃。真可谓，关了这扇门，还有那扇窗。

通道已经关闭，进入的人成为幸运。由于演唱会人数不多，有机会进入的人们，将有机会与国内当红的一流明星们、歌星们近距离亲密接触，交谈与合影留念的机会很多，这些都是粉丝们的迫切愿望，而在大剧场观看演出，难有这样好的机会。同样，大家也有机会与这些歌曲的词作、曲作与策划者们亲切交流，词作、曲作、策划者们，也有了与演员、制作团队交流的机会，平日里大家见面的机会不多，只有通过作品，通过歌声，通过视频，而今天则可以面对面，正是一个难得的好机会，这里是一个交流的大平台。

通道已经关闭，说明物以稀为贵。音乐是艺术的皇冠，是有声的艺术。艺术是高尚的，艺术追求是无止境的，音乐的力量将鼓舞我们前行。我们从生活中吸取着取之不尽的源泉与丰富的营养，这些正是我们不竭的创作源泉，而在这个基础上创造出来的艺术与音乐，又鼓舞着我们进行更新的实践，进行更大的创新。

通道已经关闭，新的通道正在向我们招手，创新不断产生新的机会，通往机会的大门永远不会关闭，也无法关闭。通过机会的大门，等着你去敲开。

2021 年 5 月 19 日

从一个爱好者，
到一个词作家的经历

我从小喜爱歌曲，喜爱音乐，崇拜明星。但我做梦都没有想过，有一天我作词的音乐作品会在全国发行，而且通过著名歌唱家的演唱而流行开来，更无法想象的是由我作词、彭涛老师作曲的《小宝宝》《老伴》《妈妈》会在中央电视三台的黄金时间多次播出，受到全国观众如此热烈的欢迎。

想不到的事太多，但起步总是困难的。从 2004 年的国庆"十一"——庆祝院庆四十周年而作的《十一科技的梦想》，我开始了歌词创作的经历，开启了与彭涛老师亲密合作的经历，在中间几乎停顿了 14 年后，双方在 2018 年改革开放四十周年庆祝活动中，再次开启全面合作，而且这一发而不可收，这一步又急、又猛，这一发势不可挡，这一发后来者居上。

这次发布的 28 首歌，涉及多个方面，有对党、对祖国、对时代的尽情歌颂，有对亲情的浓浓深情，有对美丽城市的热情赞美，有对大自然优美风景的动人歌颂，有对行业、企业发展的真诚讴歌，这一切都发自内心，是吐露自己的心声。

艺术是人类精神的宝库，而音乐是艺术的皇冠，词作家往往是一首歌曲最初的策划者，是作曲的基础，作曲则是歌曲的灵魂，作曲家则充分演绎词作家的意图，把优美的曲调永久留在人们的心里。

创作的实践让我体会到，生活是创作永不枯竭的源泉，热爱生活，拥抱生活，就会有源源不断的创作源泉，就会有永不枯竭的丰富题材。

创作的实践让我体会到，任何精品，都是心血的结晶。精品，难以一蹴而就，而是一个艰苦的创作过程，需要多次反复修改，有时甚至会推倒从头再来。艺术，需要历经千锤百炼，而摘取艺术上的皇冠，更需要千辛万苦，才能到达一个别人难以企及的新高度。与众不同，首先是努力要与众不同，比别人要多付出几倍或更多，这样才能得到回报。

创作的实践让我体会到，任何成功都是合作的结晶。一首歌，从作词到作曲，从演唱、录制、制作到通过平台播出，反反复复，要有多次反复修改，最后才能成功，如果没有大家的合作，没有相互的理解、支持、友谊、配合、合作等，是不可能取得成功的。

2021 年 5 月 19 日

管 | 理 | 随 | 笔 ❺

南疆，那片土地

离开南疆快一个月了，虽然在南疆的时间匆匆，又值疫情期间，南疆当地对人员进出检查很严，颇感不便，很多地方也无法到达，但南疆还是给我们留下了难忘的印象。

南疆的战略地位重要。这里是祖国最西端的地方，这里与巴基斯坦、缅甸、印度、哈萨克斯坦、乌兹别克斯坦、阿富汗等多国接壤，是丝绸之路的十分重要的通道，是"一带一路"的始发站，是我们进入中亚五国的桥头堡，是联接印度、巴基斯坦、孟加拉国的重要桥梁。"一带一路"，在这里延伸；发展与亚洲、中亚五国的贸易与商业往来，在这里出发。

南疆的历史悠久。这里有着2000多年的历史，为历代重视，从公元前60年，西汉中央政权设立西域都护府，新疆正式成为中国领土的一部分。由于南疆的特殊地理位置，历代都在南疆设有管理部门。2000多年的历史，在南疆留下的了众多的历史文化古迹。在古丝绸之路的南、中两条干线上留下的数以百计的古城池、古墓葬、千佛洞等古迹，昭示着南疆历史的悠长与曾经的沧桑。

南疆的民族风情浓郁。南疆以维吾尔族为主，多民族共同生活在这片土地，不同的宗教信仰、灿烂多姿的民族文化，使南疆成为多民族的大熔炉，这里是各民族文化的展示，这里更多民族宗教的融合，这里是多彩多姿的舞台，这里的生活多样，这里的文化多彩，让你不忍离开南疆这片土地。

  那是一片挥之不去的思念。能歌善舞的民族，艳丽多姿的服装，丰富多彩的舞蹈，美丽的舞姿奔放又柔情似水，让我们领略维吾尔族人的好客，体验南疆的快乐生活。繁荣的喀什古城街市，僻静的喀什古城街道，安静的喀什民宿，让我们想念这块土地。这是一片挥之不去的思念。

  那是一片难以割舍的情感。在南疆的短暂时间里，团队温馨暖人心，让人难忘而不舍离去，然而千里送君终有一别，难舍南疆分手，月有阴晴圆缺，更多的是别后的期待。导游细致关心，让人深深感谢。别南疆，企盼再到南疆看看，再到喀什，再看昆仑雪山的美景，再领略塔克拉玛干沙漠的壮美，再看西域边塞的风情，再议"一带一路"的大计，再抓发展的大好机会，让我们大干一场。

2021 年 5 月 20 日

后记

在实践中发展管理理论
——《管理随笔》5、6、7、8 出版后记

我的《管理随笔》5—8 册，将由新华出版社出版，在全国发行，而《管理随笔》1—4 册则已由光明日报出版社出版，出版社虽有变化，但《管理随笔》的风格并没有改变，还是反映了在管理中的随想、随得、随为，与《管理随笔》1—4 册相比，这次《管理随笔》5—8 册有以下一些特点：

一是记录了高位成长的实践，对新的增长理论进行了探索。这四卷本的《管理随笔》反映的是 2021 年 1 月 10 日到 2022 年 4 月 22 日期间的管理思想与管理实践，这段时间正是十一科技面临高位增长的关键时期，通过 2021 年的努力，我们实现了营收从 2020 年的 136 亿到 2021 年 200 亿的飞跃，高位成长面临新战略、新思想、新理论、新构架、新格局、新变化、新动能、新市场、新赛道、新方法等一系列新挑战，对这些问题的持续思考就成为发展新的引擎，这些管理随笔引领、助推与见证了新发展奇迹的产生，成为这段成长路程的珍贵记录，同时也是对新增长理论的重要探索，这些探索的意义，已经越过了行业的界限。

二是反映了在疫情困扰下对动荡世界的担忧。新冠肺炎病毒的肆虐已经进入了第三个年头，直到现在奥密克戎变异毒株传播力更强，国际上被感染人群越来越多，因此而死亡的人也在增加，国内也无法独善其身，此起彼伏，对人们正常的生活与生产影响极大。气候变暖，极端天气频出，自然灾害不断，人类的生存环境越来越恶劣。俄乌战争将世界推向第三次世界大战的边缘。我们所处的是一个动荡不安的世界，管理随笔中的不少文章与文摘，表达了对动荡与不安的世界的担忧。

三是继续将诗歌融入了管理随笔。这个期间仍然是我进行诗歌创作的活跃期，而且又是建党100周年的重大日子，不少管理随笔的文章反映了我们庆祝建党100周年的热烈场面，反映了我与彭涛老师携手合作在歌曲创作方面的一些新成就，文章记录下了这些快乐的过程与历史性的时刻。

四是对"卡脖子"的高科技进行了关注。在这些管理随笔中，部分文章与文摘涉及"卡脖子"工程，作为一个长期在这个领域里奋斗的一员，时刻关注在这些领域里的进展，关注世界最新动态，希望能够通过各方努力，缩小我们在这方面的差距，使自己的祖国更加强大。

五是对冬奥会、影视作品与人物进行了点评。这个期间正是冬奥会如火如荼进行的非常时期，冬奥会的成功举办，使全国人民受到巨大鼓舞，3亿人的冰雪运动从此找到方向，我们祝贺冬奥健儿取得的成绩。一些管理随笔文章，表达了对冬奥会的祝贺，特别是由于与阜平的特别缘份，认识了邓小岚老师，从而更加加深了对冬奥会马兰花艺术团成功的关注。还有一些文章，因一些电影观后感,有感而发。

杜甫说:"文章千古事,得失寸心知。"在长期处在疫情压抑的背景下,要持续高位发展,每一步都面临严峻考验;在非常复杂的困难环境中坚持写作,对意志是个考量,不是一件容易的事,每一篇文章都是意志与心血的结晶。在高位发展,一半是海水,一半是火焰,海水随时会淹没你,火焰随时会吞并你,你来不得一丝的马虎,你必须要勇敢面对。高位发展就如同走钢丝一般,处在发展的风口浪尖上,充满挑战。

正因为充满挑战,生活才更加丰富,思想才更有激情,就更应该用笔记下这些难忘的心里路程,记下这些跳动着的思想火花,记下这些管理的心路,记下这些独特的创新,以作为经验与财富献给时代与未来。

衷心感谢尊敬的曾勇校长再一次为《管理随笔》写序,他的序是本书重要的入门向导,是本书最重要的组成部分,为本书的阅读指明了方向。

感谢新华出版社对本书出版的大力支持,感谢宓月主编、胡宏峻董事长对本书的精心总策划,感谢太太小平对本书创作的大力支持,感谢曾真、何璐对书稿的保存、编辑与策划。

赵振元

2022.7.27

管理随笔

6

赵振元 著

新华出版社

图书在版编目（CIP）数据

管理随笔·六卷 / 赵振元著． —— 北京：新华出版社，2022.12
ISBN 978-7-5166-6613-5

Ⅰ．①管… Ⅱ．①赵… Ⅲ．①企业管理-文集 Ⅳ.① F272-53

中国版本图书馆CIP数据核字（2022）第233914号

目录
contents

序：曾勇 / 管理路上无止境 1

抓住一些关键的节点 6
百度技术驱动新增长 8
收获战略的丰硕成果 10
要充分考虑极端情况 12
袁隆平院士 14
屯垦天山下 17
希望越大，失望越大 20
白银马拉松赛事故令人痛心 22
致敬，亚洲老师 24
如何鼓励科技创新 27
澎湃而强大的红色基因
——记时代楷模彭士禄 29
落实属地责任制 34
和辉光电上市 36
阵地是扩大了，还是缩小了？ 38
正式确定十一科技的精神 40
精神与文化 44

要有包容的心态 46

方志敏的《可爱的中国》 48

一桥飞架南北，天堑变通途 52

一个院士在全国科技工作者日的忠告 55

扭住重点不放松 58

如何迎接"3060"的双碳目标 60

我的老师陶文铨 62

年年开花今独艳

——SNEC第十五届（2021）国际太阳能光伏与智慧能源（上海）大会巡礼 65

别错过机会 67

音乐是美好的 69

一切都在继续 71

数字经济的春天 73

要从源头抓起 76

第五大洋来了 78

美国富豪避税法遭曝光 79

嘉兴的雨 81

钱江潮水奔腾急

——"黄亚洲、赵振元诗歌专场朗诵会"侧记，收视爆满，收视阅读量超52万，超出意外，刷新纪录 84

与党的一大代表王尽美的后代在一起	88
再到南湖革命纪念馆	90
听建明老师讲党课	92
一个不眠之夜	94
62万，再创新纪录	96
北京艳阳	100
不给对手任何机会	102
西方没意识到中共改善民生的成绩	104
调整与坚持	107
紧紧扭住机会不放	109
决心大，行动快	111
一丝忧虑	113
做命运的主人	116
牢牢把握市场的主动权	118
六月的风	120
又是一个不眠之夜	122
"七一"的早晨	124
恋旧与趋新	126
难忘的回忆	128
绝知此事要躬行	131
最好的角度	134

钢铁般的意志 136

风雨中启航 138

战略开出百花艳 140

掌声响起来 142

强化主体责任 145

下大的决心，打开新局面 147

惜别与期待 149

无锡，给我们带来发展机会 151

国际芯片企业为何扎堆亚利桑那 154

岁月有痕映天际 156

信誉，是大家共同的生命 158

艰难的选择 160

得失之间的权衡 162

解决危机，要有大的智慧 164

繁荣背后的忧虑 165

如何做好我们的服务？ 167

与美丽的青岛同行 169

退一步海阔天空 171

天下一般热 172

全球变暖诱发极端天气 174

新老交替，不可阻挡的历史潮流 176

实现三个重大转变	178
谨慎出战，每战必胜	180
别去比	182
走过冬天	186
集中力量办大事	188
为什么要重视重大项目？	190
责任与担当	192
如何推动三个转变	194
如何从被动转为主动	197
一骑绝尘	199
高市盈率下的风险	201
城市的更新	203
红花绿叶	205
华东，惦记你	207
晴空一鹤排云上	209
珍惜来之不易的成果	211
曾经的往事	213
分阶段实现目标	215
机会，总是给有准备的人	217
专心做事	219
实事求是	222

进退之间的选择 224

一切都永无止境 227

改变，要从自己做起 229

夜晚的成都 231

远方路上景色新 232

如获至宝
——读何建明老师《红墙警卫》卫士长回忆毛泽东 234

有朋自远方来，不亦乐乎 238

光伏发电，新财富的高地 240

可以再快一些
——再评"2021年第四届中国国际光伏高峰论坛" 243

谈歌《亲密爱人》歌词的创作 245

扬帆远航正当时
——加快院新能源发展的新措施 246

机会，是飞舞的浪花 248

抓不抓，不一样 251

后记：赵振元 / 在实践中发展管理理论
——《管理随笔》5、6、7、8出版后记 253

序

管理路上无止境

曾勇（电子科技大学校长）

读赵振元即将付梓的《管理随笔》五册至八册，让我想起亚里士多德说过的一句话："最终决定我们成为怎样一个人的，正是日复一日坚持的事情。然后你会发现，优秀不是一种行为，而是一种习惯。"这四卷作品，收录了他从 2021 年 1 月 10 日到 2022 年 4 月 22 日期间创作的管理随笔。这些随笔作品，既让我们反思一年多来发生的国际、国内大事，也让我们分享了他文学艺术创作的快乐与收获，以及他在企业高位发展中永不停歇的思考和时刻保持着的危机意识。正如他在后记《在实践中发展管理理论》中说的那样：

长期处在疫情压抑的背景下，要持续高位发展，每一步都面临严峻考验；在非常复杂的困难环境中坚持写作，对意志是个考量，不是一件容易的事，每一篇文章都是意志与心血的结晶。在高位发展，一半是海水，一半是火焰，海水随时会淹没你，火焰会随时吞并你，你来不得一丝的马虎，你必须要勇敢面对。高位发展就如同走钢丝一般，处在发展的风口浪尖上，充满挑战。

所有看似遥不可及的事，其实都是点滴的积累。"人寿几何，顽铁能炼成的精金，能有多少？但不同程度的锻炼，必有不同程度的成绩。"（杨绛）强者都是敢于也擅于立于潮头，与巨浪共舞之人，浪涛越激荡，他身体里的潜能就会被激发得越充分。赵振元是敢于也擅于搏击时代浪潮的勇敢者、强者，即使每一天都是"一半是海水，一半是火焰"，每一天都充满挑战。他坚定的信念、高远的眼界、宏大的格局、宽广的胸襟，使他始终能够从逆境中走出来，寻找到一条抵达成功的路径。

2022年，肆虐全球整整两年多的新冠肺炎疫情仍然没有消退迹象，俄乌战争的爆发，极端气候频发……外部环境更趋复杂严峻和不确定，经济下行的大环境，无论是对个人还是企业，都是不小的挑战。如何审时度势，变"危"为"机"，考验着每一个企业家。企业家个人的修养、底蕴、人格魅力、言行等，都会深刻影响和塑造他周围的核心团队。赵振元始终思考着、行动着、调整着，以适应这个充满巨变的时代。这部《管理随笔》就是他思考和行动的结果。

赵振元的随笔都是有感而发，长则两三千字，短则两三百字，形式不拘，十分自由。工作中的某个突发事件、冬奥会的某场比赛、社会的某个热点新闻，他都能总结、归纳出人生哲理、管理心得。他善于跳出常规思维模式去看待问题、思考问题，这其中的谋略和智慧，对企业管理有着极高的参考价值。企业家看得有多远，对未来行业业态形势的发展，以及产业链整体把握的程度，决定着企业的未来。

底线思维，是我们考虑一切问题的出发点。无论何时，无论何地，一切都要从最极端的情况出发，要有最坏的打算，作最全面的准备，这种底线思维永远是我们立于不败之地的基石。（《白银马

拉松赛事故令人痛心》）

　　管理学大师彼得·德鲁克在他的《管理实践》中指出："管理是一种实践，其本质不在于'知'而在于'行'，其验证不在于逻辑，而在于成果，其唯一权威就是成就。"最好的管理理论，来自于实践，来自于从现实操作层面提炼出的具有普遍意义的思维方法、做事方法。

　　管理无处不在，管理理念已经深入到赵振元工作生活的方方面面，一切都能与管理智慧融会贯通起来。他内心源流不竭的使命感和理想愿景，融会于字里行间。企业管理、文学创作和生活感悟叠加成就的这部《管理随笔》，说明赵振元已经将管理学上升到了艺术的高度。这些短小精悍、饱含管理智慧的随笔，既是管理实践的宝贵经验，更是人生智慧、哲学思维的反映。

　　管理路上无止境。随着"00后"逐渐走入职场，给企业管理者提出了不少新的课题。出生于千禧年代的年轻人，从小家庭富足，备受宠爱，他们行事洒脱，尚未经历社会的"毒打"，一言不合就炒老板。管理的对象变了，管理的方式方法也得随之变化。对于这代年轻人，管理者如何提升领导力，提高自己的管理艺术，就显得尤为重要。管理，说到底就是对人的管理，人是核心。最好的管理，应当是能够激发人的潜能，给人一个良好的成长空间，个体的力量汇聚成团队的力量，激励整个团队向着一个清晰的目标前进。

　　是为序！

2022.8.1

管理随笔 ❻

抓住一些关键的节点

抓住一些关键的节点，是确保重大工程进度如期进行的重要方法。

关键节点，是指工程中一些标志性的环节，如破土、打桩、上梁、封顶、机电设备安装、工艺设备搬入、调试、投产、达产等，这些节点都是工程里程碑式的标志，是工程的关键节点，抓住这些关键节点的进度，就能确保工程的总体进度。

在工程的实际进展中，由于受气候条件、施工环境、人力投入、材料采购、设备供应、资金准备、发包采购等因素的影响，工程的进度时常会有波动，每天的实际进展与计划进度会有出入与偏差，但只要我们紧紧抓住这些关键节点的进度，那么，整个工程进度在总体上就能得到保证。

关键节点，就如同战役中的战略高地，一定要拼抢下来，如果不能抢占这些关键节点，我们可能就会节节败退，无法驾驭整个工程进度。

"万事开头难"，一开始的节点非常重要，如果开不好头，那么就会给后阶段的施工带来困难，因此一开始就要全力以赴，确保工程有个好的开头，从而树立起必胜的信心。当然，在实际中，只要组织指挥得当，前面的进度虽有拖延，但在后面还有机会赶上去。

"纲举目张"，关键节点是工程中的纲，只要我们紧紧抓住，毫不放松，变不能为可能，我们就有可能不断创造工程中的奇迹。

"纪录，在不断地被刷新"，这说明随着工程实践的发展，我们的经验在增多，办法在增多，方法在创新，而抓住工程的关键节点，分目标、分阶段地提前设置目标，是我们实现创新目标的重要一环。

2021年5月20日

百度技术驱动新增长

2021年5月20日《21世纪经济报道》发表文章：百度一季报背后：非广告收入增长70%，技术驱动新增长曲线，文章摘要如下：

百度的新增长曲线越来越清晰了，从最新发布的财报可一窥端倪。

5月18日晚间，百度在港交所发布2021年第一季度业绩，这也是二次上市后的首份财报。财报显示，百度2021年第一季度营收281.34亿元，市场预期为272.86亿；去年同期225.45亿元，同比增长25%。

第一季度归属于百度的净利润为256.53亿元，市场预期净利润21.99亿元；去年同期净利润0.41亿元，同比暴增624倍。非美国通用会计准则下净利润为42.92亿元，同比增长37%。

细究这份财报可以发现，百度传统在线营销业务保持强劲增势的同时，新增长曲线的轮廓愈发清晰，带动收入结构发生本质变化。今年一季度，百度核心实现营收204.83亿元，去年同期为152.68亿元，同比增长34%。其中广告收入为163亿元，同比增长27%。受益于云服务等业务的推动，非广告业务为42亿元，同比增长70%。

而这一切的转向，源自百度多年来持续对技术的投入。百度董事长兼 CEO 李彦宏表示，百度在 AI 技术领域的投资长达 10 年之久，推动营销云、企业云、智能交通、自动驾驶、智能助手以及 AI 芯片等多个行业的创新。面向未来，百度也将继续加大在销售、研发及运营上的投入，以推动 AI 业务的持续快速增长。

收入增长的主要动力，得益于智能云、智能驾驶以及它前沿业务为代表的 AI 新业务。

百度三条增长曲线的底色是 AI 技术，而这一能力的优势源自百度持续在技术领域的投入。

今年一季度，百度研发费用为 51 亿元，同比增长 15%，占总营收的比例超过 18%。过去几年里，百度研发的投入比例也始终保持在 15% 以上，2020 年其核心研发费用占比更是达到 21.4%。

国家工业信息安全发展研究中心、工信部电子知识产权中心发布《2020 人工智能中国专利技术分析报告》显示，在人工智能专利申请量与授权量方面，百度分别以 9364 件专利申请和 2682 件专利授权处在第一位，这也是百度连续 3 年在该人工智能领域分析报告中总申请量蝉联第一。

2021 年 5 月 21 日

收获战略的丰硕成果

在风云莫测的多变市场，每一个企业都有可能经历着过山车似的起伏，都在经历市场快速变化的严峻考验，而我们在实践中深深体会到，"三化战略""双轮驱动战略""地区战略"十分重要，没有这三个战略，我们无法保证在最近20年跌宕起伏的市场变化中，始终保持较快的增速，风雨无阻，任何力量无阻，在任何情况下，十一科技始终都以较高增速发展。

今年前4个月的市场情况再次印证，虽然市场的分布发生了很大的变化，但东方不亮西方亮，地区发展的不平衡因素，在我们正确的地区发展战略中得以整体平衡；领域发展的不平衡，也在"双轮驱动战略"中实现平衡，面对急剧变化的市场，大家更多、更深地认识到、体会到"三化战略"的正确性，在今年如此复杂的情况下，十一科技巨轮依然高歌远航。

战略，是企业发展的生命线。真正有意义的战略布局，少则10年、多则20年才能完成，而试图短促突击、急功近利、立即奏效是不可能的。没有长期的持续投入、没有长期的持续改进，最后一切都是空的。

坚持，是战略落地的关键。企业的发展战略可以修订，但核心的目标不能常变，战略的稳定性非常重要。不能因为战略实施有难度而放弃坚持，正是因为有难度才有坚持的必要。如果在战略高度上不能超越对手，那么实际中要超越对手的可能性不大。

  文化，是另一种竞争力。精神与文化，是另一种强有力的竞争力。企业的核心价值观、核心理念、文化修养、精神信仰等，决定着企业的思想、观念、行为与方式等，文化竞争力是市场竞争力的重要组成部分。精神与文化建立在物质基础之上，又是高于物质的。影响力，不仅指硬实力的较量，更是指软实力的比拼。

  我们在动荡中感受着稳定，在发展中感受着战略的力量，在竞争中感受着战略的蓬勃生命力，我们收获着战略的成果，战略在坚持中大放异彩。

2021 年 5 月 22 日

管 | 理 | 随 | 笔 ❻

要充分考虑极端情况

我们在决策时,要充分考虑可能发生的极端情况,如果没有考虑这些极端因素,一旦出现了极端情况,就会显得很被动。

在2021年5月20日FM9541航班上,我阅读了2021年5月《东方航空》刊首登的东航董事长、党组书记刘绍勇的文章《裕度》,颇受启发,现摘要刘绍勇董事长在《裕度》文中的若干案例列举如下:

"这次发生在世界上的两件令人瞩目的事,让人深刻地认识到极端情况的影响。第一件事,是3月23日,'长赐号'被'卡'在埃及苏伊士运河里,造成河道严重堵塞,导致200多艘船被困。苏伊士运河位于欧洲、亚洲和非洲的十字路口,连接地中海与红海,是交通'生命线',据统计,全球约25%的集装箱运输绝大部分雨经过这条交通要道。一艘船搁浅居然能重创全球贸易,这充分暴露出全球航运系统的脆弱。第二件事,今年2月,美国得州的大停电事件。百年一遇的暴雪严寒天气给美国传统能源大州得克萨斯州带来严重挑战,多达48.6%的发电装置被迫停机,雪上加霜的是,得州独立的电网系统使其难以从电力储备充裕的州借调电力。得州430万多的用户断电,上千万人面临供电困难,大量家庭被迫在零下十几摄氏度的环境中靠烧火取暖。有专家表示,这体现出美国得州整个能源系统在设计时未充分考虑到如何应对极端自然灾害等复杂情况。"

一切要作最大努力、作最坏准备，才能立于不败之地，这就是宝贵的底线思维。往好处努力，作坏处准备，对待市场上的每一个竞争，我们都要有这样的心理准备。有了这样的心理，一是准备工作会更加仔细，更加全面，竞争会更加努力；二是一旦出现极端与不利情况，就会比较主动，就会有预案应对，就会减少损失与影响。

一切要从最坏考虑，计划要留出充分的余地。市场变化很快，并不以人的意志为转移。做规划与计划时，切忌满打满算，要留出充分的余地。留出余地，就能自如地应对未来种种的不确定性，而这些不确定性是客观存在的，是不以人的意志为转移的。

一切要从最坏出发，考虑各种可能的极端情况。财务支出，要考虑收入与贷款可能受到的影响，要有足够的财务储备；参加重大活动，要提前作出安排，要考虑极端天气情况可能造成的影响，要有多种预案准备；安全方面，要精心策划，作出多种预案，应对各种可能发生的突发情况；在推动市场方面，要多一些预案，应对可能发生的变化。

总而言之，在实际工作中，多考虑一些可能的极端因素，就容易应对可能发生的变化，就早有预案，就能立于不败之地。

2021 年 5 月 22 日

袁隆平院士

袁隆平（1930年9月7日—2021年5月22日），男，汉族，生于北京，无党派人士，江西省九江市德安县人。中国杂交水稻育种专家，中国研究与发展杂交水稻的开创者，被誉为"世界杂交水稻之父"。国家杂交水稻工程技术研究中心、湖南杂交水稻研究中心原主任，湖南省政协原副主席，中国工程院院士，美国国家科学院院士，中国发明协会会士，湖南农业大学名誉校长，第六至第十二届全国政协常委。

1953年毕业于西南农学院，1995年被选为中国工程院院士，1999年中国科学院北京天文台施密特CCD小行星项目组发现的一颗小行星被命名为袁隆平星，2000年获得国家最高科学技术奖，2004年获得沃尔夫农业奖，2006年4月当选美国国家科学院外籍院士，2010年获得澳门科技大学荣誉博士学位。

袁隆平致力于杂交水稻技术的研究、应用与推广，发明"三系法"籼型杂交水稻，成功研究出"两系法"杂交水稻，创建了超级杂交稻技术体系。并提出并实施"种三产四丰产工程"，运用超级杂交稻的技术成果，出版中、英文专著6部，发表论文60余篇。

2018年9月8日，袁隆平获得"未来科学大奖"生命科学奖；2018年12月18日，党中央、国务院授予袁隆平改革先锋称号，颁授改革先锋奖章，获评杂交水稻研究的开创者。2019年9月17日，国家主席习近平签署主席令，授予袁隆平"共和国勋章"。

以上是百度对袁隆平的介绍，我认为袁隆平院士对中国与世界的意义，还不止这些：

一、袁隆平心系中国与世界人民

吃饭是人类生存发展面临的最大问题。袁隆平通过一生的努力，发明并持续提高杂交水稻技术，亩产总量达到3000斤，这是一般其他技术根本达不到的高度，如果在中国全面推广，可以解决中国约7000万人的吃饭问题，如果全球1.6万公顷的可种水稻的耕地，全部采用袁隆平的杂交水稻技术，可以解决全世界5亿人口吃饭问题，这是对人类的一个巨大贡献，也是一般科学家难以达到的高度。袁隆平去逝，举国悲痛，全球悼念，5月22日晚，联合国发文悼念袁隆平院士："袁隆平院士为推进粮食安全、消除贫困、造福民生做出了杰出贡献！国士无双，一路走好。"这说明袁隆平的贡献是全球性的，是永垂人类光荣史册的，他不仅属于中国，也属于世界。

二、袁隆平院士一生淡泊名利

人们看到的袁隆平院士始终衣着朴素，常出现在田间地头，与科学家在一起，与农民在一起，与水稻在一起，他一生淡泊名利，这在当下是多么难得呀。科学家当然离不开经济，离不开经费，但科学家最崇高的使命——是用科学为人类造福，而不是为自己。这是一切真伪科学家的分水岭。

三、袁隆平院士的科学成就

我们注意到袁隆平是中国工程院院士、美国科学院外籍院士，但不是中国科学院院士。杂交水稻技术不仅是实践，更是科学，是农业科学研究的一个重大高峰，是关乎人类生存的一个重大科学高峰，是科学理论的基础之一。我们都认为，袁隆平院士应该是两院院士，应该与伟大的科学家钱学森一样，成为两院院士，这是受之无愧的。我们的院士当选有很多标准，但最重要一条就是要把最有成果、最有影响力的科学家选上。

历史，是由人民写的，一个科学家的贡献，是由党和人民认定的。袁隆平生前深情地爱着祖国、爱着中国人民与世界人民，他在病危时没有留下遗言，只是关心杂交水稻的试验情况，家人也尊重他的嘱托，不搞遗体告别仪式，家人在《我和我的祖国》的歌声中送别袁隆平院士。袁隆平一生的杰出贡献，是人们难以超越的丰碑，是我们学习的光辉的榜样。

在一代科学巨匠袁隆平逝世之际，谨以此文表达对袁隆平院士最崇高的敬意。

2021 年 5 月 23 日

屯垦天山下

今天上午,中央四台重播《国家记忆》屯垦天山下寻梦城市。这一集集中介绍了在王震同志领导下新疆建设兵团创立、建设与发展历史,特别是石河子市、阿拉尔市的建设历史,看后感触很深,因为这两个城市我们先后去过,特别是最近刚从阿拉尔回来不久。

1949年,新疆和平解放,王震司令员率领解放军进驻新疆。1954年10月,中央政府命令新疆的中国人民解放军第二军大部、第六军大部、第五军大部,第二十二兵团全部,集体就地转业,脱离国防部队序列,组建中国人民解放军新疆军区生产建设兵团。1981年12月,"新疆军区生产建设兵团"改称为"新疆生产建设兵团"。截至2020年,新疆生产建设兵团下辖14个市,下辖师与所在的自治区直辖县级市,实行"师市合一"的管理体制。新疆生产建设兵团现有324.84万人,由中央政府与新疆维吾尔自治区双重领导。

石河子市与阿拉尔市都是因新疆生产建设兵团而诞生。当年王震同志带队选点,最后选中离乌鲁木齐150公里处的石河子作为新疆兵团总部(现在是兵团八师师部所在地)的落脚之处,现在的石河子,在当时只是一个很小的驿站,王震同志当年在驿站因蚊虫太多而无法入睡,只能睡到屋顶上去。在一片荒地上,1952年底就建起了兵团的第一栋四层楼，成为新疆兵团第一栋建筑，石河子市的建设也从此揭开新的一页。以后在1957年，王震同志考虑到南疆的特殊位置，为了开发塔克拉玛干沙漠，选择在塔里干建河旁建立阿拉尔市（现在是一师师部所在地），新疆生产建设兵团农一师进驻阿拉尔屯垦戍边，开始建设阿拉尔。在一片荒无人烟的沙漠上，先绿化植树，再建设城市，硬是实现了荒沙变绿州，沙漠变城市的奇迹。

屯垦戍边，奠定了新疆工业的基础。刚解放时，新疆没有什么工业。新疆兵团陆续建起来的钢铁、冶金、棉花、纺织等一大批工厂，都移交给了地方，这成为新疆工业的基础。

屯垦戍边，推动了新疆经济的发展。新疆建设兵团，是新疆建设的主力军，也是实现新疆经济增长的主力军之一。2020年，新疆维吾尔自治区实现地区生产总值（GDP）13797.58亿元，比上年增长3.4%。2020年，新疆308.9万贫困人口全部脱贫。其中新疆建设兵团对新疆的GDP增长与脱贫工作有很大贡献。

屯垦戍边，促进了民族大团结，稳定与繁荣了祖国的北部边疆。新疆经济的发展，新疆城市建设的日新月异，使新疆的56个民族的生活都得到了明显的改善，新疆人民过着安定与富裕的生活，这中间屯垦戍边的作用很大，是新疆的稳定器。纪律严明的新疆生产建设兵团，平时能生产，战时能打仗，是一支能文、能武的队伍，是一支不穿军装的部队，在地大物博、与八国接壤的祖国的北部边疆，新疆建设兵团是不可缺少的。

屯垦戍边，兵团的创立者与建设者，贡献了忠诚、生命与青春。王震同志是新疆建设兵团的倡导者、新疆发展的领导者，这位当年曾率领三五九旅在延安把"处处是荒山"的南泥湾建设成为"陕北的好江南"的将军，解放后一直呕心沥血领导新疆的建设，推动新疆建设兵团的发展，作出了一个又一个的重要决策，在毛主席与党中央的英明领导下，王震同志是新疆发展的最大功臣。1991年8月，王震同志以国家副主席的身份最后一次回到新疆，受到了新疆各族人民的热烈欢迎，所到之处人们都充满了对他敬爱与感激之情。1993年3月12日王震同志在广州逝世，终年85岁，逝世后王震同志捐献了眼角膜。同年4月5日，遵照王震同志的遗言，王震同志的骨灰撒在新疆天山，他将与毕生为之奋斗、充满情感的新疆大地与逝世在这里的战友们同眠在天山。

新疆生产建设兵团的战友们，一代又一代，把青春与热血贡献给了祖国北疆的建设，贡献给了这片神圣的土地，他（她）的生命永远闪耀着光芒，这光芒照耀着历史，照耀着未来。

2021年5月23日

希望越大，失望越大

对任何事可以去尽最大的努力，但不要抱太大希望，希望越大，失望也就越大，这是一个带有普遍性的规律。

寄太大希望的事，给予的关注度高，压力也大，压力太大的事，往往会背上沉重的包袱，放不开，做不好。

寄太大希望的人，容易骄傲，而骄兵必败，这已成为规律。骄傲的人，轻视对手，忽略细节，怠慢客户，自以为是，这些都为失败埋下的种子，留下危险的伏笔。把命运放在这些人手里，是很不靠谱的事，是件很痛苦的事。

寄太大希望的机会，往往胜率很小。因为这种机会已经被人普遍关注，不是蓝海，而且一片混战的红海。是机会，但更多的是危机了。

从转机变危机，并没有太遥远的路；从希望到绝望，也只有一步之遥；从成功到失败，一个细节就可决定；从天上到地下，可能瞬间都会发生。我们应当有这种危机与辩证的思维的心理，应当有这种底线思维。一方面，作最大努力；一方面，作最坏准备，只有这样才能立于不败之地。

所有希望，都应当建立在科学分析的基础上，建立在精心策划的基础上，建立在优势的建立上，建立在日常与客户的亲密沟通中。

"不打无准备之仗",要保持对每一场重大项目竞争的绝对优势,这需要全面贯彻"早启动,细策划,方向准,出手狠"的十二字方针。

"不打无优势之仗",对于重大项目,要集中一切资源,打优势之战。优势,是胜出的关键,是竞争力的体现,要建筑起高高的优势,这样才能确保掌握胜利的主动权。

"不打无把握之仗",每战必胜,既是战略,也是策略,是贯彻竞争全过程的指导思想。尽管在实际中,没有常胜将军,也没有哪家企业能够垄断所有市场,一旦准备参与竞争,就必须要有每战必胜的信念,每战必胜的准备,这样才能提高胜率。

总之,坚持既定的正确方针,用多元化分散风险,对一切不靠谱的,不抱不切实际的幻想,夯实胜利的基础,永远立于不败之地,坚定走向光明的未来。

2021 年 5 月 25 日

白银马拉松赛事故令人痛心

5月24日《参考消息》报道，22日在甘肃白银举行的一场山地马拉松赛中，极寒天气造成21人丧生，引发了公众对应急预案缺失的不满。

报道说，这场百公里马拉松赛的起点是黄河一个转弯处的一处旅游景点。比赛中，参赛者要在海拔1000多米的干旱高原上穿越深谷和起伏的山丘。根据白银市景泰县黄河石林景区在社交媒体上发布的照片，比赛于22日上午开始，选手们身着T恤和短裤，头顶阴云密布。白银市官员在23日的新闻发布会上说，比赛进行到中午，百公里越野赛高海拔赛段20公里到31公里处突遭灾害天气，短时内局地突降冰雹、冻雨并伴有大风，气温骤降。

报道说，这场172人参加的比赛已经确认21人遇难。这次冻死的一半都是圈内高手，包括越野马拉松名将梁晶、中国跑圈名人曹朋飞和残运会冠军黄关军等人。目前外界正在检讨赛事组织者的责任。该赛事提供的强制装备列表里，并没有涉及到足够的保暖设备。

报道说，有参赛者表示，比赛前一天的天气预报，都没有预报出第二天出现极端天气。但资深越野跑者认为，如果赛事组织者不要求强制装备里有保暖物品。那么救援预案就必须按照最极端天气去准备，也就是每一个打卡点的救援都要保证在多少时间内到达。

　　一场山地越野赛，造成21人的死亡，超过参赛人数的10%，这是中国体育史上罕见的悲剧，特别是这21人中，不泛是我国马拉松赛的精英与领军人物，这更让人痛心。

　　责任在哪？无疑相关的体育各级部门、组织者、白银市有关官员，要承担这个责任，要严厉追究，否则无法向死者亲人、向社会、向外界有个交代。现在赛事的日趋商业化，官僚主义者的好大喜功，主管部门的不作为，往往为这些赛事增添了重大事故的隐患。

　　底线思维，是我们考虑一切问题的出发点。无论何时，无论何地，一切都要从最极端的情况出发，要有最坏的打算，作最全面的准备，这种底线思维永远是我们立于不败之地的基石。如果我们投入再多一点、如果我们多考虑这种极端天气情况、如果我们把打卡点设置多一点、如果我们在打卡点上有足够的保暖装备与救援人员，如果我们全程都有新闻报道车与救援车的全程跟踪、如果我们能根据气候及时调整或中止赛程等，那么就不会发生如此惨痛的悲剧。

　　但悲剧已经发生，唯有我们警钟常鸣，永远保持清醒的底线思维，才能防止类似悲剧的重演。

2021年5月25日

致敬，亚洲老师

现在中央电视一台黄金时间热播的电视连续剧《中流击水》（原名红船）是由黄亚洲编剧，宋业明执导，王仁君、董勇、王志飞、马少骅领衔主演，奚望、丁柳元、宋佳伦、孙茜、陈逸恒、于洋、林江国、宋禹、曲哲明、刘梦珂、徐永革联合主演，杨立新、刘之冰、邵峰、严屹宽、张宁江、齐奎、张垒、周波、张京生、侯传杲、贺镪、曹力友情出演的革命历史剧。

该剧以"红船精神"为统领，讲述了1919年五四运动爆发到1928年井冈山胜利会师这10年间，中国共产党诞生、发展、壮大的历史进程，诠释了革命先驱者的初心之纯、主义之真、信仰之坚、人格之美。

黄亚洲老师是原中国作协副主席、著名作家、著名诗人，他是电视剧《历史转折时期的邓小平》的主要编剧之一，他多次获得鲁迅文学奖，亚洲老师是《红船》的作者，现在这部电视剧在央视热播，我感到由衷的高兴并衷心祝贺。

我看过几集《中流击水》，现在还在继续演，我每天还在尽最大努力争取看，虽然每天坚持并不容易，但一直想尽量看，我的看后感受是：

一、这是对党史学习的极好补充。通过《中流击水》，我们看到建党前那段详细的历史,使我们更了解当初为什么孙中山会推动国民党实行"联俄、联共、扶植工农"的政策;了解到陈独秀对中国共产党早期建设的杰出贡献与他的局限;了解李大钊作为党杰出领导人在建党初期的重大贡献;了解毛泽东从一开始就是党的正确路线的代表、是中国人民的伟大领袖等,当然还有很多,比如对蒋介石是如何发迹的,也了解得比过去要深刻很多。过去党史对这一段历史的资料不是非常详细,而通过亚洲老师编剧的《中流击水》,作了非常翔实而生动的补充,让初期的党史更加丰满了,亚洲老师不愧为杰出的党史编剧与研究者。

二、导演与演员水平一流。宋业明的导演,王仁君、董勇、王志飞、马少骅的主演水平很高,其他演员演得也很好,场景都很逼真,很感动人。特别是出演孙中山的马少骅,把孙中山的人物刻画得很深刻,而出演陈独秀的王志飞,更是把陈独秀作为思想解放的先驱与错误路线的代表的双重性格,演绎得淋漓尽致,人们看到的是一个真实的陈独秀。

三、《中流击水》的意义,是对现有党史生动再现与全面的补充,让人充分了解建党前后特殊历史条件下,第一次国共合作的意义。在建党 100 周年前播出,对于大家重温党的历史,缅怀与讴歌党的创始人的伟大贡献,意义重大。

与亚洲老师相识,缘于诗歌,记得第一次见面是在 2015 年 6 月 27 日,中外散文诗学会人祖山景区采风笔会与亚洲老师初次相会,以后逐渐熟悉起来,见面机会也多起来,常得到他的点拨与指导。亚洲老师奔放的思想、率真的性格、杰出的才华、勤奋不倦的精神、平易近人的作风、乐于助人的态度,始终是我的一面闪亮镜子,让我感到巨大的差距,也时常有前进的动力。

2019年9月7日,为庆祝建国70周年,我们携手,"黄亚洲、赵振元诗歌朗诵会"在杭州图书馆举行,这次朗诵会通过全球微赞,收视与阅读量达20多万。

2021年6月13日下午两点半,为庆祝建党100周年,我们再携手,"黄亚洲、赵振元诗歌朗诵会"还将在杭州图书馆举行。

为国庆70周年、为建党100周年做点事,这是亚洲老师与我的共同心愿。

与巨人同行,随巨人前行,我们永远在路上。

2021年5月26日

如何鼓励科技创新

现在，科技创新显得越来越重要，出台支持科技创新的新政策是必要的，这对于深入推动创新驱动、引领高质量发展将具有重要的意义。

一、基础研究要重点突出

基础研究，总是小范围的，重点突出的，要认真筛选基础研究项目，把重大基础研究项目窄化到有限的范围，给予重点支持。没有重点，就没有政策。

基础研究，要为产业发展服务，因此首先要确定产业的方向，没有产业方向，就没有技术研究的重点，对那些能形成产业规模的技术与基础研究要重点保障、优先支持，要集中资源，集中财力，给予重点倾斜。

二、对科技创新项目需要实施全过程的跟踪机制

项目要有开始，有结果，现在不少项目立了个项，匆忙完成了报告，经费到位就结束了，完全不考虑项目的实际应用，这就造成了一股不好的风气。科技创新项目成果应以应用为目标，科技创新成果的鉴定，应该由中立的第三方或者公众给予评价，这样可使科技创新活动公开透明，经费支出得到有效监控。从想得到，到怕得到，是一种转变，加强对科技创新成果的评价与考核体制的改进，

是大势所趋。

三、科技创新课题要进行实行市场机制

要公开招标，实行重大课题招标制，这样才能增加市场活力，增加科技创新的效率，增强市场的竞争力。政府要通过市场来配置资源，不能重复走老路，必须在市场机制下，提高科技创新的效率。

四、要设科技创新荣誉奖

除了资金上的政策奖励外，更多地应该是荣誉奖项。

对更多的科技人员而言，他（她）们看重的不仅是科研经费的多少，更看重的是政府和人民授予的荣誉，所以为了支持科技创新，建议设置更多激人奋进的荣誉奖。

建议每年都举行科技创新大会，隆重表彰一批在科技创新有突出贡献的集体与个人，典型可起到带头与示范作用。

2021 年 5 月 26 日

澎湃而强大的红色基因
——记时代楷模彭士禄

昨晚，央视一套晚上9：00的黄金时段，原本播放的热播剧《中流击水》暂停播放，虽然有些突然，但后面播放的内容，着实让人感动，播放的是中央宣传部近日追授的时代楷模——彭士禄的事迹，我含泪看完彭士禄的一生光辉事迹的介绍，为他的一生的事迹而深深感动。

彭士禄的基本情况：彭士禄（1925.11.18—2021.03.22），汉族，革命英烈彭湃之子，广东省汕尾市海丰县人，中国第一任核潜艇总设计师，中国工程院首批资深院士，被誉为"中国核潜艇之父"。他是中共十一大、十二大、十三大代表，中共十二届候补中央委员，四届及八届全国人大代表，八届全国人大常委会委员，人大环保与资源委员会委员，中国核工业集团公司顾问、中国核学会名誉理事长。

彭士禄是中国著名的核动力专家，中国核动力领域的开拓者和奠基者之一，为中国核动力的研究设计做出了开创性工作。1956年，彭士禄毕业于苏联莫斯科化工机械学院，后又在苏联莫斯科动力学院核动力专业进修。1958年回中国后一直从事核动力的研究设计工作，曾先后被任命为中国造船工业部副部长兼总工程师、中国水电部副部长兼总工程师、中国广东大亚湾核电站总指挥、中国国防科工委核潜艇技术顾问、中国核工业部总工程师兼科技委第二主任、中国秦山二期核电站联营公司首任董事长。2021年5月26日，中宣部决定，追授彭士禄院士"时代楷模"称号。

2021年3月22日中午，彭士禄在京逝世，享年96岁。

为彭士禄事迹感动之一：彭士禄是革命烈士彭湃之子，血液里流淌着强大的红色基因。彭湃烈士是中国第一个农村苏维埃政权——海陆丰苏维埃政府主席，著名的农民运动领袖。1929年8月30日，时任中共中央农委书记的彭湃在上海龙华英勇就义，时年仅33岁。民主革命时期，彭湃开展农民运动，撰写的《海陆丰农民运动》一书，成为从事农民运动者的必读书，被毛泽东称为"农民运动大王"、中国农民运动的领袖。2009年9月10日，彭湃被评为"100位为新中国成立作出突出贡献的英雄模范人物"。作为烈士后代，彭士禄在4岁时失去妈妈蔡素屏（革命烈士），5岁时失去爸爸，成为烈士遗孤，小小年纪的彭士禄从此颠沛流离，生活没有保障，多次被国民党抓进监狱，受尽酷刑，出狱后生活也极为艰难，一直在死亡线上挣扎，是当地的人民帮助了他，让他一次次渡过难关。直到1940年，在周总理的亲自关怀下，组织上派人终于找到了他，把他接到延安，从此开始了他的新生。因此，彭士禄的一生一直有着强大的红色基因，充满对党、对祖国、对人民的无比热爱。

为彭士禄事迹感动之二：彭士禄是"中国核潜艇之父"。1959年，苏联以技术复杂，中国不具备条件为由，拒绝为中国研制核潜艇提供援助。毛泽东提出："核潜艇，一万年也要搞出来"！

"一万年太久，只争朝夕"！彭士禄和他的同事们深受鼓舞，决心自力更生、艰苦奋斗，尽早将核潜艇研制出来。作为中国第一艘核潜艇的总设计师，他在极其困难的条件下，带领团队成功地研制了中国第一艘核潜艇，1970年，中国第一艘攻击型核潜艇下水，成为世界上第五个拥有核潜艇的国家。彭士禄以只争朝夕的精神，提前实现了毛主席提出的目标，彭士禄被誉为"中国核潜艇之父"。

为彭士禄事迹感动之三：彭士禄是我国核动力事业的奠基者与开拓者。20世纪80年代初，在彭士禄临近60岁的年龄之际，他又以祖国需要为重，从核军工转入核民用领域，担任大亚湾核电站总指挥，提出了大亚湾核电站的投资、进度、质量三大控制的重要性及具体措施，提出了核电站建设的时间、价值观念，是我国第一个核电站的开拓者。1986年，彭士禄又担任核电秦山二期联营公司董事长，他提出"以我为主，中外合作"，及自主设计、建造2台60万千瓦压水堆核电站机组的方案，亲自计算主参数、进度、投资估算等，为二期工程提供了可靠依据，期间他还积极推行董事会制度，首次把招投标机制引入核电工程建设。彭士禄不仅是"中国核潜艇之父"，也是中国核电站建设的开拓者与奠基人，他为中国的核动力发展作出了前无古人、后无来者的历史性贡献，是中国核动力发展的最大贡献者。彭士禄的一个大笔记本，记录着核电站建设的各种参数、建设过程的全过程控制方案，涉及多学科、多专业，他丰富的核电站建设经验与谈判经验，让国外专家都钦佩之至。彭士禄的这本笔记本，堪称是核电建设的百科全书，是他一生心血的结晶，是科技工作者学习的范本。

为彭士禄事迹感动之四：敢于担当、不计名利、无私奉献的精神。潜艇核动力装置的研究，是在一片空白的基础上起步的，通过计算得出十几万个数据，而又要通过满功率试验论证，在试验时出现剧烈震动，现场出现巨大险情，当时现场人员提出了两个方案，一是停止试验，二是降低功率，但彭士禄提出了出人意料的决定，提高功率，这个决定充满了极大风险，但最后证明彭士禄是正确的。彭士禄判断震动的原因是出现了物理共振，只有提高功率，才能避免。当时，停止试验，将大大拖延试验进度，而如果一旦出现事故，其后果更是不堪设想，彭士禄在危机关头，敢于决策，敢于担当，经历了一次重大考验。同事们回忆说，彭士禄说过，只要有70%的可能，我就敢定，你们干，成绩是你们的，出了事，责任由我来承担。彭士禄一生获奖无数，但他淡泊名利，作为1985年的国家科技进步特等奖的主要获奖者、作为2018年度香港何梁何利基金奖的获得者，他把奖金都全部捐献给核动力事业。他一生无私奉献，情系祖国，直到生命的最后，他还对着电视镜头说："只要祖国需要，我愿意献出我的一切。"他一生忠于党，忠诚祖国，成为我们人生的光辉榜样，成为"时代楷模"。想想彭士禄，我们还有什么不能放弃？想想彭士禄，我们还有什么不能克服的困难？想想彭士禄，我们还有什么不能实现的梦想？想想彭士禄，我们还有什么不能担当？

中央宣传部将彭士禄追授为"时代楷模"是完全必要的，这为全国各行各业，特别是科技战线，树立一个高耸的标杆，为广大青少年树立了人生的光辉榜样，而榜样的力量往往是无穷的，对青少年的都将会产生深远影响。彭士禄的父亲彭湃是中国卓越的农民运动领袖，是名震全国的"中国农民运动领袖"，而他是"时代楷模"，是"中国核动力之父"，子承父业，他没有辜负他父亲、他母亲的殷切期望，高举着父辈的旗帜，成为闪耀中华的瑰宝，成为"时代楷模"。

　　双星同耀，中华之幸；父子同辉，中国之荣；子承父业，基因强大；红色传奇，堪称经典！

2021 年 5 月 27 日

落实属地责任制

属地责任制，就是按照属地原则，落实各大区、各分院的市场开发主体责任。凡在分院所属地区内的项目（有能承担的，特别是优势项目、重点项目），分院都有快速报告、承揽、开发、合作、支持、提供信息与服务的责任与义务。当省（或）市有一个以上分院时，分院之间对地区的责任应有分工。当重要项目在本地区未被知晓时，要对属地分院主要领导进行问责与追责。

落实属地责任制，可以进一步明确分院的主体责任。分院，是总院设在这个地区的市场窗口与工作基地，是总院在这一地区的授权代表，代表着总院在这一地区开展业务。分院是总院在这一地区发展的战略支点，是院地区战略的最重要的组成部分，

落实属地责任制，可以消除市场死角。现在大区之间、分院之间，存在不少的市场死角，这些市场死角成为我们的漏洞。要实现市场的全覆盖，就必须落实属地的责任。

落实属地责任制，要与项目负责制结合起来。现在，院实行的是项目负责制，客户的关系主要通过项目来维系的。属地分院要利用在本地资源上的优势，从各方面支持项目实施方，形成一致的合力，努力做好在本地区的项目，并争取实现项目的延伸与延续。

落实属地责任制，要与支持跨区发展结合起来。由于各分院的

规模、实力、优势、历史与客户群等，存在很大差距，因此院鼓励有条件的分院实现跨地区发展，以使这些优势分院的资源得到更加充分的释放与利用。落实属地责任制与支持跨区发展并不矛盾，两者都是为了院的市场开发，都是为了更好地为客户服务，都是为了院的发展，要在这个大目标下，相互间协商，协商不成的，由院进行协调。

落实属地责任制，要充分发挥大区的协调作用。院设有五个大区，大区要充分发挥"总院指令执行的监督平台，区内资源整合的共享平台，分院发展的互助平台，干部成长的锻炼平台"四大功能。这几年大区的发展有了长足的进步，去年东南区的合同规模已经超过百亿，预计今年将有更多的大区的合同达到百亿，华东区、总部区与华北区都有可能接近百亿。充分发挥区内的合作，让区内的资源得到充分的整合，有利于属地责任制的落实。要努力将大区建成一个大中型设计院，为再造几个十一科技而努力。

2021 年 5 月 27 日

和辉光电上市

和辉光电（股票代码：688538）是我国液晶显示领域的劲旅与领军之一，在AMOLED领域，和辉光电是国内行业的一个领军企业。和辉光电是上海市国资系统的重要龙头企业，由上海市政府和金山区政府共同投资的上海市战略性新兴产业重点项目，控股股东为上海联合投资。和辉光电董事长傅文彪先生是原上海市经信委主任，曾担任过华虹集团董事长，是十一科技的老朋友、好朋友。我和白焰同志应邀出席昨晚和辉光电上市的答谢晚宴，感受了上市庆祝的热烈气氛。今天（28日）上午我还应邀出席和辉光电（股票代码：688538）在上交所的上市敲钟仪式，感受到在上交所科创板上市的隆重盛典，同时上市的有芜湖富春（股票代码：605189）。

和辉光电（股票代码：688538），今发行26.81亿股，每股2.65元，共募集71亿元，总股本134.07亿股，本次上市流通股本21.825亿股。今天，股票从4.90元开盘，截至今天上午收盘，每股为4.33元，市值580.53亿元，保荐机构为东方证券。

和辉光电的上市，使液晶领域又增添了一个有强劲竞争力的企业，行业发展增添了新动能，这对这个液晶行业的发展无疑是个很大的福音。

和辉光电的上市，使上海国资系统又增添了一个重要的上市公司，增强了上海市国资的融资能力与竞争能力，对上海、对长三角的发展无疑是一个利好的消息，对发展与进一步壮大上海的制造业具有重要意义。

和辉光电的上市，将使和辉光电的发展进入一个新阶段。和辉光电首期项目于 2012 年 11 月破土动工，是国内第一条、设备最完善、技术最先进的第 4.5 代低温多晶硅（LTPS）AMOLED 量产线。公司首批产品于 2014 年 4 月亮相，2014 年第四季度开始大批量出货。和辉光电的 6 代 AMOLED 已于 2018 年投产，现在产能已达 30K。公司产品成功进入华为、联想、步步高、小米、OPPO、VIVO 等多家国内外知名品牌供应链，近 4 年营业收入复合增长率为 60%。据国际数据公司 Omdia 数据统计，公司智能手表用 AMOLED 面板出货量连续四年蝉联全国第一、全球第三；平板电脑用 AMOLED 面板于 2020 年第二季度实现量产出货，公司成为全球继三星之后第 2 家出货平板用 AMOLED 显示方面的行业厂商。2020 年 4 月，和辉光电入选国务院国资委"科改示范企业"名单。

上市后，和辉光电的 6 代 AMOLED 产能将扩产到 45K，公司还将利用这个资本平台进军更宽广的领域、进军更大的尺寸，成为液晶领域国内更有竞争力的龙头企业，对此我们都热切期待着。

2021 年 5 月 28 日

阵地是扩大了，还是缩小了？

判断是否发展？有很多指标，但最重要的是看市场是扩大了，还是缩小了。如果市场扩大了，就发展了；如果市场缩小了，就退步了。

如同战士在战场，要守住阵地，要不断扩大阵地，而不能让阵地越来越小。

守住阵地，就得加强阵地的防守。防守阵地，以不失阵地为目标。防守要坚固，让对手无法轻易攻下，保垒最容易从薄弱处被攻破，要特别注意防守细节；防守要严密，不能有漏洞，要强调主体责任，层层落实责任制，夯实责任基础，形成严密的防线，让对手无法插入；防守要全面，不给对手任何机会。任何对细节的疏忽，都可能会带来影响全局的失败。这就需要加强技术创新、提升服务水平、改进工作方法与深化客户关系等方面常有新思想，常有新举措，常有新方法。

守住阵地，就得去扩大阵地。扩大阵地，就是以原有阵地为依托，不断延伸与扩大阵地。扩大阵地，以增加原有阵地范围为目标。扩大阵地是一种主动性地、进攻性的防守。常言道，进攻，是最好的防守。只有不断进攻，才能不断给对手造成新的压力，迫使对手主力的回撤，从而减轻守阵地的压力，更好地守住阵地。

守住阵地，就得在外围不断出击，形成新的合围之势，从守阵地者变成完全的进攻者，实现由被动向主动的转化。要精心组织，深入对手核心区、优势领域与优势范围，抓住机会，实现突破。一旦获得突破，对手的防线就会松动，就会被冲跨，从而带来全局性的改变。选择好突破口非常重要，突破口的选择考验者、组织者的智慧，而资源的集合与有效组织，同样体现着组织者的水平。

2021年5月28日

正式确定十一科技的精神

企业精神，是凝聚全院的纽带，是院文化的核心，是鼓舞院奋进的号角。

企业精神，是院历史发展与文化建设的总结，是一种哲学高度的提炼，是物质与文化——即两个文明建设的必然要求。

我院有着57年的发展历史，近21年发展的辉煌，更增添了她迷人的风采。20多年来，我们在改革与发展实践中，不断提出各种理念与口号，丰富着十一科技的文化体系，也适应了院的快速发展。

在文化建设中，我们对文化建设的核心——企业精神，也进行过一系列的提炼，我在2003年2月8日《构造EDRI企业文化体系》的报告里，首先提出了"诚信、敬业、协力、创新"的企业精神，随着实践的发展与需要，我们又提出过"敢为天下先""变不可能为可能"的企业精神。

在庆祝建党100周年的伟大日子里，根据实践与发展的迫切需

这是作者于2021年5月31日在党政联席会与职工代表大会上提出的正式书面建议。

要、根据党和国家关于加强党建与深化文化建设的要求、借鉴兄弟单位文化建设的经验（特别是华虹"520"精神的总结与提炼），适时地总结并固化我院的企业精神，对于更好地宣贯我们的企业精神、更好地继承"红船精神"、弘扬光大我院的企业精神在新的形势下去争取更大的胜利，是一件非常必要而紧迫的一项党建文化工作，而如能在建党 100 周年之际完成这一工作，意义更加重大。

根据企业精神应具有的历史性、传承性、实践性、独特性、时代性、哲学性、全面性、简洁性等要求，我提出十一科技的精神为：

"敢为天下先的改革精神、变不可能为可能的奋斗精神、诚信敬业协力创新" 的团队精神。

十一科技的精神简称为：

"敢为天下先、变不能为可能、诚信敬业协力创新。"

可以全部用，有时根据需要，也可只用其中一部分。

理由之一：十一科技精神，是我们自己的东西，在自身的实践中提出并践行了 20 年，有着深厚的基础，并不是突然而至，大家容易接受。我们现在正式固化十一科技精神是水到渠成，正逢其时，是我们多年来实践的必然产物。

"敢为天下先"，我们早在 2002 年 3 月就开始敢为天下先的实际行动了，我们在国内率先整体改制，是国内最早整体改制并实现国有相对控股、员工实际控股的的大中型设计院；我们是在国内率先实现 8 英寸、12 英寸自主设计与总包的设计院，在转型、地区布局、发展速度、战略推进、文化建设方面，我们都走在同业的前面。总部大楼、华东大厦、西北大厦、华北大厦等多栋大楼的建设,更是一个开创业内先河的缩影,在"敢为天下先"方面,我们有着光荣的历史,"敢为天下先"的精神,我们已经开始实行了20年。

"变不可能为可能",我们在2002年3月开始的改制中就体现了这种精神,当时,我们仅用3个月的时间就完成了国内开创新历史的重大改制,"变不可能为可能"。这20多年来,我们在很多集成电路与电子重大项目的建设上,在很多重大军工项目的建设上,在很多光伏发电的开发、设计与总包建设上,一再战胜困难、创造奇迹、不断刷新行业内的最新纪录,"变不可能成为可能",这方面我们有着光荣的传统,"变不可为可能"的精神,我们实行了整整20年。

"诚信、敬业、协力、创新",这是2003年2月8日我在《构造EDRI的文化体系》的报告中首提,这是对企业、对团队的要求,这是我们是一家人的体现。团队精神,包括对团队成员素质与品质的要求,对敬业爱岗的要求,对合作与协力的要求,对创新与发展的要求,"诚信、敬业、协力、创新"这八个字,很好地反映了团队建设的总体要求,这方面我们有着很好的基础,到现在也有近20年的历史与基础。

这三者之间的关系:"诚信敬业协力创新"是十一科技精神的基础,而"敢为天下先""变不可为可能"是十一科技精神的内涵与高度,这三者相互联系、相互补充、相互促进,共同推动十一科技精神的蓬勃发展。

理由之二:十一科技精神非常接近于党和国家大力提倡的"红船精神":"开天辟地、敢为人先的首创精神;坚定理想、百折不挠的奋斗精神；立党为公、忠诚为民的奉献精神。"被中国共产党伟大历史印证了的"红船精神"，必将继续推动新时代的磅礴伟业。而我们的企业精神，正好与"红船精神"高度吻合，而这说明十一科技精神有着浓浓的红色基因，有相当的高度。十一科技精神是"红船精神"的传承与光大，是与"红船精神"一脉相传的，是不忘初心、牢记使命的体现。

理由之三：十一科技精神是实践与经验的提炼，历史与时代的统一，是传承与创新的统一，是全面与简洁的统一，是一个完整的精神文化体系。

综上理由，作为十一科技精神的倡导者与践行者，我深知企业精神对企业发展的重大作用，固化、补充与完善十一科技的精神，对十一科技思想与文化建设具有里程碑式的意义。因此我建议在庆祝建党 100 周年的特别日子里，先由党政联席会通过我这个提议，再由职代会通过这个议案，而后在全院开始深入广泛地宣贯活动，从而推动十一科技文化建设迈上一个历史性的新台阶，推动十一科技精神在新的时代进一步发扬光大，为在新的形势下，团结鼓舞全体干部员工，去争取更大的胜利而努力奋斗。

传承"红船精神"，弘扬十一科技精神，必将推动十一科技在高位继续增长，必将推动十一科技在新的时代书写更加华丽的篇章！

要考虑设置代表十一科技精神的"卓越践行奖"，这应该成为十一科技物质与精神的最高奖项。

2021 年 5 月 29 日

精神与文化

根据百度百科的解释,精神是指:

1.指人的情感、意志等生命体征和一般心理状态;2.宗旨,主要的意义。

而关于文化的解释是:文化,是人类社会相对于经济、政治而言的精神活动及其产物,分为物质文化和非物质文化。

教育、科学、艺术皆属广义的文化,而政治、经济与文化相互关联、相互作用。实际给文化下一个准确的定义,非常困难。对文化这个概念的解读,人们也一直众说不一。文化顺乎时代潮流具有不定性,一个时期有一个时期的文化,因此构成世界五彩斑斓的文化。

由此可见,文化是一个广泛的概念,文化是精神的产物,有时无法准确定义,文化随时代变迁而变化,不同的时代有不同的文化。而精神是铸就文化的灵魂,相对来说有较强的稳定性与指引性,在相当长的时期内,精神是不变的,并主导着文化的发展。

如"红船精神",是中国共产党人在100年前开始创立,100年风云变幻,但"开天辟地、敢为人先的首创精神;坚定理想、百折不挠的奋斗精神;立党为公、忠诚为名的奉献精神"的"红船精神"始终没有变,一个大党诞生于一条木船,"红船精神"铸就千万共产党人的精神家园,中国共产党人从成立时只有50多名党员,发展壮大为拥有9000多万党员的执政党,在时代变迁中"红船精神"永恒。

  因此我们要在文化的基础上,提炼出宝贵的精神成果,作为指引我们前进的光辉旗帜,作为凝聚团队的紧密纽带,作为队伍建设的坚强灵魂。

  精神,一旦形成,就会成为一股强大的力量,成为鼓舞前进的巨大动力,而文化建设与其他各项建设也会出现新的局面。

2021年5月29日

要有包容的心态

我们生活在一个丰富而复杂的世界里，对待周围的一切，要有辩证的眼光看待，否则我们会时常陷入无尽的烦恼。

第一，要正确认识公平正义。公平正义，是相对的，而且公平正义的注解，不同的人，不同的角度，都有不同的判断尺度。因此，当我们因遇到"不公"而忿忿不平，心中充满愤怒时，首先要平静下来，冷静地分析，是否存在真的"不公"？

第二，要有胸怀包容过去。过去的，既已过去，就让它过去吧，何必老是放在心上？重要的是如何向前看，向前看，才有前途，向前看，才有出路，向前看，才有未来。让自己沉缅于过去不愉快的事，深陷其中而不能自拔，是自寻烦恼。历史，已经过去，就让它过去吧；历史，无法重来，一切从翻开新的一页吧。努力创造新的历史，努力跨越未来，努力改写过去的历史。

第三，不做没有结果的事。人的一生，时光匆匆，非常短暂，一生一定要做些有意义的事，让这些有意义的事留在世界上，而不去做没有结果的事，那样会浪费时间，破坏心情。人世间总是美好的，美好总是占主导的，否则人生还有什么意义？因此，我们要把有限的生命，去做有意义的事，让生命放射非凡的光芒。有些事，当时看可能有些吃亏，但"吃一堑，长一智"，坏事会变好事。要容纳过去，包容历史，面向未来。

第四，欢迎别人的进步。看到别人的进步，应当高兴，而不是嫉妒；是激励自己，而不是采用不正当手段攻击别人。别人的进步，是别人付出心血得来，"一分耕耘一分收获"，这是千古不变的真理。我们应当从别人的进步中看到差距，看到自己努力的方向。没有竞争，就没有进步。竞争压力，也是前行的动力。人们在竞争压力下，往往动能更足，创新更多，前进会更快。

2021 年 5 月 30 日

方志敏的《可爱的中国》

我的案头放着一本由读者出版社刚刚出版的新书——方志敏的《可爱的中国》，这是今天我刚买的新书，书店离我们家很近，周日里有空，一般我都要去看看，每次都要选一些新书。

这本书收集有方志敏的《方志敏自述》《可爱的中国》《死！》《清贫》《狱中纪实》《我从事革命斗争的略述》《我们临死以前的话》《在狱致全体同志书》《给某夫妇的信》《记胡海、娄梦侠、谢名仁三同志的死》《遗信》《方志敏的诗》《方志敏生平事略》等。

方志敏（1899—1935），江西弋阳人。中国无产阶级革命家、军事家。1922年加入共青团，1924年加入中国共产党。1929年领导建立了江西红军独立第一团，1930年任信江苏维埃政府革命军事委员会主席，并领导成立中国工农红军第十军，任红十军政委，1931年在闽北连打11仗，连战皆捷。1935年1月29日，在江西省玉山县怀玉山区被俘，囚于南昌国民党驻赣绥靖公署军法处看守所，严辞拒绝了国民党的劝降。1935年8月6日，方志敏同志被秘密杀害于江西省南昌市下沙窝，时年36岁。

方志敏在狱中，在如此艰难的条件下，写下了大量的宝贵文字，这些文章是激励后人的巨大的精神财富，鼓舞了一代又一代革命者奋勇向前。方志敏的文章，闪耀着一个共产党人坚定的共产主义理想，表达了对新中国美好未来的无限向往，体现了一个共产党人的崇高情操，谱写了一个伟大共产主义者的壮美诗篇。

方志敏的《可爱的中国》，以前在语文课本里都读过，但在庆祝建党100周年的特别日子里，在《可爱的中国》由理想变为现实时，重读这篇文章，倍受鼓舞，更加怀念伟大的方志敏烈士，怀念老一辈无产阶级革命家，更加珍惜今天来之不易的美好生活。

方志敏在《可爱的中国》里写道："中国真是无力自救吗？我绝不是那样想的，我认为中国是有自救的力量的。最近十几年来，中国民族，不是表示过它的斗争力量之不可侮吗？弥漫全国的"五卅"运动，是着实地教训了帝国主义，中国人也是人，不是猪和狗，不是可以随便屠杀的。省港罢工，在当时革命政权扶助之下，使香港变成了臭港，就是最老牌的帝国主义，也要屈服下来。以后北伐军到了湖北和江西，汉口和九江的租界，不是由我们自动收回了吗？在那时帝国主义在中国的威权，不是一落千丈吗？"

方志敏在《可爱的中国》里写道："不错，目前的中国，固然是江山破碎，国弊民穷，但谁能断言，中国没有一个光明的前途呢？不，决不会的，我们相信，中国一定有个可赞美的光明前途。中华民族在很早以前，就造起了一座万里长城和开凿了几千里的运河，这就证明了中华民族伟大无比的创造力！中国在战斗中一旦斩去了帝国主义的锁链，肃清自己阵线内的汉奸卖国贼，得到了自由与解放，这种创造力，将会无限地发挥出来。到那时，中国的面貌将会被我们改造一新。所有贫穷和灾荒，混乱和仇杀，饥饿和寒冷，疾病和瘟疫，迷信和愚昧，以及那慢性的杀灭中国民族的鸦片毒物，这些等等都是帝国主义带给我们可憎的赠品，将来也要随着帝国主义的赶走而离去中国了。"

方志敏在《可爱的中国》里激情地预见："朋友，我相信，到那时，到处都是活跃跃的创造，到处都是日新月异的进步，欢歌将代替了悲叹，笑脸将代替了哭脸，富裕将代替了贫穷，康健将代替了疾苦，智慧将代替了愚昧，友爱将代替了仇杀，生之快乐将代替了死之悲哀，明媚的花园，将代替了凄凉的荒地！这时，我们民族就可以无愧色地站立在人类的面前，而生育我们的母亲，也会最美丽地装饰起来，与世界上各位母亲平等地携手了。这么光荣的一天，决不在辽远的将来，而在很近的将来，我们可以相信的，朋友！"

这不是一般的狱中留言，这是一个共产党人的壮美诗篇，这里没有任何的悲观，而是对祖国的未来充满诗意的畅想，优美的诗一般语句，从心中跳出，胜过任何万千诗篇，这是用生命与信念铸成的最美诗篇

这不是毫无根据的推测，而是一个无产阶级革命家的精准预测，堪称世界典范，永垂青史。在毛主席的英明领导下，中国人民站起来了；在邓小平的领导下，中国人民富起来了；在习近平总书记的领导下，中国人民强起来了，当年方志敏烈士的预言，全都变成了现实。

这不是一个人临终前的悲观，而是一个顶天立地的共产党人的豪迈誓言。

重读《可爱的中国》，你仿佛仍能感受到方志敏烈士一颗澎湃的心在蓬勃地跳动，这颗心红心向党，永远不变；这颗心，永远眷

恋着自己伟大的祖国。方志敏，是祖国最优秀的儿女之一；方志敏，是中国共产党人的最杰出代表之一。

告慰于方志敏烈士的是：今天，我们伟大的祖国，到处莺歌燕舞，青山绿水，祖国江山无限美好，人民生活幸福，国家强大，常娥奔月不是梦，神舟更娇，中国成为世界上最大的经济体之一，伟大的祖国巍然屹立在世界东方，中国成为美丽强国的代名词，您当年的预见完全实现了，我们向您保证：中国还会更加富裕强大！

在"五卅"运动96周年之际，谨以此文表示纪念，同时向方志敏等革命前辈表示崇高敬意，祝福伟大的祖国未来更加美好。

2021年5月30日

管 | 理 | 随 | 笔 ❻

一桥飞架南北，天堑变通途

　　今天上午，中央四套节目的《国家记忆》播放东湖往事，回顾了毛主席与武汉这座城市的深厚情感。无论是解放前，还是解放后，毛主席对武汉这座城市都有一种特殊的情感。

　　武汉东湖，毛主席对其有特别的情感。新中国成立后，毛主席曾经48次到武汉，除了前几次住在惠济路之外，其余时间都居住在东湖，短则三五天，长则十天半个月，最长的一次住了178天，累计居住了480天，毛主席对美丽而开阔的东湖，情有独钟。

　　武汉，是毛主席柔软的情感所在，也是提出重要论断的地方。毛主席在青年时期先后8次往返武汉。1926年11月，毛泽东到武汉主持农民运动讲习所，不久，杨开慧和母亲、儿子岸英、岸青也来了，他们一家居然在武汉一住就是8个月，这团聚的时光是多么难得，特别是在那个离多聚少的动荡年代，这段时光是毛泽东与杨开慧共同生活中最美好的时光，他（她）们的小儿子毛岸龙也在这里出生，后来杨开慧被国民党反动派逮捕，1930年被杀害于长沙。因此，都府堤41号成为毛泽东心中永远的柔软。

　　武汉，是毛主席提出革命理论与革命论断的重要地方。毛主席在武汉主持农民运动讲习所期间，瞿秋白、恽代英、彭湃、李达等著名共产党人前来任教。毛泽东利用回湘探亲的32天时间，离汉东下,考察湖南农民运动,后在汉写出了《湖南农民运动的考察报告》,回答了当时党内存在的不同意见。1927年,大革命遭遇失败,8月7日,在白色恐怖最严重的时候,历史性的"八七"会议在武汉召开,毛主席在会上提出了"枪杆子里面出政权"的著名论断,后成为党创建、领导和掌握人民武装并进行斗争的革命口号。

武汉,在毛主席的亲切关怀下,架起了长江第一桥;武汉,是毛主席在长江游泳最多的地方。"新中国,要改变万里长江无桥的历史",这是毛主席的指示。1949年9月,毛泽东主持第一届政治协商会议,通过了茅以升等人提交的长江大桥的议案。1953年,毛主席登上了武昌蛇山,实地考察了长江大桥的选址。1955年9月1日,武汉长江大桥动工兴建,毛主席多次前来视察。1957年9月6日,万里长江第一桥即将通车,毛主席再次前来,并步行来到武昌桥头。几天之后,他派人送来题词:"一桥飞架南北,天堑变通途。"就在这座大桥之下、长江之上,留下了毛主席畅游长江的身影。

1956年5月31日,63岁的毛主席首次在汉横渡长江,以后4天,他又连游3次,并写下了《水调歌头·游泳》:

水调歌头·游泳

[近现代] 毛泽东

才饮长沙水,又食武昌鱼。

万里长江横渡,极目楚天舒。

不管风吹浪打,胜似闲庭信步,今日得宽馀。

子在川上曰:逝者如斯夫!

风樯动,龟蛇静,起宏图。

一桥飞架南北，天堑变通途。

　　更立西江石壁，截断巫山云雨，高峡出平湖。

　　神女应无恙，当惊世界殊。

　　毛主席的光辉诗篇，是对武汉长江大桥的赞美，是横渡长江后的豪迈宣言，也是对三峡工程的宏伟设想，是永载史册的光辉诗篇。

　　据记载，1956年到1966年，毛主席在武汉先后17次畅游长江。1966年7月16日，武汉组织5000健儿横渡长江，这天，73岁高龄的毛主席再次畅游长江。如今，武汉每年都要组织渡江节，截至到2019年，已举办了45届。

　　悠悠岁月，武汉留给毛主席的是难忘的日子，不舍的情结；江水有情，毛主席给武汉带来是幸福的时光，绵延不断的永恒回忆。

　　毛主席在武汉的影像，是人们怀念敬爱领袖的珍贵回忆，是永驻心头的无尽思念。

2021年5月31日

一个院士在全国科技工作者日的忠告

全国科技工作者日，于 2016 年 11 月 25 日设立，时间为每年 5 月 30 日，中国科技界第一次拥有属于科技工作者自己的节日，旨在鼓励广大科技工作者牢记使命责任。

昨晚在央视一套的晚间新闻里，重点播放了中科院院士、南京航空航天大学赵淳生教授的采访与他的事迹，这为全国科技工作者提供了一个现实的榜样。

下面是关于赵淳生院士基本情况的介绍：赵淳生，1938 年 11 月出生于湖南衡山，机械工程专家，中国科学院院士，南京航空航天大学教授、博士生导师。

1961 年赵淳生毕业于南京航空学院飞机系；1984 年获法国巴黎高等机械学院工程力学博士学位；1992 年作为访问学者前往美国麻省理工学院学习；2005 年当选为中国科学院院士；2014 年获得何梁何利基金科学与技术奖；2015 年获得全国先进工作者称号。

赵淳生长期从事振动工程理论和应用研究，包括在振动模态参数识别、多点激振和测量技术、机械故障诊断技术、电动式激振器设计与应用等领域。

赵淳生院士除了他在科技方面的突出成就外，特别感人的是他与癌症作斗争的感人事迹。

也许你很难想象，82岁高龄的赵院士，在20年前被查出患有癌症，经过2次开刀6次化疗，如今的他依然精神抖擞，健步向前，奋战在科研的战线。

他是如何做到的呢？很多人都好奇他是怎么熬过来的。

"命和超声电机，我两个都要！"这是赵淳生院士发自内心的坚定心声。

2000年，在赵淳生准备大展拳脚研究与发展行波超声电机时，却被诊断出了肺癌。医生建议开刀，他很果断说："开刀就开刀，马上就开。"然而一波未平，一波又起，肺癌术后4个月，赵教授又被查出胃癌。短短几个月，他便进行了2次手术，6次化疗，直接瘦了26斤。而手术都还没拆线，赵淳生就在病床上继续搞研究，家人又急又担心，问他到底是要超声电机还是要命，赵淳生答："我两个都要！"

癌症，终于因赵淳生院士的顽强斗志而让路，如今83岁高龄的赵淳生院士依然健康地活跃在科技的一线。

在昨晚的电视里，赵淳生院士谆谆告诫全国科技战线的青少年，要成材必须具备的四个条件：

一是要为祖国而奋斗，这是人生最大的动力，没有这个是不行的；二是要勤奋；三是要创新；四是要坚持，如果不能坚持，可能到头来什么都没有。

虽然赵院士的话不长，可是句句良言，字字珠玑，这既是他一生成功的总结，也是一切科学家、科技工作者成功的必由之路。

让我们在科技工作者日的特别日子里，记住赵院士的这四条成功经典：一为祖国；二要勤奋；三要创新；四要坚持。牢记这四条，在成长的道路上奋勇前进。

2021 年 5 月 31 日

扭住重点不放松

我们每天都有大量的事务要处理,都有任务与指标需要完成,在千头万绪的工作中,难免会顾此失彼,难以兼顾。过了一段时间,再回过头来看,在忙忙碌碌中是做了一些事,但最重要的目标可能并没有完成,最重要的计划可能一再被延误。出现这种情况,关键是我们没有确定重点,没有重点就没有政策,没有重点就没有方向。没有重点,也就无法集中精力、无法集中时间来攻克这些重点。

重点,就是相对比较重要的事。重点,就是相对比较重要的目标、指标与任务。比较,是确定重点的关键;权衡利弊,才能确定重点。

重点,就是优先的顺序。顺序,是我们路线的先后秩序。秩序,是我们稳定与效率的基础。确定重点,就是确定秩序,就是确定我们的路线图。

重点,就是大局。大局当先,必须放在首位推进,必须千方百计争取完成重点,必须全力以赴保证重点。重点突破,才能推动全局发展,重点始终是影响全局的核心与关键。

知道了重点的重要性,并不等于就能推动重点了。之所以无法推进重点,除了需要明确重点外,还有更难的事,就是推进重点是难度很大的一件事,是比普通工作要困难大得多的事。

人们往往习惯于避重就轻，拣轻的挑，挑熟的做，选容易的干，一般不愿主动加压。重点工作的难度大、涉及面广、新的挑战多、风险性大，做好重点工作，完成重点指标，落实重点任务，就必须进行开拓，就必须创新，就必须面临可能失败的挑战，而让人们接受这一切并不容易。

为了完成重点工作，第一必须要确定重点，并按优先顺序排列；第二，该放就放，不能期望什么都要。在精力与资源有限的情况下是很难做到面面俱到。如果我们重点目标实现了，还有什么放不下的？因此必须集中精力与资源，集中目标，确保重点计划的实施，确定重点指标的落实，确定重点目标的完成；第三，要有恒心，要有耐心，要有坚强的意志力，要经得起诱惑，要心无旁骛，要有开战必胜的信念，要扭住重点不放松，务必让重点开出胜利之花；第四，有时候，在完成了重点之后，如有精力，可以涉足一些非重点工作，可以调节疲劳，同时重点与非重点也时常在相互转换之中，非重点在不断量变积累中，也有跃升到重点的可能。

"伤其十指，不如断其一指"，在某个时段内，重点只能一个，当出现多个重点时，必须有优先顺序，否则四处出击，而精力与资源有限，往往难以成功。

重点的确定与推进，是一门艺术，这不仅是理论的研究，还有实践的创新，更多的是心血的付出，只要坚持下去，付出总会有回报，重点总会能突破，突破之后的天空，必将更加湛蓝；突破之后的道路，必将更加广阔；突破之后的成就，必将迈入一个新高度。

2021年5月31日

如何迎接"3060"的双碳目标

2020年9月22日,国家主席习近平在第七十五届联合国大会一般性辩论会上表示,中国将提高国家自主贡献力度,采取更加有力的政策和措施,二氧化碳的碳排放力争于2030年前达到峰值,努力争取到2060年前实现"碳中和"。这就是"3060"双碳目标。为了迎接双碳带来的机遇与挑战,实现未来双碳目标,要注意四个方面:

一是光伏新能源的快速发展与可能带来新一轮风险。光伏现在新一轮的快速发展,比任何时候都要热情高涨,可能出现的问题是新一轮产能过剩以及产业链严重不配套的新风险。我们要避免再次出现危及行业健康发展局面的情况,大起大落是新能源发展的一个特点,为了不让新能源发展再次受到影响。新能源的发展思路应该是"产业协同、稳中求快"。

二是土地资源的局限与光伏快速发展的相互不匹配。由于光伏对土地资源需求很大,现在的光伏电站建设往往遇到土地难题,要研究如何适应光伏大规模化发展的课题,同时又要贯彻节约用地,

---

这是作者在第十五届上海SNEK国际会展领袖对话会的讲话稿及补充

要大力发展多种新型的光伏发点，如分布式、建筑光伏、屋顶光伏等，对这些光伏发电都应有相应的鼓励政策支持。

三是新技术出现可能带来的影响。新技术不断在出现，有利于双碳目标的实现，但也要分析这些新技术对光伏行业的可能带来的影响，比如核聚变技术最近取得了巨大的进展，据预测，2050年我国将建成首个商业化核聚变电站（实际可能会提前），届时，我国将开始实现核聚变氢能的商业化大规模应用。核聚变产生氢能的办法，是目前传统产生氢能办法的一次革命性变革，一旦投入使用，会对现在氢能制造的格局变化产生深刻的影响。

四是注意海外市场的风险。我们还要注意国外对我们新能源技术发展方面可能出现的限制问题以及疫情的不利影响。现在以美国为首的西方世界处处在高端领域打压中国，在新能源领域也不会例外，对此我们应有足够的应对措施。同时现在全世界的疫情远没有结束，不少国家与地区的疫情还在加重，疫情对全球范围内的正常交往与新能源发展，都会带来无法低估的重大影响。

国家刚公布了支持与鼓励三胎的政策，这一政策意味着中国人口将会有望稳住，人口老龄化问题也将得到较好地解决。每一个新生儿的诞生，也就意味着要消耗更多的能量，因此我们新能源工作者的责任也就更大。

让我们继续努力，为中国新能源事业的发展而贡献我们的力量。

2021年6月2日

我的老师陶文铨

（西交大1973届锅炉31班）

陶文铨老师是我在西安交大读书时的传热学老师，因为都是浙江老乡，而且我对传热学这门课程很喜爱，所以我就有很多接近陶老师的机会。陶老师治学严谨而又平易近人，听他的课是一种享受，你会感受到一股蓬勃的活力；与他交往是一件非常愉快的事，因为你可以从他的谈话中得到很多教益，受到很多启发，陶老师给我留下的印象是深刻的。

我们上学那时还没有恢复招生，学生少，一个年级只有一个班，我们锅炉31班也只有30多个学生。这30多个同学中，只有我一个人是浙江人。西安交大是1955年从上海西迁而来，老师大多是江浙人。陶老师对我这个老乡很关心，有时周日请我在他家吃饭。当时他的家也很拥挤，是临时住宿，只有一个大间，陶老师很多创造性的教学成果就是在这样的艰苦环境下完成的。

陶老师是老来得子，爱人在纺织厂工作，那时一家三口，虽然生活条件艰苦，但其乐融融，每次去陶老师家都能感受到家庭的亲切氛围，让我这个离家千里的人，备感温暖，感到家其实并不遥远，就在身旁。在大学期间，陶老师是在各方面都对我帮助极大的一位老师，从他身上看到自己的努力方向。

后来毕业分配,学校想让我留校,但由于"文革"使招生停顿,当时毕业生奇缺,我属四机部的统分名额,部招办不同意放弃我这个毕业生,因此毕业时其他同学都已离校,而我在学校与部之间的协商中等待分配。在僵持了两个月后,我向学校表示不再坚持了,按部统分,就这样我离开西安交大到了工作岗位(现在的十一科技,那时称电子十一院,当时在四川绵阳,后搬迁到成都)。那时我在心里还是想回到西安交大继续深造,在如此有名的大学研究、教学与工作是多么一件幸福的事呀?在国内大学中最具影响力的锅炉教研室工作,是多么光荣的一件事呀?能与陶老师这样喜欢我的老师老乡一起工作,该是多么快乐的一生呀?因此恢复研究生招考时,我踊跃报名,但每次考试,我的总分虽然都不低,但由于高等数学单门课未达录取线,因此三试未中,逐渐地心灰意冷,后来放弃了去西交大读研究生的念头,决定安心在电子十一院工作,在岗学习深造。由于屡试未中,总觉得脸上无光,不好意思见老师,以后虽然长期担任西安交大四川校友会会长,时常在成都接待西安交大的一些领导(包括校长与书记),但我极少回母校,不去惊动当年教过我课的那些老师们,包括陶老师。

西安交大在改革中日新月异,焕发出蓬勃的生机,我也不断听到来自母校的好消息,我当年的传热学老师陶文铨以他卓越的教学科研能力,当上了中科院院士,这让我们感到非常自豪。后来我又在中央电视台《开讲了》节目看到他,他现在是西安交大与教育界的杰出代表,是西安交大的一面旗帜,喜讯传来,我备感振奋与鼓舞,而陶老师一如既往,学者风范,人生榜样,这让人无限崇敬,只是现在知道陶老师的人更多了,他是个全国性的人物了。

虽然离校45年来，未曾与陶老师通过音讯，但先生的风采始终是一面光亮的镜子，照耀着我不断前进，让我时时感到惭愧，让我不敢懈怠，让我一直努力。特别是陶老师忠诚党的事业，不懈奋斗的精神，更是我们学习的光辉榜样，一直鼓舞着我在岗位上努力奋斗。每当我有些成绩时，我会想到陶老师的努力与勤奋，让我自感不如而加倍努力。

时光飞逝，岁月易逝，一切都会过去，唯有美好的记忆永在，我时常想念在西安交大渡过的那些虽然物质贫乏但精神富足的日子，想念在西安交大渡过的青春岁月，想念老师们曾经给予的亲切教诲，想念陶老师的学者风范与魅力风采，谨以此文表达我对母校的热爱之心，表达我对陶老师的敬意之情，敬祝老师们身体健康，一切顺利！

2021年6月2日

年年开花今独艳

——SNEC第十五届（2021）国际太阳能光伏与智慧能源（上海）大会巡礼

  一年一度，第十五届SNEC盛会又在上海隆重开幕了，这次会议参展厂家有1300多家，展览面积达28万平方米，共17个展馆，参观的有几千家与新能源有关的企业，约10万人次的观众流量，场面壮观火爆。

  这是"3060"双碳目标提出后的第一次新能源盛会。中国国家主席习近平在2020年9月22日联合国大会上，首次提出中国的减排目标是：在2030年实现碳达峰，在2060年实现碳中和。这是这个庄严承诺后的第一次新能源盛会，是对全国新能源的一次全面检验。

  这是担负神圣历史使命的大会。新能源，过去曾是一颗幼苗，不被人重视，不入主流，但新能源在曲折中顽强生长，现在已是参天大树，担负着国家与人类的神圣使命。未来的新能源，一定是国家能源的主力，否则就无法实现习总书记提出的双碳目标。

  这是一个场面十分火爆的大会。第十五届SNEC是规模最大、参展企业最多、出席人数最多的一次大会。我走了约一半的展馆，发现几乎每个展馆都是拥挤的人群，场面非常火爆，反映了人们对发展新能源的巨大热情。国家承诺，是最大的机会；市场驱动，是最大的动力；完整的产业链，是中国新能源的最大竞争优势；完全控制住疫情，是中国新能源界最大的幸运。火爆的会展业，把周边的旅店业、餐饮业、商业、航空、交通等，全部带活，这火爆场景世上如今绝无仅有，只出现在中国。

这是给建党 100 周年献礼最好的礼物。中国在全球新能源领域处于领先地位，这是中国人民值得自豪和骄傲的。这次盛会展出了中国新能源一系列最新的技术，描绘了实现双碳目标的路线图，这是中国新能源界长期锲而不舍奋斗的结果，也是献给党 100 周年的最好礼物。

"年年开花今独艳，明年花开更红火"，这几天参加第十五届 SNEC 会展，沉浸在与老友新朋欢聚的快乐中，沉浸在对历年 SNEC 会展的快乐回忆中，沉浸在对明年 SNEC 会展的热切期待中，沉浸在依依不舍的告别中，让我们以不倦的努力，以更加丰硕的成果，在明年再相会！

2021 年 6 月 4 日

别错过机会

机会，一旦失去很难再找回。机会，一旦错过永远难追。

一步赶不上，步步赶不上。因为抢占机会者，有先发优势，一旦这个先发优势成为气候，成为浪潮，后来者追赶就会很困难，以至于不得不放弃这个领域，换道而行。

错过了机会，就是错过了优势。错过了机会，就是错过了优势的获得，错过了优势的积累，就无法赢得主动，就会在竞争中处于不利的地位，就会出现被动挨打的局面。

错过了机会，就无法进入新的赛道。错过了机会，就无法参与新一轮的竞争，就需要花更多的代价去重新赢得进入的机会，而有时重新进入已无机会。

对待新事物，要保持足够的敏感。新生事物，代表着事物发展的方向，我们可能一下子不熟悉，但可以抓紧学，可以深入下去学，切不可以不理不睬，新的东西可能正是新的机会所在，新的知识正是增长的动力，新的领域正是发展的未来，要保持对新事物的高度敏感。

领先时，再发力，拉开差距。取得领先地位时，不要松劲，要建立起高高的优势，让对手无法超越。如果一领先，就放慢脚步，那么对手很快就会超越我们。任何优势，都是相对的；任何优势，通过努力都是可以获取的。

落后时，要紧追不放，缩小差距。当处于暂时落后时，要紧追不放，尽力缩小与对手差距，别让对手领先的优势进一步扩大。差距一旦扩大，再想追上并超越对手，难度极大，可能性越来越小，因此必须紧追不放。

并肩时，找准机会，奋力超越。当与对手并肩时，要找准机会，集中力量，实现超越。集中力量，才能办成大事；集中力量，才能办好大事。选准超越的时间，选准超越的节点，积蓄力量，形成爆发点，实现奋力赶超。

无奈时，完全放弃，另择新路。当在某个领域里追赶，与对手的差距日益扩大而无法接近时，要换个新的思路，要果断放弃原有赛道，要敢于创新，另选新的赛道，另辟新的方向，另择捷径，实行弯道超车。放弃，虽属无奈，但也是一种勇气与智慧，也是一种进步，也是一种果断，是一种明智的选择。

我们所处的时代是发展迅速的信息时代，机会在路上，转型在路上，创新在路上，变化在路上，风景在路上，只要紧紧抓住每一个机会，就会一步一步到达梦想的彼岸，就会永远保持青春的活力，就会永续发展。

任何国家，任何地区，任何企业，其发展总是在把握机会中

2021 年 6 月 5 日

音乐是美好的

由四川省音乐家协会等单位主办的《心声：赵振元、彭涛音乐歌曲集》碟片与《赵振元、彭涛著：原创音乐歌曲背后的故事》一书，明天下午3点将在成都百花潭公园剧社同步举行首发式，在彭涛老师、太太小平、姚虹及蒲李虹同志的精心策划下，这将是一场时下国内不多见的精品音乐盛会，钟丽燕、代涛、史倩、黄华等一大批杰出的歌唱家将亲临现场，与大家一起分享音乐的快乐，共享艺术的魅力，这将是难忘而快乐的时光，由于现场容量有限，演唱会将通过微赞直播，让场外的所有朋友们共享这一快乐而美好的时光。

跻身音乐，纯属偶然。2004年国庆，为庆祝院庆40周年，我作词了《十一科技的梦想》，并托人请到彭涛老师谱曲，过了4年后，首次见到彭涛老师，从此拉开了我们共同创作音乐歌曲的路程，一作就是28首歌，从企业歌曲，到城市系列歌曲，到亲情歌曲，到颂党、颂祖国、颂祖国大美山河的歌曲，歌声响遍各地，中央电视三套《向幸福出发》的黄金栏目，多次播放我们作的《小宝宝》《老伴》《妈妈》这3首歌曲，大家这么喜爱我们的歌曲，让我们备受鼓舞。

投身音乐，这是必然。音乐，一旦与你结缘，你便无法离开，因为音乐跳动的是艺术的音符，愉悦的是心灵的快乐，鼓舞的是奋斗的精神。

继续音乐，踏上新途。生活还在继续，发展还在继续，一切都在继续，创作就不会停止，更新更美的时代给了我们创作的灵感，更加丰富内容的生活还在等我们，我们还会继续创作出更美的音乐。新的时代，需要新的歌声；新的未来，需要新的音乐。

我爱诗歌，我爱音乐，我们之所以有勇气不断突破自我，不断超越自我，不断战胜困难，不断创新未来，音乐与诗歌是我最大的精神支柱。

生活，是永不枯竭的创作源泉；岗位，是永不谢幕的大舞台；生命，是音乐的华彩乐章。

"仰望巨人，我们心潮澎湃；创新未来，我们同样信心坚定。"这是我在几年前立下的自勉，也是我一生行动的指南。

我们将从音乐中获取前行的巨大力量，将从音乐中寻找美好明天的方向，将在音乐中感受快乐人生，将在音乐中演绎精彩人生

音乐，诗歌，是我一生的追求！

2021 年 6 月 5 日

一切都在继续

昨天,《心声:赵振元、彭涛音乐歌曲集》在百花潭公园剧社举行了隆重的发布会,四川省文联与音协的主要领导亲自出席这个发布会,并发布了热情洋溢的讲话,对这次发布会充分肯定。来自国内一流歌手精彩演绎,来自各地的朋友们快乐聚集,通过微赞直播超过 30 多万人次在线观看量创下了新的纪录。国内多家主流数字媒体央视网、人民日报社数字联播网、人民网、中国发布网、中国青年网、腾讯新闻、搜狐新闻、今日头条、凤凰财经、中访网、东方财富网、凤凰客户端、华西都市报封面新闻、四川文联现代艺术网等十多家主流媒体广泛报道转载这次发布会。

这是人们对建党 100 周年的巨大热情,这是人们对原创音乐的热切期待,这是对人们对首发歌曲的浓浓兴趣,这是线上线下对一大批歌星的热烈追捧。

在繁华过后,是平静的生活;在荣誉过后,是再出发的准备。在人们的期待中,我们将开始新的生活,开始新的创作,新的更加紧张的生活在等着我们,我们没有停下来的可能;新的更加的丰富的生活在召唤着我们,我们没有停下来的愿望;更多的殷切的期待目光在注视着我们,我们没有停下来的理由。

一切都在路上。发展总是有起点而无终点,一切都在路上,每一段赛程，都是新的考验；每一段赛道，都是新的开始；每一段角力，都决定着未来。一切都是新的起点，一切又开始回到原点，一切从零开始。

一切都在路上。前行的路上，不会风平浪静，充满激流险滩，充满荆棘塞途，充满严峻考验，但真正的战士总是勇敢面对现实，面向未来，不断用新的创造开辟新的道路，不断用新的胜利鼓舞前行的信心，不断用持续的新动能加快前行的速度。

"长风破浪会有时，直挂云帆济沧海"，既然已经踏上了路，就要继续走下去；既然已经启航，就要扬起风帆，让梦想到达理想的彼岸；既然已经看到胜利的曙光，就要看到阳光的升起，让阳光照亮大地。

播下的种子已经发芽，就要让它茁壮成长吧！

2021 年 6 月 7 日

数字经济的春天

今天上午，成都市原老领导、信息产业的资深专家——我26年前的党校老同学郝康理来院，给我们作了一个重要的报告，报告的全名《加快产业数字化转型，拓展数字时代新经济发展新空间》。

他在报告中引用了习近平总书记一段重要讲话："我们要乘势而上，加快数字经济、数字社会、数字政府建设，推动各领域数字化优化升级。"这段讲话在2020年第21期《求是》杂志刊登的题为《国家中长期经济社会发展战略若干重大问题》的文章里。

康理以他丰富的领导岗位经验与精心的准备，娓娓道来，生动讲解，既宏观在握又微观深入，给我们描绘了一张数字经济的全景图，给大家启了个数字经济的蒙。从大家全神贯注的态度看，大家对这一课是很欢迎的，实际效果是很好的，大家普遍受到一场数字经济的冲击与洗礼，为迎接数字经济的浪潮作了必要的普及。

数字经济已经成为一股滚滚浪潮，走进我们的生活，数字经济成为我们现代生活不可分割的一部分，其影响力日益扩大。从"双11节"消费狂潮看，成交额逐年快速增长。2020年，天猫"双11节"销售额为4982亿，京东"双11节"销售额为2715亿（不是1天，是11天）。

无论是旅行，还是购物，我们都离不开手机；无论是工作，还是休闲，也都离不开手机；无论是制造，还是消费、生活与娱乐，都离不开数字平台。现在，离开了网络，我们几乎都无法生活；离开了数字经济，就无法实现高效，无法有竞争力。

数字经济的头部企业已经获得了巨大的成功。腾讯、阿里巴巴、京东、百度、滴滴、美团、58同城、亚马逊、谷歌等是新经济的头部企业，是领航数字经济的先锋。这些企业的规模日益扩大，增长迅速，与我们日常的生活关系密切，以至我们在日常生活中，或是在国内外，如果想生活得更加便捷与幸福，都已经无法离开这些新经济的头部企业。

数字经济的发展是一个过程，但速度明显在加快。目前，数字经济的发展正在迅速推进中，呈现出多样的业态，国家关于数字经济的统计与管理已经在快速规范中。

数字经济不是万能的，但没有数字经济是万万不能。数字经济的发展，离不开实体经济，它与实体经济一起组成现代新经济。制造业离不开数字平台，这是因为数字平台是一种强有力的工具，在现代社会里，需要有快速传播的媒介，把商品、产品与服务，通过消费类、生活类等重要的数字平台，最快地送到消费者手中，满足消费者的需要。数字经济也离不开制造业。商品、产品是制造出来的，服务是由人或人工智能提供的，再好的数字平台，如果没有好的产品、商品与服务，数字平台无法发挥作用。因此制造业、服务业与数字经济是相运而生、共同发展。

这样就有两方面的思考，一方面，制造业本身需要向数字化转型，否则无法实现人工智能，无法实现产品的高质量；另一方面，商品与产品的销售，服务的实现，必须依靠四通八道的网络，否则再好的商品也无法快速实现其价值，线上线下一起发力，才能迎来市场的春天。

转型不是万能的，不转型是万万不能。我们看到当年曾经辉煌的家电制造业，由于未能及时转型，或虽有转型仍不彻底，品牌影响基本仍然停留在传统的制造业上，未能在数字经济中开辟新的天地，因此产业发展就很被动，就会让那些新经济头部企业牵着鼻子走，使自己从神坛上跌落下来。

工程设计行业的数字化转型刚开始，我们还有很长的路要走，康理今天生动的一课为我们指明了方向。

坚持持续转型的战略，坚持原创的首创精神，坚持双轮驱动战略，坚持"三化战略"、四项基本战略与八项同时并举战略，坚持向数字化、高端化转型，是我们正确的方向。

2021 年 6 月 8 日

要从源头抓起

源头，就是事物的起因，是事物发展的源泉，是事物发展的主要原因，是决定事物发展方向的基本力量。

我们的市场开发、过程控制、抢占机会、管理改进与选择突破方面，都必须从源头抓起，才能起到良好的效果。

抓源头，就是抓事物的本质。现在的事物往往很复杂，千头万绪，让你不容易看懂。但如果你循着事物的发展轨迹看，就会发现总有一些关键的因素决定着事物发展的方向，我们必须找出这些关键因素并予以逐一解决，才能促进事物朝着既定的目标发展。本质与现象是揭示事物内部联系和外部表现相互关系的一对辩证法的基本范畴。本质是事物的内部联系，是决定事物性质和发展趋向的东西。现象是事物的外部联系，是本质在各方面的外部表现。我们必须要透过现象看本质，并努力实现其积极的相互转化。

抓源头，就是抓起因，抓根源。根源，就是事物发展的起源，是事物发展最初的状态，是决定事物发展的根本原因。任何事物都有源头，千里滚滚长江也有源头。长江的源头即通天河的几个源头，在青藏高原腹地昆仑山脉和唐古拉山脉之间。现在人们认为长江有三源，北源楚玛尔河、正源沱沱河、南源当曲。找到了长江三源，保护长江也更有了明确的目标与方向，那就是要保护好长江的源头，保护好长江漫长的沿线，不让其受到任何的污染。

抓源头，就是抓主线。任何事物的发展都有一个起源与发展的过程，而在这个过程中，往往存在一根清晰的发展主线，这根主线决定并影响着事物的发展趋势。我们的责任就是要发现这根主线，并努力去抓住这根主线，影响这个主线，实现我们的目标。主线是决定事物性质的主要矛盾，只有解决主要矛盾，才能推动事物的发展。

从源头抓起，有立杆见影的效果。解决问题，必须从源头抓起，抓住事物的主要矛盾，抓住事物的关键，才能起到事半功倍的作用，才能立杆见影。否则，无法改变事物的性质，无法改变事物的方向，无法实现我们的目标。

从源头抓起，才能有效果。这个道理在我们日常生活中也屡见不鲜。比如现代社会，人们生活水平高，人们进食过多，营养过多，应酬多而运动少，体重超重是一个普遍趋势，控制体重增长是成为人们普遍面临的挑战。控制体重与减肥，各种形式的健身运动当然是最好的选择之一，但有效调整饮食结构、控制进食量，从源头饮食的质与量上控制，会更加有效，如果两者能够结合起来，以控制饮食为主，辅之以一些适合与自身的健身运动，长期坚持下去，一定会收到良好的控制效果。

2021 年 6 月 10 日

第五大洋来了

《环球时报》2021年6月10日刊登来自侯涛的报道,世界地图要改,第五大洋来了,全文如下:

世界地图要修改了?美国国家地理学会8日庆祝"世界海洋日"的到来,同时它宣布,南极洲周围海域将被称为南大洋,也就是世界第五大洋。美国国家地理学会地理学家泰特说:"南大洋早就被科学家们认可,但由于国际还未达成协议,我们就没有正式承认过南大洋。"

自1953年美国国家地理学会开始绘制世界地图以来,制图人员就将海洋划分为四大洋——大西洋、太平洋、印度洋与北冰洋。而围绕南极洲的这一片海域被视为大西洋、太平洋和印度洋的延伸海域。

美国哥伦比亚广播公司称,南太平洋是海洋生态系统至关重要的部分,也是南半球的焦点之一。美国海洋科学家塞思表示,南大洋的独特魅力在于"冰川更蓝、空气更冷、海底山脉更吓人、风景比其他地方更迷人"。美国国家地理学会称,南大洋将受到和四大洋一样的待遇,它将被收录在世界大洋科普书中。

2021年6月10日

美国富豪避税法遭曝光

《成都商报》2021年6月10报道，财富增长38亿却交税0美元，美国富豪避税法遭曝光。涉及贝佐斯、巴菲特、微软公司创始人比尔·盖茨等，美国财政部启动调查。

"为了人民"（ProPublica）网站称，掌握了美国国税局长达15年的海量数据，涉及美国数千名最富有的人的纳税申报单、税务信息显示，几乎每位富豪都曾在某些年份里，根本未交纳过联邦所得税。2007年，当时的亿万富翁、如今的世界首富杰夫·贝佐斯没有交纳一分钱的联邦所得税，而他的财富却增长了38亿美金。投资人"华尔街之狼"卡尔·伊坎曾两年交纳税费为零。"金融大鳄"乔治·索罗斯曾在2016年至2018年间，连续三年没有交纳过联邦所得税。最为惊人的是要数巴菲特，他的财富在5年间增长了243亿美元，但数据显示，他共交纳了2370万美元的税款，实际交纳税率为0.1%。

不过，报道指出，这并不意味着他们涉嫌任何违法逃税行为。那么，这些富豪究竟是如何做到"合理合法"避税的呢？

方法之一，持有大量不动产，领1美元年薪。据外媒分析，这些富豪的财富大都来自公司股票、房地产等资产价值的飙升。但根据美国法律，除非出售这些资产，否则这些收益不属于应纳税收入。比如，贝佐斯的工资一直为每年8万美元左右，与美国中产阶级水平一致。但自2006年以来，亚马逊的股价一路飙升。在大多数年份里，贝佐斯的财富增长远远超过他向美国国税局申报的收入。而对比之下，大多数依靠工资收入的美国人，几乎每一美元的收入都会被直接扣税。

方法之二，"入不敷出"，获税收抵免。此外，根据税务信息显示，富豪们在某些年份的损失完全可以抵销掉自己的所得税帐单。比如，2007 年，贝佐斯申报的收入仅有 4600 万美元，但同时他用间接投资的损失，及债务利息费用等各种扣除额来抵销了所赚的每一分钱。2011 年，贝佐斯的财富约为 180 亿美元，但他提交的纳税申报单显示，那一年自己的投资亏损超过了收入。更值得一提的是，根据美国税法，他因为"收入太少"，还成功为自己的孩子申请并获得了 4000 美元的税收抵免。

方法之三，抵押资产，借债等于赚钱。那么，亿万富翁们如何在低薪水、不卖出自己股票的同时，支付自己的巨额开销呢？根据公共文件和专家的说法，答案可能是大量借钱。对于这些超级富豪而言，这可能是一种不用产生收入，也不用交纳所得税就能获得数十亿资产的"妙招"。具体算帐方式："如果你拥有一家公司并拿着一大笔年薪，就需要为年薪支付 37% 的所得税。如果卖出股票，就要交纳 20% 的资本收益税。同时失去对公司的部分控制权。如果贷款的话，你只需支付个位数的利息，还不用交税。而由于这部分贷款必须偿还，美国国税局也不会将他们算为收入。综合计算，你付给银行的利息比需要交纳的所得税要少很多。而你仅需要做的就是，将资产抵押给银行。"

2021 年 6 月 10 日

嘉兴的雨

每次到嘉兴,几乎都要遇到雨,雨,是嘉兴的美丽;雨,是江南的生命。

嘉兴的雨,是深深的革命情。100年前,一只红船在烟雨蒙蒙的南湖出发,从嘉兴驶向全国,驰向世界。嘉兴的雨,为这只红船保驾护航,这只红船中流砥柱,在100年的巨大的风浪中,昂首前进,给14亿人民带来幸福,给全世界带来希望。在这个烟雨蒙蒙的晨雾中,我沉思着,在美国的敌意下,无论7国玩弄什么把戏,都无法阻挡东方巨人的滚滚前行的脚步。因为红船给了大家信心,当年13个人的会议,如今成为人类史上的伟大奇迹;因为嘉兴的雨给了大家希望,滋润着这颗曾经的幼苗成为如今的参天大树。

嘉兴的雨,是难舍的家乡情。嘉兴,是我的故乡。我是嘉兴平湖人,童年的记忆总是抹不掉,妈妈的爱总在身边。江南细雨,难舍故土,梦回故里游子心。如今,嘉兴巨变,家乡巨大,成为绿水青山的榜样,成为现代化建设的典范。而我们在嘉兴的发展同样步入快车道,嘉兴分院的两栋楼成为我们在嘉兴的永久性办公地址与院党建中心,成为我们传承"红船精神"的重要教育基地。

嘉兴的雨,是浓浓的江南情。嘉兴是江南的一个缩影。我在很多年前写的朗诵诗《江南的雨》,成为诗歌朗诵的精品,受到各地人民的热捧，经久不衰。我作词、彭涛老师作曲、钟丽燕老师演唱的一曲《嘉兴美》也深得大家的喜爱。这些，都是我浓浓的嘉兴情怀，深深的江南情结。

嘉兴的雨，是再出发的鼓点。这几天将有一系列重大活动在雨中开展：

今天（6月13日）下午14:30分，"黄亚洲、赵振元庆祝建党100周年诗歌朗诵会"将在杭州图书馆隆重进行，将通过KK直播连接各地，这是亚洲老师与我继2019年9月"黄亚洲、赵振元庆祝建国七十周年诗歌朗诵会"的继续，这也是我们作为浙江人对故乡、对祖国、对党满腔挚爱的表示，国内诗歌界的顶级大佬将悉数参加，朗诵的都是亚洲老师与我的新作，而且都与庆祝建党100周年主题有关。亚洲老师是刚刚在央视黄金时段热播的《中流击水》电视连续剧的编剧，是当红的人物，他的《在历史转折关头的邓小平》电视连续剧同样备受全国人民的欢迎。我们认识到今，亚洲一直在诗歌方面给予我谆谆教导，帮助我迅速成长。

6月15日下午14:00，十一科技嘉兴党建中心将迎来一位尊贵的客人——中国作协副主席何建明老师，他将给我们带来"百年党史，热血信仰"的主题党课，建明老师目前是国内党课第一人，一般听众都要数千乃至万人以上，全国各地四处奔波，他能在百忙之中给我们现场只能容纳300人（直播4500人）亲自讲党课，我们备感荣幸。建明老师是报告文学第一人，他勤奋不怠，每年都有多部力作、大作出版。我们大家还热切期待的是建明老师将在现场给大家签名他的力作《革命者》《雨花台》。

6月15日晚上19:30分，将在南湖音乐厅举行太极实业（十一科技）庆祝建党 100 周年表彰会，在简短的会议后，将通过直播转播的庆祝建党 100 周年《钟丽燕独唱音乐会》，届时嘉兴籍全国著名女中音歌唱家钟丽燕将演唱她的庆祝建党 100 周年的新歌曲并签发她的建党 100 周年新碟片，太极实业、十一科技、南湖艺术团将共同献上诗歌与歌舞，表达我们与全国人民的共同心愿。建明副主席、有关方面领导同志与嘉宾将出席，可以预见这又将是继 6 月 6 日《心声：赵振元、彭涛音乐歌曲集》首发、6 月 13 日"黄亚洲、赵振元庆祝建党 100 周年诗歌朗诵会"后的又一庆祝建党 100 周年音乐文化盛宴。

愿雨中的美好，永在心中；愿雨中再出发的鼓，再次敲响；愿"红船精神"，再一次弘扬光大！

2021 年 6 月 13 日

钱江潮水奔腾急

——"黄亚洲、赵振元诗歌专场朗诵会"侧记，收视爆满，收视阅读量超 52 万，超出意外，刷新纪录

昨天下午 14:30 分，庆祝建党 100 周年"黄亚洲、赵振元诗歌专场朗诵会"如期在杭州图书馆进行。浙江省、杭州市的老领导与文学艺术界的著名人士悉数出席。中国作家协会诗歌委员会主任叶延滨、著名诗人桂兴华、著名评论家南鸥出席并作精彩点评，一大批国内杰出的朗诵家担纲朗诵。

外面下着雨，但主会场座无虚席，300 多个位置满满的，气氛热烈，外面还站着不少人，疫情期间也不能加座位，但挡不住浙江人民对艺术的追求与渴望，让人感动。朗诵会通过华语之声、KK 直播平台向全球直播。

节目主持人是乔雅。乔雅是著名主持人，曾在中央电视三台、凤凰卫视、浙江广播卫视等任职。

朗诵会特点之一：整个朗诵会主题鲜明、格调高雅、气势磅礴，其内容如下：

整个朗诵会分为三个篇章：

第一篇章　船、渡口与航线

《船从南湖出发》

作者：赵振元　朗诵：新凯

《渡口，有船靠岸》

作者：黄亚洲　朗诵：唐克

双人舞《梅妻鹤子·离别》

表演：杭州歌舞剧院

《南湖夜色美》

作者：赵振元　朗诵：严瑛

著名诗人桂兴华先生为第一篇章的诗歌朗诵作点评

第二篇章　足迹、平凡与崇高

《红嫂纪念馆》

作者：黄亚洲　朗诵：通哥

《太阳之光》

作者：赵振元　朗诵：碧涛

《中国美院，夏朋烈士塑像》

作者：黄亚洲　朗诵：朱建阳

访谈：中共一大代表王尽美之孙王明华及两位诗人黄亚洲、赵振元

《平淡、刚强与希望》

作者：赵振元　朗诵：雷鸣

著名评论家南鸥先生为第二篇章的诗歌朗诵作点评。

第三篇章　未来，生生不息

《富阳梓树村的布龙，舞起来了》

作者：黄亚洲　朗诵：杨苡

《再战仍是少年》

作者：赵振元　朗诵：天明

女声独唱《唱支山歌给党听》

演唱：杭州歌舞剧院　王璟

《杭州写给亚运会的一封信》

作者：黄亚洲　朗诵：席文

中国作家协会诗歌委员会主任、著名诗人叶延滨先生总结致辞

全场大合唱《没有共产党就没有新中国》

朗诵会后，还举行了一个多小时的"黄亚洲、赵振元诗歌朗诵会"学术讨论会。叶延滨主任、桂兴华、南鸥等50位诗歌界人士对朗诵会作出点评，为未来指明方向。亚洲老师与我出席了研讨会并讲话，向大家致谢。

朗诵会特点之二：大咖云集，是一次高水平的诗歌文化盛宴。

出席这次朗诵会的由中国作协诗歌委员会叶延滨主任、著名诗人桂兴华、著名评论家南鸥等名家，国内30多位诗人出席。浙江杭州的很多领导都出席，显示了对朗诵会的重视。朗诵家都是国内一流的顶级朗诵家，风采非凡，声情并茂，水平一流。

朗诵会特点之三：人气爆满，收视率达52万多，刷新同类规模诗歌朗诵会的纪录。我们原先估计应有3万～4万的量，但在朗诵会过程中，一再破纪录，让我们感到非常意外与惊喜，这说明人们对诗歌的爱好超出一般想象，这说明诗与远方，是人们真正的最爱，这说明人们对建党100周年的巨大热情，这说明这次策划的巨大成功，这说明了黄亚洲老师的巨大魅力。

这个纪录超过了6月6日在成都举行的《心声：赵振元、彭涛

音乐歌曲集》首发式 31 万多的收视纪录，让人感到意外，备感振奋。

唯有诗歌长响。诗与远方，永远是我们的梦想。诗歌，使我们更加年轻，更具活力，更有力量；诗歌，让我们脱离低级趣味，变得更加高尚，更有责任；诗歌，让我们信心更加坚定，对未来美好更加充满信心。

唯有音乐永恒。音乐，是跳动的心灵，诗歌是激情澎湃的音乐，音乐用歌声传递心声，诗歌用朗诵抒发情感。诗与歌，是一对兄弟，歌与诗，是亲密伙伴，永远不可分，永远不会离。

唯有友谊长青，唯有合作共赢。这是我与亚洲老师的第二次合作，我在采访时说，我这次的诗是 3 次创作，第一次是我的原创，第二次是亚洲老师的修改，第三次是朗诵家们的精彩演绎与创新表演。感谢亚洲基金会的精心策划，感谢各界的关注与支持，让我们实现了一个伟大的梦想，给建党 100 周年献上了一份厚礼！

"仰望巨人，我们心潮澎湃；创新未来，我们同样信心坚定。"

"与巨人同行，随巨人同行"一直是我的目标，也是我作为一个普通人最大的心愿，今后还将继续与巨人同行，与合作者共进。

再见了，美丽的杭州；再见了，沸腾的诗歌朗诵会；再见了，亲爱的朋友们，我们下次再见！

2021 年 6 月 14 日

管│理│随│笔 ❻

与党的一大代表王尽美的后代在一起

昨天的庆祝建党 100 周年"黄亚洲、赵振元专场诗歌朗诵会"上,很高兴认识了党一大代表王尽美的孙子——浙江大学王明华教授,很幸运,我的座位在前排与王明华教授紧挨着,这使我们有充分的时间近距离亲切交流。在朗诵会中场,组委会还安排了在主席台采访王明华教授、黄亚洲老师与我,王明华教授即席发表了动人的讲话,不仅他自己落泪,我们大家也为之感动。王尽美一生为党奉献与王尽美后代继承爷爷遗志,历经坎坷的经历让人感动,王明华教授自 1960 年起,就一直在浙江大学。

从资料上查到关于王尽美的介绍:

王尽美(1898 年—1925 年 8 月 19 日),原名王瑞俊,山东省诸城市枳沟镇大北杏村人,中国共产党创始人之一,山东党组织最早的组织者和领导者,在党的创建和早期革命活动中,做出了卓越贡献。

1921 年,作为代表参与中共一大会议。1922 年 7 月中下旬,出席中国共产党第二次全国代表大会。在终日的奔波中,王尽美积劳成疾感染了肺结核病,他以带病之身,奔走于济南、北京、上海、广州等地,1925 年 8 月 19 日,王尽美病逝于青岛,时年 27 岁。

2009年9月10日，被评为100位为新中国成立作出突出贡献的英雄模范人物之一。

党与历史，对王尽美的历史贡献是给予充分肯定的。

王明华教授平易近人的亲切态度，对科学技术刻苦钻研的作风，作为党的一大代表的后代，对我们和蔼亲切，让人印象深刻！在建党100周年之际，能见到王明华教授备感荣幸，我把我的《心声：赵振元、彭涛音乐歌曲集》与《音乐原创背后的故事》送给了王明华教授，并与他亲切合影，并加上微信，以便以后联系。

2021年6月14日

管 | 理 | 随 | 笔 ⑥

再到南湖革命纪念馆

今天一早,在我的带领下,院领导班子成员集体参观经调整充实后,重新开馆的南湖革命纪念馆。我已经多次来到南湖革命纪念馆参观了,在建党 100 周年之际,再次来到这里,有着特别重要的意义。

院领导班子成员分别在南湖革命纪念馆的广场、展馆内大厅处全体着正装合影。我还讲了话,希望大家传承红船精神、弘扬十一科技精神,全面反击,力争在下半年争取全面的胜利。大家都在誓言处进行了宣誓。

这是一次非常有意义的活动。为了避免拥挤,我们今天一早就去南湖革命纪念馆参观。为庆祝建党 100 周年,南湖纪念馆经过半年布馆准备,于 6 月 5 日刚重新对外开放。在建党 100 周年之前,由于全国各地来参观的人太多,我们能有机会进馆参观,是非常不容易的,是事先通过嘉兴当地联系安排的,否则要排队等候通知。听讲解员说,过去南湖革命纪念馆展出的只有 600 多件实物,这次展出的实物有 1100 多件,接近翻番。展出的内容得到极大的丰富,人物与事件的介绍,更加丰满,这就很大程度上满足了大家在建党 100 周年之际深入学习党史的需要。通过这次对南湖革命纪念馆的参观,对党史与党史中的重要人物,有了更进一步的了解。

这是一次红船精神的传承与十一科技精神的弘扬。习总书记倡导的红船精神："开天辟地、敢为人先的首创精神；坚定理想、不屈不饶的奋斗精神；立党为公、忠诚为民的献身精神。"我们要传承"红船精神"，而要把红船精神在十一科技落地——这就是十一科技精神："敢为天下先的改革精神、变不可能为可能的奋斗精神、诚信敬业协力创新的团队精神。"

在红船的出发地传承红船精神，弘扬十一科技精神，意义特别重大，因为只有现场的实地教育，感受才能最深。

这是一次再出发的动员。传承红船精神，弘扬十一科技精神，是再出发的动力与源泉，是再出发的动员令。精神，是企业竞争力的核心，是人的灵魂。有了精神，队伍就有了士气，企业就有了竞争力，就可以不断夺取新的胜利。有了精神，曾经丢失的，可以找回来；小的，可以变大；弱的，可以变强；没有的，都可以争取回来；可以从胜利走向胜利。而如果没有精神，不在状态，一切都会失去。

我们从南湖革命纪念馆出来后，又到了南湖红船处，瞻仰了这艘承载着特别使命的红船，我们伫立在红船旁，向这艘神奇的革命红船致意。

下午，我们将听取中国作协副主席、著名作家何建明老师的重要党课"百年党史，热血信仰"，我们期待着精彩。

2021年6月15日

听建明老师讲党课

昨天下午，中国作协副主席、著名作家何建明老师在百忙之中来到嘉兴，莅临十一科技嘉兴党建中心，为太极实业（十一科技）党员干部讲授"百年党史，热血信仰"的党课，让我们在建党100周年之前，受到一次深刻的党建教育，这对于我们坚定党的信念、坚定革命理想，更好地继承革命先烈与先辈的意志，更高地举起红色的旗帜，意义重大。

要知道，建明老师在全国各地的党史、党课之约太多，应接不暇，各地奔波，极其繁忙，他是一位最勤奋的作家，他是一位最辛苦的党建传播者。请到他来讲课，真是不容易，鸿伟、我与太极实业（十一科技）的党员干部都非常珍惜这一来之不易的宝贵机会。

这是一次深刻而生动的党课教育。建明老师从建党为什么是在上海而不是在其他地方、"一大"召开的准确日子、"一大"召开的细节以及为什么会转到嘉兴南湖、开创党伟大历史纪元的一群年轻人是哪些人、伟大导师列宁对中国共产党建党的指导及他身边的中国人等，这些事例与情节，在一般的党史书籍中是看不到的，但建明老师旁征博引，以充分的证据、生动的语言，向我们讲述这些细节，引起了我们的浓厚兴趣。

这是一次新鲜而丰富的党课。一个个我们陌生的革命先烈的名字，如"一号烈士"——金佛庄、张秋人、许包野、黄仁、顾正红、曹顺标、欧阳立安、袁咨桐等第一次进入我们的记忆，尘封的往事被揭开，断了的风筝接上了线，让我们陷入对革命烈士的无限思念中。而对邓中夏、陈延年、陈乔年的深入讲解，使我们进一步加深了对他们的敬仰。

这是《雨花台》《革命者》这两本重要著作的入门辅导。《雨花台》《革命者》是建明主席最新的两部力作，发行量都达数十万，在全国影响力极大，被很多电影、电视剧、歌舞剧作为素材，是当代流行的红色经典书籍。参加听课的党员干部每人都得到了建明老师的亲笔签名书，大家热切期待阅读这两本书，而今天建明老师的讲课，成为大家阅读《雨花台》《革命者》的入门向导。

这是一次再出发的动员。听了何建明老师的党课，大家心潮澎湃，都说回去要看看《雨花台》《革命者》，从中加深对革命烈士事迹的了解，把这些感动作为行动，成为再出发的动力。

党课结束，余音袅袅，心潮起伏，难以平静，在南湖听建明老师讲党课，具有特别的意义；在建党 100 周年之际听建明老师讲党课，增添了再出发的动力与勇气，让我们记住昨天的难忘下午。

2021 年 6 月 16 日

一个不眠之夜

记得6月15日那晚，我们在嘉兴南湖音乐厅进行太极实业党委"两优一学"表彰会与建党100周年《钟丽燕独唱音乐会》的晚会。晚会结束后，虽然已经晚上10点多了，但大家被快速增长的晚会收视率与阅读量鼓舞，情绪高涨而无法平静，主要策划人员与演职员等约着去吃夜宵以庆祝晚会成功。盛情难却，处于疲惫中的我，洗了一下，抖擞精神，与小平一起出席了这个晚上聚会，与钟丽燕、姚虹、士伟、欧阳东、李兰、郑琳、周励、蒲李虹、李雪婷等近20位朋友一起，度过一个难忘之夜。

那天晚上是难忘而快乐的，一边喝着啤酒，一边看着不断迅速上升的晚会收视率，收获着晚会策划成功的巨大喜悦，是多么难忘的夜晚呀！这种快乐的情绪不仅感染着大家，也感染着这家"董小姐小龙虾店"的店主，他（她）们很快加入到我们欢乐的行列。眼看收视率不断突破预想，到晚上12点时，突破了50万，这个数字逼近两天前——6月13日在杭州举行的庆祝建党100周年"黄亚洲、赵振元专场诗歌朗诵会"的53万的收视率。说实话，那时心情是矛盾的，一方面希望6月15日的晚会的收视率再上去，同时也希望6月13日的诗歌朗诵会53万的收视率纪录不要破。这时，我提出要回去了，让时间决定收视率是否能再提升。第二天一早起来，一看，6月15日晚上的收视率突破了62万，已远超6月13日的53万的收视率，让我们着实惊喜了一阵。

6月15日夜无眠，6月15日夜难忘，永在我们心中。

2021年6月15日

62万，再创新纪录

昨晚 19:30 分，嘉兴南湖音乐厅上演了一场精彩的文艺晚会，在太极实业（十一科技）党委进行了简短的"两优一先"表彰活动后，随即进入了庆祝建党 100 周年《钟丽燕独唱音乐会》的专场表演，由钟丽燕老师、太极实业下属（十一科技、海太半导体）单位、嘉兴南湖艺术团共同表演诗曲歌舞，演唱会通过华语之声、KK 直播公开转播，让大家共享这一庆祝建党 100 周年的共同喜悦。

这是一场文化的盛宴。在暖场歌舞后，节目正式开始，节目共分为三个篇章：

钟丽燕独唱音乐会

第一篇章　《光辉历程》

开场舞：红船颂

诗朗诵：《100 年前，红船，你在南湖出发》

作者：赵振元　朗诵：张林佩

独唱：《南湖夜色美》

作词：赵振元　作曲：彭涛　演唱：钟丽燕

《草原之旅》

作词：赵振元　作曲：彭涛　演唱：钟丽燕

伴舞：华东分院、内蒙古分院

《明月千里》

作词：贺东久　作曲：印青　演唱：钟丽燕

《妈妈》

作词：赵振元　作曲：彭涛　演唱：钟丽燕、张小平（特邀）

诗朗诵：《对一片日历的怀念》

作者：晓弦　表演：孙炜航

第二篇章　《伟大礼赞》

舞蹈：《欢乐的中国》

作词：赵振元　作曲：彭涛　表演：华东分院

诗朗诵：《新风吹万里》

作者：赵振元　表演：袁瑛

舞蹈：《戈壁之恋》

作词：赵振元　作曲：彭涛　表演：新疆分院

诗朗诵：《红色的书签》

作者：晓弦　表演：高原

第三篇章　开创未来

舞蹈：《不忘初心》

作词：朱海　作曲：舒楠　表演：海太半导体

诗朗诵：《南湖夜色美》

作者：赵振元　朗诵：严瑛　（系6月6日杭州黄亚洲、赵振元诗歌朗诵会作品，录制品重放，临时加入）

大合唱：《千流归大海》

作词：赵振元　作曲：彭涛　领唱：王晓娴　演唱：华东分院合唱团

大合唱：《跃进新时代》

作词：赵振元　作曲：彭涛　演唱：华东分院合唱团

大合唱：《百年党旗艳》

作词：赵振元、王晋川　作曲：彭涛

领唱：钟丽燕　合唱：华东分院合唱团

这些节目主题集中，形式多样，风格活泼，通过独唱、歌舞与诗朗诵的形式，高水平地、生动地表达了人们对建党100周年深厚情意，尽情讴歌了党100年来的伟大功绩。

这是钟丽燕粉丝们的快乐聚会。作为中国当红的著名女中音歌唱家，她有众多的粉丝，她甜美的歌声在歌迷中很受欢迎，《感恩》《小路》《请到青年突击队里来》《飘落》《明月千里》《女人花》《祝福祖国》等，都是她的代表作，这次她又带上了新歌《南湖夜夜美》《草原之旅》《妈妈》《百年党旗艳》等原唱歌曲，与大家见面，受到粉丝们的热烈追捧。

这是一个高规格的盛会。中国作协副主席、著名作家何建明老师在百忙之中出席了这个晚会，他不顾一天的疲劳，在下午连续讲完党课后，晚上再次与大家亲切相聚，这是对大家的最大的鼓励，晚会后他又连夜赶往杭州。嘉兴政协马兴华副主席在百忙之中出席了这个晚会，而身负重任的南湖区委朱苗书记专程从杭州赶回来，全程出席晚会，这让人深为感动。我的《南湖夜色美》的散文与歌，就是朱书记那个晚上陪我去南湖旁后创作的，我得感谢他。

这是一个让人陶醉的夜晚。钟丽燕的优美歌声在南湖的夜空回荡，这是作为嘉兴儿女对家乡的回报。而她与太太小平的合唱《妈妈》，则让人格外惊喜，歌声动人，配合默契，小平临时上阵，一点儿也不怯场，表现出色，受到好评。在悠扬旋律下的舞蹈，也显得精彩纷呈，动感十足。而诗朗诵则都表现出澎湃的气势与细腻的抒情。

这是一个惊喜不断的夜晚。随着晚会的进行，精彩不断。晚会一开始收视阅读量就冲上10万人次，后停留一段时间后，开始快速上冲，晚会闭幕时突破40万人次，晚上12点突破50万人次大关，到今天早晨突破60万人次，到现在已突破62万人次，再创新高。

从6月6日成都举行的建党100周年《心声：赵振元、彭涛音乐作品集》首发的31.20万收视阅读量，到6月13日杭州举行的建党100周年"黄亚洲、赵振元诗歌专场朗诵会"的53.18万的收视阅读量，再到6月15日在嘉兴举行的建党100周年《钟丽燕独唱音乐会》的62.12万的收视阅读量，不断刷新新的纪录，这反映的是人们对建党100周年的巨大热情，反映的是人们对诗歌艺术的热爱与尊重，反映的是人们对艺术家的认同，反映的是人们对新作品的肯定。在昨晚演出的11首歌曲中，我与彭涛老师创作的歌曲超过了80%，而诗朗诵，也都是我与晓弦的作品。作为作者，最大的快乐是作品得到大家的喜爱与肯定，而能在建党100周年之际，再一次唤醒大家的红色情怀，激发大家的斗志，是我的最大心愿。

10天内，连续作战，把建党100周年的庆祝活动进行到底，表示的是作为战士与团队对党的赤胆忠心。

10天内，纪录不断被刷新，奇迹不断被创造，这说明，能力虽有大小，但依靠团队，坚持创新，精心策划，就没有办不到的事，就一定能开辟新的天地。

2021年6月16日

北京艳阳

昨天抵达北京，北京刚下过雨，雨后空气清，雨后空气新，雨后空气晴。湛蓝的天空，白云朵朵，城市建筑在阳光下熠熠生辉，江水如此多骄，北京如此美丽。

北京艳阳，是一种暖阳。虽然有高温预报，但并不感到夏日的燥热，这是因为刚下过雨，空气中有湿度，而且在烈日下行走的时间也很少，工作场所、会谈室、餐饮、宾馆、商场都有足够的空调保障，候机室、机舱内、车内的空调效果也都很好。

北京艳阳，是一种美丽。湛蓝的天空，白云朵朵，时常看见有彩云挂在空中。蓝天、白云、彩云，这是一种美丽的组合，这是天空的美丽。在这种光线下，大自然变得美丽起来，人们也变得美丽起来，如这时候在北京旅游，北京的夏天应该会留下很多美好印记，可惜匆匆来，匆匆去，在北京只有一天的时间，一切都以工作为重，而无暇赏景了。

北京艳阳，是一种快乐。夕阳下，太阳的余辉照着，大地犹如披上一道金色的霞光，朋友们相聚在露天阳台上，喝着啤酒，品尝着美味佳肴，观赏着落日余辉，等着美丽夜景的来临，这是一种别样的风景。而在这种环境下，朋友们聚友情，谈合作，是一种别样的心情与机会。这一切，都是北京艳阳带来的，只有在艳阳下，才能有这样的景；只有在艳阳下，才能有这样的心情。

再见，北京，愿你永远艳阳！

2021年6月18日

管 | 理 | 随 | 笔 ⑥

不给对手任何机会

在市场竞争中，不能给对手任何机会，一旦给了对手机会，对手就会利用这些机会，获得喘息，迅速成长起来，你就会埋下后悔的种子。

这个小小的松手，意味着以后大大的失败，这使对手在日后超越你成为可能，那时，你会后悔莫及。

在市场竞争中，要毫不手软地打击对手，不能心慈手软。今天让一小步，明天会溃退一大步。市场发生转折，往往在一些关键的节点上，而我们在这些关键点上的轻敌，往往会成就对手。渐进的量变，到一定时候会出现质变。要领先做龙头，必须一步领先，步步领先，每一步都不能落后。尤其在一些关键的重要领域、关键的大项目之争，往往成为成败与逆转的关键。因此必须提前精心策划、集中全部资源，全力以赴，果断出手，争取胜利。

在市场竞争中，要多方寻求合作，最大限度地孤立对手。集中优势，团结一切可以团结的力量，联合一切可以联合的力量，最大限度地孤立与打击主要竞争对手，历来是我们的正确方针。组成强大的联合体，对手获胜的机会就会大大减少，我们的机会就增加很多。

在市场竞争中，最重要的还是要同自身作坚决的斗争。竞争力的增强，自主创新能力的领先，与客户关系的持续改善，永远替客户着想的理念，服务水平的不断提高，这些都深刻地影响着市场。当你把这些都做好了，你就会成为客户唯一选择保持住市场，也就成为大概率的事，这个时候，对手也就不会有任何机会了。当我们工作中的缺陷很明显时，竞争力就大大消弱，对手的机会就会增多。

　　有时候，市场的发展不以人的意志为转移，对手的成长往往也是挡不住的趋势，而公平的竞争也有利于我们自身的成长，有利于市场的健康发展，从这个角度看，竞争是推动进步的动力。一个成熟的强大企业，要敢于直面严酷的竞争，但最重要的是要练好自身的内功，不断加快自身的成长，提升自身的竞争实力与能力。要持续超越对手，要持续拉开与对手的差距，主要还是要靠自身的不断变革，靠自身的不断努力，靠自身源源不断的内生动力的产生。

2021 年 6 月 22 日

管 | 理 | 随 | 笔 ❻

西方没意识到中共改善民生的成绩

2021年6月22日《环球时报》发表新加坡前常驻联合国代表、知名学者马凯硕接受《环球时报》白云怡、于金翠的专访:

环球时报:您去年在新书《中国赢了吗?——中国对美国优先的挑战》中写道,今天的美国很像当年的苏联,而中国像当年的美国。这一观点非常有意思。您为什么这么说?今天的美国政治体系是否依然有足够的纠错能力,调整并制定出真正符合美国利益的对话政策?

马凯硕说,中信出版集团今年将出版这本书的简体中文版——《中国的选择》。我希望我的这本书对中国和美国都有帮助,因为我同时是这两个国家的朋友。我之所以说美国的行为像苏联,是因为当我在做研究时,偶然发现美国战略思想家、因提出对苏联采取遏制政策而闻名的乔治·凯南说过一段话——美国的全球地位将取决于以下四种能力:想知道自己要什么;成功应对自身内部问题;成功地承担作为世界大国的责任;富有精神活力。在当年的美苏较量中,美国在这四个方面都强于苏联,所以能赢得冷战。而今天,在中美之间,中国则在以上四个方面都领先于美国。美国没有听从战略思想家的建议,失去了内部的精神活力。我在这本新书中强调的一个关键点是:在过去的30年内,美国是唯一一个50%的低层人口平均收入下降的主要发达国家。

环球时报：您曾经说过，美国低估了中国共产党的韧性。您认为中共的韧性从何而来？西方对中共最大的误解和错判是什么？

马凯硕：西方对中共最大的误解是，它没有意识到，中共（作为执政党）在过去几十年中在改善民生方面的成绩，超过了中国历史上的任何一个政府。中国有8亿人摆脱绝对贫困，有三四亿人成为中产阶级。很多国家不明白中共为此做了多少工作。哈佛大学肯尼迪学院阿什中心去年做的一项有关中共的研究通过了严格的学术同行审查，该研究结果显示，中国民众对政府的支持率已从2003年的86.1%上升到2016年的93.1%。这是美国一项可信的学术研究。美国正在犯的另一项错误是，它无法理解中共在很多重要领域在不断改进和适应时代的发展。比如，中共是世界上最任人唯贤的政党之一，这是许多美国人完全不知道的事情。

环球时报：50年前的7月，时任美国总统国家安全事务助理基辛格秘密访华。您认为，在中美关系如此担忧的今天，回顾这段历史有什么特殊意义？

马凯硕：1971年7月基辛格访华是一次开创性的访问。它给世界上了非常重要的一课：大国之间应该永远保持对话，哪怕是像中国和美国这样曾直接有过战争的国家，不管两国间有多少不同，不管对彼此有多么糟糕的历史记忆，都必须相互对话。

环球时报：如果拜登不能扭转美国当下的对华政策，将会对中美关系和世界产生什么影响？

马凯硕：中美竞赛在未来十年中一定会加剧。但从世界范围来看，即使美国加大对华打压力度也依然会发现，只有极少数的其他国家会加入它对中国的全面打压行动。尽管有的欧洲国家口头上支持美国针对中国的行动，但私下还是发表了许多保留意见。举例来说，对德国的汽车行业而言，中国市场比美国市场更大，如果德国加入美国的反华阵线，那就是搬起石头砸自己的脚。

2021 年 6 月 22 日

调整与坚持

要想成功,坚持是必须的,任何事情都不会一帆风顺,特别是一个重大战略的落地需要有一个过程,一个重大项目的完成,也往往需要经历曲折的过程,会遇到很多想象不到的困难,如果没有坚持的精神,往往会半途而废,就不会成功。

其实,困难是一个可变的因素,你对它硬,它就会软;你对它软,它就会硬。只要我们持续努力,一切的困难最终都会让路,一切困难最终都会低头。

一切成功的企业,都是坚持的典范,腾讯、阿里巴巴、小米、格力、海尔等,都在发展的道路上克服很多难以想象的困难,在企业发展的初创时期,都经历过命悬一线的关口,坚持到底才有今天的成功。

每个人都在追求成功,但是否会成功,有很多原因,最重要的还是取决于意志与决心,取决于坚持的态度。坚持者,往往不怕任何困难,千方百计去克服困难,最终获得成功。

因此,坚决干下去的决心,坚持干下去的态度,变不可能为可能的精神,是我们成功的基础。

在我们的坚持中,环境会逐渐改善,条件也会越来越好,困难会逐渐让位于顺利,通向胜利彼岸的通道最终会被打通,我们的梦想一定会实现。

在我们的坚持中，量变逐步引起质变，当量变积累到一定程度时，奇迹就会产生，突破口就会被攻破，成功之门就会被打开。

在坚持中，往往有两种态度，一种是不管客观环境的变化，不顾一切地坚持，也不作任何调整，不计后果，最后失败而使坚持无法进行；另一种态度是，根据实际情况，作出及时、快速、必要、准确而果断的调整，使原来的决策更符合实际情况，使坚持更加有效果，避免失败、确保胜利。

显然，我们需要的是第二种态度，第一种态度表面是打着坚持的旗号，但实际上忘记了坚持的目的——为了成功。

调整，是为了更好地坚持；调整，是为了更有效地坚持；调整，是为了成功。有时候，不调整就坚持不下去，就会被碰的头破血流。

调整，有方向性的调整，有策略性的调整，有方法性的调整。有大调整，有小调整，有微调整，每一种调整都是对坚持的考验，每一次调整都是对坚持的推动，通过调整，更快、更好地实现自己的目标。

在调整中坚持，在坚持中调整。调整，永远在路上；坚持，永远是根本。调整，为了更好地坚持；坚持，推动调整更加顺畅。

2021 年 6 月 24 日

紧紧扭住机会不放

在市场竞争中,要紧紧扭住机会不放松,才能抓住机会。如果轻易松手,就会轻易给对手机会,而这些机会,往往会成为市场的某个转折,我们则会错失这些机会。要消除这些机会带来的不利影响,需要时间,有时候需要很长的时间。

紧紧扭住机会不放,就是要尽最大的努力,发挥出最大的优势。要作一系列的持续重大调整,要充分表示自己的诚意,直到拿到项目为止。

紧紧扭住机会不放,只有毫不放松才能抓紧。抓而不紧,等于不抓。不给对手任何机会,就需要树立起高度重视的思想,主要领导要亲临一线,快速反应,要集中全部有效资源,全力反击。

紧紧扭住机会,分析要全面些。要把困难想得多一些,把对手想得强大一些,要把竞争的各方分析得透彻一些,做的工作要深入一些,尽量早一些,我们的努力要更加到位一些,把握机会再果断一些,拿大项目的决心再大一些,资源的整合度再大一些,信心再足一些,这样对手的机会就会少一些。

紧紧扭住机会,信心是最重要。信心,就是对自己优势的认识,就是对自己力量的自信,就是对胜利的向往。每战必胜,这是必须要树立起的信念,是必须要鼓起的勇气,也是必须要做好的充分准备。

紧紧扭住机会，不到最后关头，决不放弃。只要存在一线希望，就要作百分之百的努力。在这种顽强精神的努力下，不可能会变成可能，奇迹就会产生。一个重大的胜利，就会改变市场的格局，就会动摇对手的信心，就会鼓舞团队的士气。

当然，市场竞争中，任何一个企业都不可能处处逞强，对手也不会没有机会，但只要我们坚持正确的理念，坚持"变不可能为可能"的精神，很多不可能的事就会变得可能，我们的失误就会少一些，发展就会快一些，与对手的差距就会大一些。

2021 年 6 月 25 日

决心大,行动快

决心,是成功的前提,行动,是成功的保证。决心大,行动快,就容易获得成功。

决心大,才能信心足。很多事的决策,难就难在犹豫阶段,而一旦决心下了,困难也就会迎刃而解。决心大,才能信心足,信心足,才能做成事。

决心大,就是要破釜沉舟,毕其功于一役,不达目的决不罢休。要集结与调动丰富的资源,全力以赴,精心组织,准备一场决战,准备一场大战。

决心大,就是要集中精力,全神贯注,要别无旁骛,在一段时间内,集中一个目标攻克之。三心二意,是做不好事的,精力分散而不聚焦,也是不会成功的。

行动快,就是定下来的事,马上要去办,说了算,马上办,而不是总是停留在口头上,迟迟落实不到行动上。行动太慢,再好的设想都会变成废纸一张,而果断行动,梦想就能成真,小小的思想浪花会激起滔天巨浪。

行动快,就能把握住机会,把计划变成行动,行动把蓝图变成现实。点点滴滴的成果,能更好地激励自己,增强自己的信心,提高行动的积极性。否则,总是犹豫不决,机会就会错过,再回过头去找机会，花的代价会很大，而且很可能没有机会了。走过这个村，没有这个店，重复的事毕竟太少。

　　行动快，对手措手不及。兵贵神速，在市场竞争环境下，任何决策，任何行动，都要考虑对手的策略与方法，慢吞吞地，就会让对手成为先发制人，就很有可能陷入被动。而快速行动，乘人不备，就会取得主动。

2021 年 6 月 26 日

一丝忧虑

昨天得到一个关于成都新机场的运营通知，通知说，从6月27日起，成都简阳新机场正式运营。

通知如下：

尊敬的各位旅客：

自2021年6月27日起，成都双流国际机场部分航班将转至成都天府国际机场运营。

其中，中国国际航空、中国东方航空、四川航空自6月27日起——部分航班将转至天府国际机场运营；

厦门航空、春秋航空、吉祥航空、祥鹏航空自6月30日起——所有航班将转至天府国际机场运营；

成都航空自6月30日起——部分航班将转至天府国际机场运营。

简阳的成都天府国际机场离市中心与双流机场都有约50多公里路程，有2座航站楼，建筑面积共71.96万平方米；民航站坪设246个机位，其中83个近机位；跑道共3条，可满足年旅客吞吐量4000万人次、货邮吞吐量70万吨、飞机起降32万架次的使用需求。

我们见证了成都双流机场的快速发展，从一号航站楼，到二号航站楼,再到三号航站楼,机场不断扩大,发展迅速,显示作为中国西部国际大都会的繁荣。这个速度,别的国家、别的地区是无法相比的。简阳新机场的快速建成,使成都的空港更加强大,更加有利于发展,有利于成都在"一带一路"的建设中发挥更大的作用。成都空港的快速发展,是中国航空业快速发展的一个缩影。

但在航空业的快速发展的喜悦中,我们也有一丝忧虑:

一是从成都到简阳的交通,大家还不熟悉,应该有个熟悉与适用期,这方面的宣传与准备是远远不够的。民航现在普遍将关闭安检通道的时间提前到起飞前的45分钟,现在我们到双流机场出发,一般要提前1小时45分到2小时,才比较安全。那么现在到简阳至少要提前2.5~3小时,来回花在路上的时间实在太长。如选择在双流降落航班,不一定有合适的航班。一句话,现在越来越不方便了。

二是原有机场的利用率越来越低。成都的双流机场,特别是T2(川航专用)航站楼,现在都不太饱满,再抽去航班到简阳机场后,会更加冷清。当初成都T3建成后,T2变得落寂、冷清,我们很长时间才适应过来,机场里的商铺与餐饮,也一时凋谢,现在再一次面临这个情况。因为总的人流量虽也在增长,但我们近乎大跃进式的机场建设速度更快。

三是大型基础设施超前规划太多。一般来说,超前规划是必要的,但设计与建设速度可以放慢些。否则,受到时代局限的设计水平、建设的质量、资源的浪费、出行的不便等问题,就会变得突出。一个特大型机场的建设周期,在国外一般都需要10~20年的时间,而我们只用3年、最多5年建成,速度太快,隐患也会不少。

　　四是快马加鞭的建设，留给后人的空间减少。名目繁多的各种园区与新的大型基建，耗尽了原本有限的土地资源。发展，要以可持续为前提；资源利用，必须以集约型、节约型为前提。

　　其实，过快地建设，不只是成都，北京等城市也如此。前些日子去北京，降落在大兴机场，到城里也很不便。而回去时在北京T2机场乘机，以往习惯的喧闹与旺盛的人气不见了，偌大的机场变得空空荡荡，因为很多飞机已安排在新的大兴机场起降了。

2021年6月26日

做命运的主人

每一个人,存在不同的命运。但命运之神,说到底,不是天生注定的,还是掌握在自己的手里。幸运之门,为谁而开,说到底,还是取决于自己。

不向命运低头,做命运的主人。好运,不会轻易来到你的身边,只有努力,好运才能到来。好运来,只是美好的祝愿,幸福,是奋斗出来的,幸福,从来不会从天下掉下来。

不要向命运低头,要做命运的主人。虽然天生存在命运的差别,但归根到底,一个人的前途与命运要靠自己的不懈奋斗。脚踏实地地努力,把握命运的一个个历史转折,最终命运就会起变化。

改变自己的命运,在奋斗中创造新的精彩人生。江山,是靠打出来的,美好的生活,是靠劳动创造的。在不懈的奋斗中,创造出精彩的人生,让自己的人生放射出夺目的光辉,放射出异样的精彩,放射出与众不同的光芒。

精彩人生,是一段戏,大幕拉开,好戏在后;精彩人生,是一曲歌,歌声悠扬,响彻天外;精彩人生,是一场舞,舞姿翩翩,天上人间;精彩人生,是一个梦,梦里百转千回,终变真。

改变自己的命运,必须独辟蹊径,走出自己特色的路。自己的路,要自己走。自己的命运,要自己决定。要坚定不易,勇敢无畏，走出一天自己特色的路。这条路，别人不会有；这个命运，最为精彩。

精彩人生，不能跟在别人后面走，要与巨人同行，要随巨人同行，但要敢于创新未来，在一些领域要有所突破，让自己的人生更加独特，更加精彩。

2021 年 6 月 27 日

管 | 理 | 随 | 笔 ❻

牢牢把握市场的主动权

在市场竞争中,要想取得胜利,不能只凭一时的运气,而是要依靠正确的战略,牢牢把握住市场的主动权,才能最终取得市场的胜利。

在发展战略方面,坚持多元化的战略,切实分散市场波动可能带来的风险。专业化是多元化的基础,多元化是专业化的发展。具有专业水平的多元化,是我们生存的基础。要用多元化来分散市场的波动与风险,而"多元化、中小化、低利化"的"三化"战略,一直是我们生存与发展的基础。

在深化与客户关系方面,用贴心的服务,赢得主动。一切从客户需求出发,把努力为客户创造最大的价值作为宗旨,千方百计满足客户需求。要不断提高创新能力,适应客户与时俱进的需求。要与客户保持经典性的联系,不断反思与检讨自身存在的问题。与客户的关系做到历久弥新,常温常新。

在战略合作方面,最大限度地孤立主要对手。要建立起广泛的合作阵线,充分运用平台理论,运用合作战略,争取更多的合作伙伴,从而最大限度地孤立与打击主要竞争对手。朋友多了路好走,朋友多了有美酒,朋友多了路宽广,朋友多了胜利多。

在市场策略上,不排除采取更加灵活而有效的策略。无论是谁，只要对双方有利，在特定的场合下，都有谈的可能。力足争，力足打，但也不排除谈的可能。只有掌握住了市场的主动权，谈判才会更加主动。谈，不会换来天下太平，但可以减少激烈冲突给双方带来的伤害。为了整体利益，也要学会与适应有所退、有所屈、有所忍、有所让，从而更好地保护好整体利益。

在实力上，要不断壮大。实力，是竞争的基础，也是把握市场主动权的基础。不断壮大实力，震慑对手，影响市场的选择。如日中天的品牌，更是市场上的一张王牌。弱企无外交，弱力难撑天。一定要把积累强大的实力，放在首位。

在市场竞争上，要树立每战必胜的信念，精心组织好每场战役，力求攻克之。要充分准备，提前布署，精心策划，对每场战役进行精心安排，集中有效资源，力求全胜，力争大胜。

2021年6月27日

管｜理｜随｜笔 6

六月的风

六月里，是毕业季。每年的6月是高考季、毕业季、入学季，是最牵动人们情感的季。这个季，我们家有小学毕业入初中的，也有幼儿入校的。孩子们的欢乐与等待，也牵动着我们的心，我们与孩子们一起期待，一起快乐，自己也仿佛回到从前，回到那个毕业季，那个入学季。

六月里，红色激荡着我们的心窝。今年的六月与往年不同，除了这些正常的毕业季之外，还有一个最盛大的节日——庆祝伟大的中国共产党建党100周年。按照中央布署，文艺影视界为全国观众准备了足够多的红色大片，如《觉醒年代》《中流击水》《大决战》等精彩的电视大剧，还有《红船》等一批新电影与我们见面，《国家记忆》与《敢教日月换新天》等中央新闻纪录片的连续报道、《革命者》《雨花台》等经典红色新书的发行、全国各地的红色纪念馆的全方位开放、党课声声、革命圣地成为全国人民最为关注的地方，所有这些都形成了一股不可阻挡的滚滚红流，让全体党员、全国人民进行了一次最新党史教育，更加坚定了人们决心跟着共产党走，不忘初心，牢记使命，把中国特色的社会主义事业进行到底的决心与信心。

六月里，我们繁忙着。6月6日的庆祝建党100周年《心声：

赵振元、彭涛音乐作品集》成都首发式，收视率突破32万；6月13日庆祝建党100周年——"黄亚洲、赵振元诗歌专场朗诵会"，收视率突破53万；6月15日，何建明专题党课和太极实业（十一科技）党委"两优一先"表彰大会暨"百年党旗艳"——《钟丽燕音乐会（嘉兴）》，收视率突破62万，收视率超过了140万，而将在"七一"晚上，由中国光伏界六大机构主办的中国光伏界庆祝建党100周年"赵振元诗歌朗诵与作词歌曲演唱会"将通过央视频、华语之声、KK直播，向全球直播并同时公开发行出版专碟。我们为建党100周年而持续努力着，表达了我们对敬爱的党的无限忠诚，表达我们对毛主席、周总理等老一辈无产阶级革命家的无限崇敬，表达我们对习总书记为首的党中央带领我们奔向未来的坚定信心。

六月里，我们收获着。"敢为天下先的改革精神、变不可能为可能的奋斗精神、诚信敬业协力创新的团队精神"的十一科技精神的正式固化，是我们最大的收获。在十一科技精神的鼓舞下，在全院团结一致、上下同心，掀起了一股发展的新高潮，地区间你追我赶，你方唱罢我登场，东方不亮西方亮，推动我们在高位持续较快增长，无论是胜利还是挫折，付出总会有回报，十一科技健儿将将继续奋力前行。

六月的风，将继续吹，吹散曾经的雾霾，吹来一个朗朗的蓝天；六月的风，将继续吹，吹出一个新的精气神，吹出一个新的未来。

2021年6月29日

管 | 理 | 随 | 笔 ❻

又是一个不眠之夜

6月15日夜晚，我们曾在嘉兴南湖度过一个不眠之夜。昨晚我们再迎来一个不眠之夜。

今天，是伟大的党100周年光辉纪念日，十一科技在昨晚正式发布"奋斗百年路，启航新征程——十一科技向党100百周年华诞献礼视频"，并通过公众号与昨天刚申请的视频号同时发布，这个精彩的视频，在悠扬的乐曲声中，全方位地展示了十一科技五幢大楼的雄姿与夜色美景，展示了十一科技在建党100周年进行的一系列重大活动，表达了十一科技人对党的深情热爱与无限感恩，确实精彩无比，我亲自带领十一科技20多年干出来的人，都留下深情的泪水。视频发出后，公众号与视频号收视率节节攀升，现在都已双双破万，十一科技干部员工以空前的热情与自豪感转发这个视频，十一科技的客户、合作伙伴与朋友们也踊跃转发，收视率还在不断上升。

这个视频，让我们激动一夜；这个视频，让我们快乐一夜；这个视频，让我们自豪无比；这个视频，是我们永远的怀念。

这个视频的最早提议，是小平提出来的，她向我建议做一个以院大楼群（含在外地的大楼）壮观的夜色美景为背景的十一科技庆祝建党100周年的视频并公开发布，我把想法马上告诉了姚虹同志，姚虹同志以巨大的热情、快速的行动（只有两天时间了）与精心策划，蒲李虹与党办同志精心创作、反复修改，在全院同志们、特别是有大楼群的同志们、光伏项目组同志们的全力支持与快速行动下，加班加点，多次修改，终于在昨夜这个历史性的夜晚，完成了这一视频，让我们在昨晚的不眠之夜得以将这个精品问世，作为我们献给党100周年的最好礼物。

  我向同志们表示最衷心的感谢，这个视频是我们十一科技向建党100周年献上的最好礼物，也是十一科技立志再出发的坚强决心，我们在党的光辉指引下，一定会飞得更高，走得更远！

  伟大的党，百岁生日快乐！

2021年7月1日

"七一"的早晨

今天是伟大的中国共产党的100岁的生日,我比往常还早,提前1小时来到办公室。

先是在美丽的广场花园,与正在晨练的老同志们亲切交谈,看看披上节日喜庆盛装的广场花园,拍下一些照片。这是我们十一科技的广场花园,我们曾在这里度过很多难忘的时光,今天这个广场将与祖国人民一起共同迎来这历史性的光辉时刻。

来到熟悉的办公室,心情不一样,今天是伟大的党——我们亲爱的母亲100岁的生日,作为儿子我的心情也不平静,准备观看建党100周年盛大庆典,聆听总书记在庆祝建党100周年的重要讲话,也在考虑十一科技的未来,如何更好地开新局,谋新篇,走新路,如何更好地再出发。

再出发,信心更足。在党的领导下,我们再出发信心更足。祖国更加强大,社会更加稳定和谐,经济更加蓬勃,我们的机会更多,舞台更大,我们信心更足。

再出发,霞光万丈。一轮红日从东方升起,很快就照亮大地。这万丈光焰威力无比,穿透任何迷雾。没有什么能挡住我们前进的步伐。

再出发,灿烂无比。"十四五"开局之年,新时代的开局之篇，我们一定做好这篇文章。以改革为动力，开辟各项工作的新局面。

典礼已经开始，让我们在党的光辉旗帜指引下，在新的百年奋勇前进！

2021年7月1日

恋旧与趋新

人们总是习惯于恋旧，习惯于沉浸在过去辉煌中。而对于创新，则往往显得动力不足。

恋旧是一种惯性，是必须的。因为旧的东西，曾经给我们带来美好。以诗词大会为例，唐宋的诗词创造了人们至今难以逾越的高峰，因此人们把唐宋诗词作为追逐的楷模，在比赛中你追我赶，比记忆，比掌握的熟练程度，最后决出分晓。在比赛中，我们享受着这些诗词的辉煌，享受着这些诗词在历经千年岁月后，仍然保持的巨大魅力，因此，恋旧是必须的。

趋新是一种趋势，是不可阻挡的潮流。人们当然需要恋旧，但人们更多的是需要趋新。因为过去的诗词虽然能给我们带来快乐，但却无法回答我们现实中的问题。任何诗词都是时代的产物，都是诗人在特定意境下的创作成果，离开了这些历史，离开了特定的意境，只知道生吞活剥地背诵，便没有了意义。新的时代，有新的内容，需要新的声音，我们应当有所作为，为新时代的人们提供新的文学艺术。

正如唐代山水诗人孟浩然在《与诸子登岘山》中所写的那样："人事有代谢，往来成古今。"世间万物都有一个新陈代谢，推陈才能出新。唐代刘禹锡的《酬乐天扬州初逢席上见赠》中有"沉舟侧畔千帆过，病树前头万木春"的名句，借用自然景物的变化暗示社会的发展，说的是一个道理。初唐四杰王勃的《滕王阁序》中有"落霞与孤鹜齐飞，秋水共长天一色"的名句，历来认为源自庾信《华林园马射赋》中"落花与芝盖齐飞，杨柳共春旗一色"。王勃借鉴前人的诗句，却点石成金而出神入化，成为王勃的一种创造。

  恋旧与趋新，是一对不可分割的两个概念，反映了继承与创新的两个方面。我们要充分珍惜过去一切有价值的东西，又要大胆发展我们新时代发展所需的一切，这样才能满足发展中的需要，才能丰富我们的新的生活，使历史不致在我们手中中段，使发展更加多姿多彩。

  我们在恋旧中继承，在趋新中创新，用我们新的思想、更加现代的艺术，赞美我们如今美好的生活，这生活是古人无法想象的，这生活是世上最美好的。

2021 年 7 月 4 日

管│理│随│笔 ❻

难忘的回忆

今天,姚虹与蒲李虹同志向我报告,在 6 月 30 日夜发出的奋斗百年路,启航新征程——十一科技庆祝建党 100 周年视频,今天视频公众号的收视已达到 12 万(这不包括公众号的 1.5 万阅读量),作为一个企业来说,这么多的阅读量,并不多见,这是小平最早提出设想的成功,是姚虹总策划及蒲李虹党办宣传团队的努力与成功,是院总部、地区、分院支持的结果。

这个视频发出后,全院干部员工几乎都在转发,还有十一科技的亲属、十一科技的客户、合作伙伴与朋友圈纷纷转发,他(她)们都为十一科技而骄傲,顿时掀起了一股转发这个视频的澎湃浪潮,阅读量迅速上升。我本人非常喜爱这个视频,视频的成功超出我的想象,当初我只是听了小平建议后向姚虹提出的一个初步想法。

5 幢大楼,是十一科技的骄傲。十一科技的 5 幢大楼如同五彩缤纷的城市夜柱,在城市夜色中闪闪发光,映红城市夜色,成为这些城市美丽夜景的一部分。这是城市的骄傲,也是十一科技的骄傲。每一幢大楼背后都有艰辛的故事,都有曲折的过程,都在资金极度匮乏的情况下坚持,几次都在保与弃中取舍,在生与死中坚持,而终于完美保留、光辉出彩,这些都是坚定坚持的结果。十一科技在全国各地，又岂止是这5幢大楼，在全国各地几乎都购置了现代化的办公场所，在上海虹桥商务区的上海分院办公新址（暂称上海大厦）与南京分院办公新址（暂称南京大厦）已付清购房款项，等待移交。当然，在所有的办公大楼中，这五幢大楼是最闪亮的标志，后来者应倍感自豪，让其发挥作用。

十一科技持有40多个光伏电站，是十一科技又一笔来之不易的珍贵财富。40多个光伏电站，400多兆的装置容量，每年6亿多的发电量，2亿的利润，是十一科技的珍贵财富，是十一科技对碳减排的重大贡献。而每一个电站都来之不易。在决策与建设过程中，因为资金短缺，政策多变，投资持有受限，几乎每一个光伏电站的建设与持有都遇到重大风险与困难，寸步难行，这些不堪回首的往事，曾经让我们度过的一个个不眠之夜，痛苦煎熬。在极其困难之中，我们靠着坚持，终于挺过死亡地带，迎来光明的曙光。今天，在视频中看到这些带来阳光与财富的光伏电站，心中的激动仍然无法平息，光伏大道的大路则会越来越宽广，后来者应倍加珍惜。

视频反映了十一科技从小到大、从弱到强的发展过程，每一个经历过来的人都有深刻体会。我们要充分认识到，改革改制与重组是十一科技强大的基础，一系列成功持续的战略是发展的引擎，奋力争市场的拼搏精神是快速发展的推动力，而贯穿整个发展过程的灵魂是十一科技永恒不变的精神。

音乐与旋律动人。视频采用了动听的《我爱你，中国》与《不忘初心》为背景，美妙的音乐，动人的旋律，把人们的心灵打动，把强大的十一科技尽情展示，将十一科技为建党100周年重要的庆祝活动，全貌展现。视频达到意、境、乐三者的高度统一，是近年来反映十一科技视频作品中最为成功的作品。

这个视频成为大家的喜爱，也成为我的喜爱，每天在家中、在跑步与散步中，在生活中，在旅途中，我时常播放这个视频，让我重温过去那些难忘的岁月，更加珍惜今天来不易的一切，为更加强大的十一科技而奋斗，为更加美好的明天而努力。

视频，只是过去辉煌的展示，而行动是美好未来的保证。十一科技的健儿们，不会就此止步，他（她）与继承者们有更大的雄心，将珍惜这些来之不易的奋斗成果，更加奋发努力，以一往无前的精神，书写新时代更加华丽的篇章！

2021 年 7 月 5 日

绝知此事要躬行

毛主席在《实践论》中说:"你要有知识,你就得参加变革现实的实践。你要知道梨子的滋味,你就得变革梨子,亲口吃一吃。你要知道原子的组成同性质,你就得实行物理学和化学的实验,变革原子的情况。你要知道革命的理论和方法,你就得参加革命。一切真知都是从直接经验发源的。"

毛主席又接着说:"但人不能事事直接经验,事实上多数的知识都是间接经验的东西,这就是一切古代和外域的知识。"

毛主席的《实践论》,发表在 1937 年 7 月,当时中国正面临抗日战争最关键阶段,是中国革命最困难的时期之一。虽然《实践论》发表的时间已过去了 80 多年,但至今仍然闪耀光芒,是指引我们前进的光辉灯塔。我们必须深刻领会毛主席讲话的精神,努力实践、勤奋实践,才能获得真知。

比如,要想在市场竞争中占有一席之地,必须踊跃参加市场竞争的实践。我们所处的时代是市场经济的时代,竞争是推动市场进步的主要手段。要想获得市场竞争的经验,要想提高市场经济的竞争能力,必须亲自参加市场竞争的实践,否则一切都是空的。只有在市场竞争的严酷环境中,千锤百炼,才能成为市场竞争的强者。而离开了这些丰富的市场实践,空谈书本上的理论,误人误己,最终害了大家。"纸上得来终觉浅，绝知此事要躬行"，只有在丰富的实践中深刻体会，才能获得真知，才能得到真经。

比如，要想写出高质量的游记，那你就得下决心去看看《外面的世界》，就得不怕《一路风尘》，就得常常《行走在远方》，就得永远《人在旅途》，就得不惧疫情带来的种种不便与可能的风险，走遍万水千山。坚持旅游，就得放弃自己的一些爱好，就得学会与不同性格的人一路同行，就得集中一些时间，见缝插针，踏上辛劳而快乐的旅途。

旅途的写作，把原本轻松的旅游，变得很辛苦，旅游就成为一次学习、观察与体验之旅。在繁忙的旅游途中，在疲惫之时，静下心来，写下旅游观感，写下一篇篇有特色的高质量游记，这并不是一件容易的事。游记，需要亲身感悟，需要独特视野，需要广泛查阅资料，需要分析提炼，最后才能成为一篇有特色、受人欢迎的游记。如果不亲自参加旅游，不准备在旅途中辛劳付出，而只是关在屋里闭门造车，这样成就的文章，是不会受到大家欢迎的。凭空写成的文章，缺乏生活，缺乏真实，缺乏感人的基础，完全是一种虚无主义，也就没有什么价值了。

我与太太合作完成的《行走在远方》《外面的世界》《一路风尘》与将出版的《人在旅途》（精装本上、下册），就是我们旅游的产物，是我们在旅游途中的所见所闻，是我们辛勤努力的结晶，看到自己的作品能问世并为大家所喜爱，感到旅游中一切辛苦都值了。

音乐创作也需要深入实践。无论是词作家还是曲作家，都需要到火热的生活一线中寻找创作源泉，寻找创作灵感，寻找创作的素材，寻找创作意境，在这种丰富多样的基础上，再进行艺术创作，就会使作品更有生命力，就会与众不同，就能产生有影响力的作品，作品才能为大家所接受与喜爱。

毛主席在《实践论》中指出："社会实践中的发生、发展和消灭的过程是无穷的，人的认识的发生、发展和消灭的过程也是无穷的。根据于一定的思想、理论、计划、方案以从事于变革客观现实的实践，一次又一次地向前，人们对于客观现实的认识也就一次又一次地深化。客观现实世界的变化运动永远没有完结，人们在实践中对于真理的认识也就永远没有完结。"我们要在实践中不断开辟新的道路，在实践中不断书写更加华丽的篇章。

2021 年 7 月 7 日

管│理│随│笔 ❻

最好的角度

晚上,在我们家的卧室,躺在床上向外看,是观看成都 330 电视塔为中心的商务圈的最好的角度,可以看到成都 339 电视塔的全景,而这个景是成都最美的夜景之一。同时,在这里也可以看到十一科技两幢大楼,在夜色中与 339 电视塔亲密相邻,隔空呼应,成为不可分割的一个整体,成为成都夜景最美丽的部分。当然在客厅、次卧也都能看到这个景,只不过角度不如主卧好。

339 电视塔为中心的夜景,是成都最高的夜景。339 电视塔是成都最高的地标。犹如东方明珠塔在上海的地位,339 电视塔是成都最高、最美的建筑,登上电视塔,成都壮丽的城市美景尽收眼底,是成都的一个最重要标志。

339 电视塔为中心的成都夜景,是最繁荣的夜景。这包括太古里、春熙路等,这些都是成都最闻名的商业区,也是夜间城市人流最多的地方。华灯齐放,夜色霓虹,人流纷涌,给城市夜色带来热闹。府南河两边夜市繁荣,吸引人们前往。而各式花样的酒吧、小吃、餐饮与娱乐场所,则吸引着众多的年轻消费者前往。

339 电视塔为中心的成都夜景,是成都最丰富的夜景。我们生活在这个美景中,如同腾云驾雾在空中,如入仙境。而下楼走走,到处是美丽的城市夜色,到处是喧闹的夜市,到处是健康的绿道,到处是清澈的流水，仿佛又回到人间。

　　这是城市最好的角度。每天晚上，与美丽城市相伴；每天晚上，汇入这繁荣的商务圈；每天晚上，奔走在健康的绿道，是多么的幸福。

　　角度，决定结论，选择，决定命运。我们是多么地幸运，幸运生活在强大而美丽的中国，定居在休闲而美丽的成都。

　　这是生活最好的选择。美丽的城市，绿色的环境，休闲的生活，慢半拍的城市节奏，丰富的内容，让成都的夜生活充满情趣。

2021 年 7 月 7 日

管 | 理 | 随 | 笔 ❻

钢铁般的意志

这两天在看电视剧《大决战》，其中在第12集与第13集中，东北野战军第9纵队第25师第74团1连，他们以钢铁般的血肉之躯，坚守阵地，取得了惊人的成绩。他们这支小小的连队，竟然与敌军激战16个小时，抵抗了对方一个团兵力的15次进攻。

《大决战》的白老户屯战斗当中，严格遵循了正史当中对于这次战斗的记载，剧作当中出现的连长陈学良、指导员田广文等战斗英雄，都是和真正的"白老虎连"战斗英雄们严格对应的。战斗当中，激战16个小时，面对着敌人飞机、大炮、坦克组成的立体火网，打退了敌人几十次冲锋，最后全连只剩下37人，打退了国民党一个团兵力的15次进攻，他们最后退守到一个小屋里坚持战斗，顺利完成了任务。

在电视剧《大决战》的白老户屯战斗当中，我军的钢铁般的战斗意志被呈现得非常清楚。这种呈现是多角度的，鲜活立体的。面对十倍于己的敌军，面对敌方数十次的冲锋，我军一连战士均能以血肉之躯打回去。战士以人肉之躯扛起机枪、扫射敌军，身负炸药包、以牺牲自己的方式炸毁敌军坦克，以血肉之躯、钢铁意志坚守了阵地。

为什么会有这种精神呢？

一是共同的理想与目标。人民解放军通过整风运动后,部队精神面貌焕然一新,全军指战员的高昂的斗志被鼓舞起来,他们深深懂得为谁而战。共同的目标与理想,把指战员们紧密联系在一起,成为一支坚强的部队。

二是队伍的严密组织与纪律。人民解放军组织严密,纪律严明,战斗力强,具有一往无前的精神,正如毛主席在《论联合政府》中指出:"这个军队具有一往无前的精神,它要压倒一切敌人,而决不被敌人所屈服!"

三是革命的精神、传统与红色的基因。在长期的革命战争中,在严酷的斗争环境下,共产党与共产党领导的军队始终为人类理想而斗争,忠诚于党,勇敢无畏,不怕牺牲,前赴后继,强大的红色基因铸就人民军队钢铁般的意志。

2021年7月1日,中共中央总书记、国家主席、中央军委主席习近平在庆祝中国共产党成立100周年大会上的讲话提到:"一百年前,中国共产党的先驱们创建了中国共产党,形成了坚持真理、坚守理想,践行初心、担当使命,不怕牺牲、英勇斗争,对党忠诚、不负人民的伟大建党精神,这是中国共产党的精神之源。"

这就是白老虎屯一连战士们精神的源泉,这就是红船精神、井冈山精神、苏区精神、长征精神、延安精神、西柏坡精神、抗美援朝精神、两弹一星精神与脱贫攻坚精神的源泉,一切的答案都在这里,在伟大的建党精神。

2021年7月8日

风雨中启航

今天早晨,上海风雨交加,在这个时候晨跑,是一种快乐的享受,而归来时已是风消雨停,真是:去时风雨回是晴,雨雾去散见彩云。

来不及洗去雨汗,就迎来儿孙们的到来,自然是又一番快乐的亲情享受,淘气的孙辈们,正在祖国温暖的怀抱里,健康而快乐的成长。

踏上路,去开会。今天,十一科技将在上海举行超过200人规模的第一次高层干部会(各地、各部门主要领导同志),十一科技的队伍正在不断扩大,过去高层会只有60人左右,如今已超过200人,十一科技队伍也在不断扩大,今年将达到5000人的规模,成为国内最大的设计院之一。十一科技营收规模已多年稳居四川设计院第一,进入国内前列。较强的赢利能力,更是一马当先,在业内领先。

踏上路,先到石库门。我到过南湖一大红船与南湖纪念馆多次,也看过电影《1921》,但一直没有来过上海党的一大会址,来的愿望很强烈。虽然过了七一,但到上海党的一大会址来的人依然很多,人山人海,而由于没有预约、且上午另有安排,只有在外面看看,留个影,下次再来。这次来看看,还有一个重要原因是由国内著名诗人、上海第一诗人——桂兴华老师正在策划的"旗更艳：桂兴华、赵振元诗歌朗诵会"，将在七月底石库门党的一大旧址正式对外新闻发布，发布会将公布朗诵会的细节，到时我很有可能赶不过来，提前来这里，表达我对石库门的敬意。石库门会址前，绿色成荫，湖水清清，景色秀丽，这里不仅是革命圣地，而且也是美丽的风景之地。

　　留个影，在心里。如今从这里播下的种子，已经盛开全国，开向世界，给十四亿人带来福址，给人类幸福的带来希望。留个影，表示对党创始人的崇敬与敬爱，创业艰难百战多，我们不会忘记曾经来时的路，不会忘记从弱小到强大的坎坷之路，不会忘记中华民族的光荣复兴之路。

　　风雨中启航，再迎新考验。过去的一切已经过去，新的考验在前面，要勇敢接受新的挑战。风雨中启航，再战写辉煌。集中大家的智慧，凝聚团队的力量，加足马力向前进。

2021 年 7 月 9 日

战略开出百花艳

十一科技第一次高层会议正在上海龙之梦大酒店火热进行,近300名干部从各地聚集在上海,总结上半年的工作,布署下半年的安排。会场内外,热气腾腾,交流不断,同志们对十一科技充满信心,对十一科技的未来,正确的战略正在开出艳丽的花朵。

战略开出百花艳。去年,十一科技只有东南区(上海分院)合同额超过100亿,而今年华东区、总部区已毫无悬念将进入这个序列,其中华东分院有望独立昂首进入这个序列;华北区很有希望迈入这个序列。这是总院正确战略结出的丰硕果实,这是"双轮驱动战略""三化战略""四项新战略组合""八项同时并举战略"的实施结果。

建党100周年系列活动结出丰硕果实。十一科技在建党100周年之际,十一科技以博大的情怀,发起或联合发起八项重大活动,近500万全球收视量,将十一科技的品牌尽情展示,将十一科技人对党的无限热爱的情感尽情释放,对应的就是党建活动结出的丰硕果实。

十一科技精神开出灿烂花朵。在建党100周年之际,十一科技的精神:"敢为天下先的改革精神、变不可能为可能的奋斗精神、诚信敬业协力创新的团队精神"正式固化,这是十一科技20年文化建设的成果，这是红船精神等红色精神族谱在十一科技的落地。在十一科技精神的鼓舞下，我院在各地的项目不断传来好消息，十一科技精神开出灿烂的花朵。

战略、文化与精神，是一种强大的软实力，在十一科技强大的硬实力基础上，软实力发挥着重大作用，指引着硬实力更好地发挥作用，成为十一科技与众不同的竞争力，这种竞争力不断超越着自身，不断开辟新的天地。

战略、文化与精神，构成了十一科技品牌的巨大力量，这种力量深入十一科技干部员工的内心深处，成为十一科技人的自豪，在"自主、合作、创新"的三面旗帜指引下，十一科技必将书写更加华丽篇章。

团结、和谐、合作、奋进，成为十一科技人的新的目标，在十一科技的旗帜下奋进，成为我们共同的誓言。

2021年7月10日

管 | 理 | 随 | 笔 ❻

掌声响起来

十一科技 2021 年（上海）第一次高层会，掌声不断，气氛热烈，这是干部们在 4 个月后的重逢，这是大家在 4 个月后的再聚会。

掌声，是对跑的快的分院致敬。今年很多分院都把握了发展机会，都是快速增长，取得了很好的业绩。这些分院在电子与新能源的两大领域纵横驰骋，足迹闪耀，成就辉煌，创历史新高，再造几个十一科技的设想，正是在这些分院的努力下，由设想开始变成现实。

掌声，是对勇于开拓新局面者勇士致敬。改革需要领航者，发展需要先行者。在发展的浪潮中，涌现出一批变不可能为可能的案例，成为全院学习的典范。向创造这些奇迹的人们致敬。你追我赶，掀起友好竞赛的热潮。

掌声，是对院发展战略的认同。大家在发言中，一致赞同院一系列正确的战略，努力把这些战略落地，成为能否快速发展的关键，掌声献给那些践行战略落地并取得成效的人。

掌声，是对十一科技未来的信心。高层会，是介于年初的干部工作会与秋季召开的经营峰会而开的一个会，原本规模在 100 人以内，但各地要参加的干部人数很多，最后快到了 300 人，这显示十一科技旺盛的人气，显示了十一科技挡不住的发展步伐，显示了大家对十一科技发展的信心。

作为十一科技的老领导、老同志，看到十一科技日渐强大的发展，看到大家热烈的掌声，心中有无限感慨，用这首《掌声响起》歌词作为本文结尾：

掌声响起
作词：陈进兴
作曲：陈桂芬

孤独站在这舞台 听到掌声响起来
我的心中有无限感慨
多少青春不在 多少情怀已更改
我还拥有你的爱
好像初次的舞台 听到第一声喝彩
我的眼泪忍不住掉下来
经过多少失败 经过多少等待
告诉自己要忍耐
掌声响起来 我心更明白
你的爱将与我同在
掌声响起来 我心更明白
歌声交汇你我的爱
孤独站在这舞台 听到掌声响起来
我的心中有无限感慨

多少青春不在 多少情怀已更改

我还拥有你的爱

好像初次的舞台 听到第一声喝彩

我的眼泪忍不住掉下来

经过多少失败 经过多少等待

告诉自己要忍耐

掌声响起来 我心更明白

你的爱将与我同在

掌声响起来 我心更明白

歌声交汇你我的爱

掌声响起来 我心更明白

你的爱将与我同在

掌声响起来 我心更明白

歌声交汇你我的爱

2021 年 7 月 10 日

强化主体责任

强化两个责任，一个是分院的市场属地责任，另一个是项目的主体责任，是这此会议的主题之一。

今天这个干部会，最重要的一点就是要强化两个责任。现在全国各地的项目有很多，我们要加强各个分院、各个地区的属地责任，各分院对自己地区管辖内的所有业内项目都要进行跟踪，能自己抓的自己抓，自己抓不了的，要及时报区、报院，不能出现这种情况：项目建成了，自己都还不知道，这就是严重的失职。对于跨区的项目要及时向总院汇报，现在我们地区战略是好的，但缺少一个全院性的经营机构，地区之间、分院之间的市场空隙还很多，容易被对手钻空子。

分院的属地责任是指：各个分院对属地的市场与项目信息负有属地责任。属地分院必须对十一科技优势范围内的项目要进行及时跟踪与报告，如果未能及时报告（而让竞争对手拿走）的，院将追究责任，这叫守土有责；我们建立分院的目的，就是要守好当地的项目，守住当地的阵地，自己有能力的可以自己抓，自己没有能力的必须及时报告，分院的市场属地责任比分院完成考核指标要重要得多。

分院主要领导守土有责，各大区主要领导守区有责。大家都要把自己的家看好，如果都能做到这样，我们市场的漏洞就会很少。包括对自己项目的管理上，要严格按照合同履约，及时兑现我们的各项承诺，十一科技的影响力和信誉主要还是通过每一个项目表现而决定的。

项目的主体责任是指：市场开发与项目执行，必须有一个要承担责任主体，集中全院资源，开发项目或联合做项目是必要的，但确定一个主体责任单位也是必要的，否则有些项目（特别是有些工期时间长的重大项目），就容易出现无人管控的市场间隙，就会有很多漏洞，让我们受到信誉损失。总院今后要加强对项目责任主体的明确与监督，加强对重大项目的开发、支持与落实，所有的重大项目都将根据实际情况落到归口责任单位，有时，总监、项目经理与执行主体是一致的，有时也会出现不一致，当出现不一致时，责任主体必须明确，不能多头在管，多头在管实际上谁也没有管。

2021 年 7 月 10 日

下大的决心，打开新局面

实践证明，凡是坚持总院一系列正确战略落地的，发展都会快一些，路子都会广一些，前景都会光明一些，而反之，老一套的，成长就要慢一些，未来发展的空间也小一些，因此，坚持这些正确的战略，坚持这些战略的落地，成为我们发展的关键。

一是要下大的决心，打好关键战役。当前，我们面临一系列重大项目的挑战，当务之急就是要集中全院的资源，按照"启动早、准备细、看得准、反击狠"的十二字方针，全力以赴应战，要打好阻击战，打胜反击战，打赢进攻战，取得重大战役的全面胜利。

二是要下大的决心，推动战略的落地。每个地区、每个分院都需要研究总院的战略如何在分院落地，在落地以后如何向纵深推进，不断扩大战果。有些分院发展慢、办法少，关键是决心不大，动力不足，因此一定要下大的决心，改变我们的现状。

三是要下大的决心，拼抢每个项目。每一个项目都可能会改变格局，每一个项目都影响着格局，每当我们经过拼抢拿下一个大项目时，就会带来一系列新的变化。高地总是一个一个去占领，堡垒需要一个一个去攻破，我们一定要下大的决心，坚决守住每一寸阵地。

四是要下大的决心，开展内外的合作。对内合作要开出和谐之花，对外合作要结出胜利之果，合作的空间很大，主要是我们的平台好，基础牢，实力强，这方面有很大的空间。

合作，必须以可控为主，不能控制的任何合作都需要停止。

"战略开出百花艳，团结唱出胜利歌"。让我们用这次高层工作会焕发出来的热情和激情，用到我们的工作中去，用到我们下半年的重大项目中去，用胜利开辟未来之路，让我们以优异的成绩，再用三个月的努力，迎接经营峰会的召开！

2021 年 7 月 10 日

惜别与期待

一天的上海高层会就结束了，昨晚与大家在上海依依惜别，很多来不及说的话就这样埋在心底了。

我们相约在3个月后的见面，再倾吐心底的心声，在畅谈别后的变化。那时，我们将拿出更加优异成绩，在天津的经营峰会上交上一份更加优秀的答卷。

天津的峰会，人更多，气更旺，势更众，心更迫，情更烈，我们更加渴望。天津的峰会，时间更加从容，内容更加丰富，讨论更加热烈，我们更加期待。我们相约在3月后的重逢，期盼在海河边的相聚。

昨晚，连夜从上海赶回无锡，今天一早就来到无锡巡塘古镇的溢香楼，出席集成电路装备研讨会。巡塘是有着千年历史的古镇，山海沧桑，变的是时代，不变的是那股浓浓的古镇味，在这里开这样的会，有着不一样的重要意义。

我来得早，一到会场，看着摆在桌上的来宾名单，90%都是熟悉的业内大佬，这些大佬是业内的著名人士，他们对产业的发展有着举足轻重的影响力，而且这些大佬与我都熟识，久别重逢，充满期待。

除了对朋友再次重逢的期待，更多的是对集成电路产业发展的期待。而集成电路装备是当下如此热点的话题，这么多大佬云集在一起，一定会有很多精彩的论点演绎，一定会有很多精彩的思想火花碰撞，一定会对未来的发展集中明确的聚焦方向，对此，我内心更是充满期待。

惜别的是战友们，开始的是新的事业。还来不及从告别声中走出，就已开始踏上新的征程。新的征程又是别一番风景，又是别一番挑战，又有别别一番的意义。

生活就是这样，永远不会停下来，永远在路上，永远向前走。只要生命不息，就奋斗不止，在奋斗中不断开辟新的道路，在奋斗中不断开辟新的天地，永无止境。

一切惊喜都在路上，一切变化都在路上，一切可能都在路上。变化的是增长的年轮，不变的是前行的决心还有这颗年轻蓬勃的心。不变的是四季交替轮换，还有每年一季诱人的阳山水蜜桃。

2021 年 7 月 11 日

无锡，给我们带来发展机会

选择城市，就是选择产业的未来，就是选择事业的未来，城市的发展给了我们巨大的机会。

选择城市，要有超前的战略眼光。产业布局，业务布点，要有长期而超前的战略眼光，提前布局，提前卡位，长期扎根，共同发展。选择城市，要在发展的初期，在城市还处在价值低洼地时进行，这样可以与这座城市一起发展，一起享受城市发展带来的一系列红利。

城市，给我们发展的机会，十一科技总部在成都，在上海、北京、天津、无锡、合肥、武汉、南京、苏州、深圳、大连、嘉兴、青岛等地，均设有分院，购置了房产，这些城市的发展很快，给了我们很大机会，我们与这些城市一起发展。

现以无锡为例，说明十一科技在无锡的发展机会。我们购置十一科技华东大厦，是 2013 年 5 月份的事，那时院总部还没有现代化的办公大楼，十一科技营利能力也不强，要给华东分院在无锡国家集成电路设计中心购置一幢 3 万 6 千平方米的大楼，资金缺口很大，来自各方面的阻力也很大。但我决心很大，看准了，就坚决办，不管遇到什么阻力，我们最终在华东分院购房这个重大问题上达成了共识，拿下这幢大楼，并在 2014 年 5 月 1 日正式搬入。

我们以后在无锡产业强市中一系列精彩无比的故事,都是由此开始的,这些精彩纷呈又令人亢奋不已的故事,需要更加浓墨重彩的专篇文章叙述,这里不展开了,这里只说华东分院在无锡发展这样一件事。

华东大厦,正在快速增值中。现在,无锡国家集成电路设计中心聚集着一大批独角兽企业,又是无锡滨湖科创带的中心,设计中心园区一房难求,设计中心如今已成为美丽蠡湖旁一道景观标志。十一科技华东大厦也成为难得而稀缺的资源,其价值不断攀升,当初的价格到如今,已有了超过2倍的增值。相当于赚回两幢大楼,而且华东大厦在美丽的太湖与蠡湖旁,资源稀缺,已成为无锡的稀世珍宝,成为我们全体十一科技人的骄傲的大楼。

华东分院,在无锡快速发展中。与此同时,得益于大楼办公条件的改善,华东分院人数快速增加,如今已快600人了,华东分院人数增加的同时,实现了自身规模的快速发展。搬入大楼7年,华东分院的合同从几个亿,今年将跃升到100亿,这个规模与发展速度在当初无法想象,而如今要变成现实了。

100亿合同的规模,对一个分院来说,不是个小数,数字后面是无锡产业强市发展的澎湃浪潮带来的机会,是无锡集成电路产业强大地位带来的机会,是无锡完整的产业链、资本链、价值链、市场链带来的机会,是无锡地处长三角独特中心地理位置带来的机会,是无锡便捷的高铁与公路交通带来的机会,是无锡产业不断聚集带来的机会,是无锡几任市领导班子锐意改革给这座城市带来的机会,是无锡这座具有百年工商历史的名城重新焕发青春带来的机会,是美丽山水城市无锡给大家带来的机会。

看好的城市，要早下决心，早卡位，早扎根，早落户，早投入，早启动，早行动。我们应当感恩无锡，感恩所有支持我们发展的城市，我们将在更多的城市中扎根，为这些城市发展作出更大的贡献，同时也共享这些城市的发展成果。

看好的城市，别犹豫，犹豫了就会错过机会。机会稍纵即逝，一旦错过机会，就有可能永远没有同样的机会。失去了机会，在与对手的较量中，就会陷入被动，有时候，一步差，步步差，再赶上去就更加困难了。

搭上城市发展这班快车，不要错过，不要擦肩而过。一定要挤上城市发展的快车，要赶上去，才能与城市发展同步，才能共享城市与区域发展的成果，才能为未来发展奠定坚实的基础。

与城市同步，与发展同行，这是机会，也是快乐；与城市同心，与发展共舞，这是初心，也是智慧。

2021年7月11日

管│理│随│笔 ❻

国际芯片企业为何扎堆亚利桑那

2021年7月17日《环球时报》赵觉珵、吴倩报道，国际芯片企业为何扎堆亚利桑那？

文章说，沙漠、高温、大峡谷，大部分对美国有一定了解的人，在提起亚利桑那州的时候可能都会冒出这样的印象，但在IT行业的眼中，这里正成为美国半导体制造业的核心地带，一座全新的"芯片硅谷"。去年5月，全球最大的芯片制造商台积电宣布，选择在亚利桑那耗资120亿美元建设一座可以生产5纳米先进制程的芯片制造工厂，该工厂已于近日破土动工。今年3月，英特尔公司也宣布，计划在亚利桑那州新建两家芯片厂。国际主要芯片厂商接连在同一地区投资建厂也引来诸多分析：为什么是亚利桑那州？

文章说，为什么是亚利桑那？据路透社报道，台积电在亚利桑那州的半导体工厂已经开工建设，预计在2024年，该工厂将可以批量生产5纳米制成的芯片；今年3月，美国芯片巨头英特尔也宣布将投资200亿美元在亚利桑那州建设两座新的芯片工厂；2020年9月，荷兰恩智浦半导体公司宣布在亚利桑那州钱德勒开设新工厂，生产用于5G电信设备的胆化稼芯片；外媒还报道称，三星正考虑在美国投资170亿美元建设一座新的芯片工厂，候选地点也包含亚利桑那州。

文章说，记者在亚利桑那州商务局官网上查询到，该州已有半导体产业链的企业入驻，包括光刻机的主要制造商 ASML、芯片制造商高通、德州仪器、恩智浦等。有分析称，亚利桑那州已经形成了"半导体集群"。

文章说，水、电、政策，哪个更重要？亚利桑那州能够成为美国未来半导体制造业的中心之一，还有着多重优势。亚利桑那州商务局介绍称，该州没有地震、飓风、暴风雪等自然灾害，使得企业与工厂可以保证全年稳定运行。此外，亚利桑那州还拥有全美最大的帕洛·弗迪核电站，足以为制造业提供充足且绿色的能源。

文章说，一些分析认为，亚利桑那州的干旱可能会使得半导体制造用水成本大大增加。但《日本经济新闻》援引麦肯锡高级合伙人比尔·怀斯曼的话说，"晶圆厂最重要的两个基础设施是电力和更多的电力。"怀斯曼表示，"在半导体制造中，水从来不是最主要的成本。每片晶圆的用水成本可能只有几美分，它从来都不是一个真正需要关注的焦点。"

2021 年 7 月 20 日

岁月有痕映天际

昨天,江苏省委宣布,无锡市委主要领导调整,黄钦同志不再担任市委书记,杜小刚同志任无锡市委书记,至此,无锡市主要领导的调整尘埃落定。在这个历史交替之时,我的心中充满无限感慨。

我与黄钦书记的初次见面是在 2014 年 5 月 1 日十一科技华东大厦的入住仪式上,他当时任无锡市常务副市长,他亲自出席并讲话对我们是很大的鼓舞。那天,中国电子原总经理杨晓堂、中国电子聂玉春副总、时任滨湖区委书记袁飞等领导都出席这一庆典。

我与黄钦书记的第二次见面是在 2014 年 9 月 10 日下午,我就十一科技大股东转让一事专程从成都来到无锡,向黄钦书记(时任常务副市长)第一次汇报与洽谈,黄钦书记以他特有的魄力与远见,当场就同意全部接受十一科技大股东的依法转让,这让我们多月来股权转让无果的情况,终于云开雾散,见到曙光。纽素芬、冯浩、季超、王帆同志出席了这次十分重要的会面。

9 月 10 日是一次关键性的谈判,从此拉开了太极实业与十一科技重组的一系列序幕,拉开了无锡产业强市浪潮中一篇篇华丽而精彩的篇章。

以后,无论是在重组的曲折而艰难的过程中,还是在推动华虹落户无锡、中环落户意义重大的历史性过程中，我们在时任无锡市委小敏书记的领导下，在黄钦同志的统筹下，精诚配合，黄钦以他特有的务实、真诚、魄力、智慧与远见，排解一个又一个困难，取得了一个个光耀产业与无锡史册的成就。

这 7 年是难忘的，这 7 年是辉煌的，这 7 年是曲折的，这 7 年是不朽的，我们为有机会参与无锡产业强市的宏大伟业而高兴。对于小敏书记、黄钦书记、素心董事长、浩平董事长等人的卓越贡献，已经写入无锡产业发展的光辉史册。

如今，小刚书记再次接过接力棒，继续高举无锡产业强市的大旗，这大旗一定会在前任的基础上举得更高，无锡的未来一定会更加美好。

"岁月有痕映天际，跨马再战迎胜利"，一切都在发展中，让我们以新的努力，再写无锡发展新的华丽篇章。

2021 年 7 月 21 日

管 | 理 | 随 | 笔 ❻

信誉，是大家共同的生命

安全运行，是一个综合性指标，它不仅包括安全、质量，而且也包括信誉。因为信誉是市场准入的前提，没有信誉或信誉受损，在市场上的准入就要受到影响。信誉一旦受损，市场的准入就成为障碍，企业生存就会困难，安全也无从谈起。从这个角度看，信誉是安全运行的基石。

把信誉考核纳入院考核体系并作为重要指标，是院对考核体系作的重要改革与完善，这必将唤醒大家对信誉的珍惜与重视，必将在行动中更加珍惜信誉。信誉，是大家共同的生命，必须有大家共同珍惜与爱护。

下发《关于加强对实施项目管控追责的》通知，列举了可能对信誉带来负面影响的情况，提出了解决问题的对策与措施，这是非常重要的。

落实是一个重要的任务，各部门、各分院务必要尽快传达下去，落实责任，特别是分院（部门）主要领导与在一线担任项目经理。

现在院的规模不断扩大，项目不断增多，每一个项目都有可能因我们管理不善或大意，而触碰到处罚的红线，而一旦发生这种情况，就会发生信誉危机，这严重危及全院的招、投标工作，危及到院的生存。院一旦失去了投标资格,就等于失去了市场,就等于在走向消亡。

各分管领导要高度重视,采取切实有效的措施,如发生这种情况又不能在规定时间内处理好,分院(部门)主要领导与项目经理双双立即就地免职,总部另行派人去解决,没有例外。

2021年7月21日

艰难的选择

由于多方面的原因，在顺利的时候，可能会突然遇到一连串突然而来的挫折，让你措手不及，原本大好的形势开始出现逆转。其实，这种看似偶然的现象并非偶然，而有其必然性，是一系列复杂原因堆积在一起的必然结果。

遇到这种情况，是一个极大的考验，要采取以下措施：

一是要快速作出反应。遇到突然而来的危机，最重要的是要快速作出反应，要有一系列正确的应对措施。正确的应对措施，是从困境中走出的关键。反应慢了，措施不到位，会陷入更大的被动，甚至会面临重创的可能。

二是想办法保住基本盘。基本盘是赖以生存的基础，是品牌与影响力的基础，是不能动摇的基本阵营，要保住基本盘不受影响。

三是不要惊慌失措。要沉着冷静，要控制住自己的情绪，要从容应对，才能化险为夷。这种突发性情况，往往让你一下子陷入被动，不要慌乱，否则容易忙中出错，使错上加错，陷入更大的被动。

四是要充分利用自己一切可能的资源与筹码，争取缓冲的空间。要充分利用自己的资源与优势，争取通过一系列策略，争取在市场上化被动为主动，想法赢得缓冲与喘息的机会。有了缓冲的空间，就可东山再起，再展雄风。

五是作好全面反击的准备。缓冲之后就有调整的机会，通过各方面调整到位，力量会大大增强，战略会更加清晰，新的转机也会很快到来，全面反击的时机就会成熟。

任何危机中都蕴藏着机会，重大危机既是重大风险，也是重大考验与重大机会。通过重大危机的考验，我们会变得更加成熟，更加坚定，更加勇敢，更加强大。

2021年7月21日

管 | 理 | 随 | 笔 ❻

得失之间的权衡

有时候，人们往往要在得失之间进行权衡，要在得失之间进行选择，这种选择有时往往是是很艰难的，因为失去的东西是来之不易的，往往是经过长期努力才得到的，一下子放弃，在情感上难以接受。

现实，是我们必须面对的，无论这现实是多么的残酷，我们也必须面对，必须接受。实事求是历来是我们处理一切问题的出发点，离开了实事求是，我们将一事无成。

得，就是自己必须要守住的阵地，必须要保住的基本盘。失，就是为了保住基本盘而必须要放弃的，如果不放弃，很可能会影响到基本盘。

必须放弃的，就应当放弃。有所得就要有所失，要学会放弃，尽管放弃是多么的不情愿，但市场经济是残酷而激烈的竞争，一系列复杂的原因，不会让你事事如愿。

该放弃就得放弃吧，有时候，放弃也是一种解脱，是一种胜利。暂时的放弃，是为了永久地胜利，战术上的退却，是为了战略上的胜利。暂时的放弃，让我们稳住了基本盘，让我们赢得了调整的时间，让我们占得发展的空间，这种时候的放弃，是一种战略的胜利，而战略的胜利是最大的胜利，这种胜利影响着未来的格局。

抓住机会，果断放弃，要不失时机地放弃，以暂时的放弃，换得保存现在，赢得未来。无论是得还是失，无论是坚持还是放弃，其目的只有一个，那就是为了胜利。如果错过放弃的最佳时机，即使再放弃，也换不来想要的东西了，因为机会错过了。谈判的筹码没有了。

对胜利的理解也必须是全面，要进行各种结果的比较，不能只从自己一厢情愿的想法出发，必须从我们面临的现实环境出发，从我们面临的客观实际出发。有的时候，放弃也是一种赢，小输也是一种胜，这一切都是为了一个目标，就是避免更大的挫折。

放弃了的阵地，还会再回来。只要准备足够，实力足够，条件足够，从长远的角度看，市场是诚信之争，是实力之争，是服务之争，是信任之争，只要努力把自己的事做好，做扎实，做到位，一定会赢得客户的心，重新赢得市场。

2021 年 7 月 22 日

解决危机，要有大的智慧

每一场危机，对大家都是一个考验，解决危机要有大的智慧，只有大智慧与果断的措施，才能避免更大的危机。

怎么才能有大智慧呢？主要是要从大的方面分析，这样才能把握住关键。

一是要看大局。看解决危机的办法。对大局的影响程度如何？要从大局上把握，而不要就项目而论项目。大局，就是影响发展的格局。只要大的格局没有变，一切还是都在掌握之中，适当的让步与退出无碍大局，无碍发展。

二是要看大盘。看解决危机的方案对大盘的影响程度如何？是否保住了基本盘？影响程度有多大？我们在确定方案要充分考虑自己最核心的利益，同时也要注意别人的关切。注意到双方的基本盘，注意到双方的关切，危机就容易得到解决。

三是要看大势。势，就是发展的态势，是由当时特定的一系列环境因素决定的，只有分析好、分析准，才能得出对大势的准确判断。有时候，企业发展的大势与具体个别项目的大势不一定一致，不能简单地把两者等同。具体在每一个项目上的优势，由这个项目一系列复杂因素所决定，不能脱离这个项目的特定环境。大势所趋时，不要逆向而动，要顺势而为，因为任何逆势都改变不了当下的格局。

2021 年 7 月 22 日

繁荣背后的忧虑

企业在繁荣发展时，往往是一片赞扬声，不容易听到反面的意见。其实，在繁荣的背后，往往蕴藏着可能将要发生的危机，这种危机因素不仅随时存在着，而且在一定的环境下会突然放大，从而可能形成一场大的危机。

繁荣后面，哪些方面容易爆发危机呢？

在服务方面。由于赞扬声听多了，对批评的意见就听不进去了，对于提升设计创新能力、改进服务等，就会放松，客户的抱怨就会增多。在深化客户关系方面，也总是停留在过去水平或不断倒退，无法满足客户不断提出的新要求，无法为客户带来新的价值，最终会让客户抛弃或部分抛弃。

对竞争对手分析的少。夜郎自大，只注意自己，不关注对手，对对手分析的很少，对对手的进步与变化，视而不见，总是自以为是，这样日积月累，原本领先的优势会逐步缩小，最后被对手反超。

自己最薄弱之处，容易成为被对手强力攻击之处。往往有这种情况，最优势之处也可能成为最弱之处。因为一切优势都是相对的，在一定的条件下两者可以发生转化。比如，多元化可以分散风险，但多元化也带来力量过于分散，给有效集中带来困难，从而有被对手各个击破的可能。因此一定要解决好分散与集中的关系。要做到，分之能散，保持在市场中充分的灵活性；集而能统，保持集中统一的强大整体优势，让对手没有空子可钻，在市场上立于不败之地。

在排兵布阵方面，不能对某些方向依赖过大，一旦出差错，出现全盘皆输的情况，连替补方案都一时无法拿出来。要分散风险，要实现多元化的布局，不把苹果都放在一个蓝子里，以避免可能产生的风险。

2021 年 7 月 22 日

如何做好我们的服务？

市场竞争日趋白热化，竞争激烈程度加剧，如何保持竞争的优势，如何进一步拉开与对手的差距，这是我们必须深刻思考的问题。

要充分珍惜现有的机会。给客户服务的机会，是通过激烈的竞争做了多方面艰苦的努力而得到的；是在处理了一系列复杂的历史遗留问题上重新获得客户的信任后取得的；是以智慧与正确的战略化解我们所面临的困局后得到的，这个胜利来之不易，大家一定要充分地珍惜，把工作做得更好。

要按照合同要求全面履约。合同是起点，也是终点；合同，是过程，也是目标。我们要按照合同的规定，全面履约，要把进度、安全、质量、费用的责任全部落实好，落实到每一个人。要加强合同的管理，加强对分包的管理，加强对现场的管理，力争使二期工程管理达到高质量的水平，而做到这一点必须有辛勤的付出，要下大的决心，要全力以赴。

在技术上要进一步拉开差距。技术，是我们服务的基础，也是我们提供服务的主要内容。要坚持设计创新，坚持技术创新，坚持管理创新，要用持续的创新活力，为客户提供高质量的服务。技术，主要体现在我们的专利、专有技术在实践中的不断改进。要敢于创新，要勇于创新，要通过创新推动进步。设计，也需要小改革，有时候小改也很好，关键要从实际需要出发，寻找最好的方案。

在服务上更加贴心。我们设计是做服务的，服务必须做到贴心、暖心、温馨，让客户满意、让客户方便、让客户安全、让客户按时生产出高质量的产品等，这都是我们的目标。

在沟通上更加主动。一个重大的工程项目，涉及一系列复杂的因素，在执行过程中会存在很多问题，这是很正常的情况。解决这些问题需要及时沟通，我们在沟通上要更加主动，主动沟通有利于早日解决问题，有利于推动项目按计划健康推进。如果不及时沟通，双方容易产生矛盾，有了矛盾又不能及时解决，就影响了工程，也影响了我们与客户的关系。

在处理复杂问题时要更加耐心。工程是复杂的，特别是二期工程是在一期工程的基础上进行的，这就增加了二期工程的复杂性。一期工程是在特定的历史环境下进行的，存在的遗留问题也是复杂的，我们要在稳步推进二期工程的同时，有序解决一期遗留问题，在解决历史遗留问题时要更加有耐心。

现场就是竞赛。现在类似的现场很多，我们自己有，对手也有，客户也在作比较，看到底是哪一个现场做得好。大家要把现场作为一个竞赛的战场，作为一个全新的赛道，作为一个团结拼搏的战场，作为一个学习的战场，无论是设计人员、还是总包人员，无论是干部、还是员工，要团结一致，要发扬十一科技的精神，争取取得全面胜利。

2021 年 7 月 29 日

与美丽的青岛同行

昨天下午，因公务提前来到青岛，来到了位于青岛高新区火炬路的青岛网谷 18 栋的十一科技青岛分院新址。在焕然一新的青岛分院，听取了张鹏同志的汇报，看到不断壮大的队伍，看到青岛分院持续稳定快速发展，看到我们自己的现代化办公楼，心中充分激动，我为青岛分院取得的成绩感到高兴，真是旧貌变新颜。

记得青岛分院是 2017 年 4 月成立的，我第一次到当时位于青岛"五四广场"的青岛分院是 2017 年下半年的事，那时青岛分院的地址是青岛市市南区东海西路 39 号世纪大厦 912 号，当时青岛分院的办公面积只有 300 多平方米，人数也只有 30 多人。以后又迁到了黄岛开发区，在青岛市黄岛区太行山路 11 号瑞源名嘉国际 3 号楼 11 层。现于抓住机会，买下了青岛市高新区火炬路 88 号青岛网谷火炬园 18 号这个独栋楼，从此我们在青岛有了自己温暖而又现代化的家，这个家有 5 层楼，能容纳 200 多人的办公。

发展是硬道理，必须果断把握机会。建立分院，可以以项目为契机，以项目组为基础，逐步发展。而选择地点，购置房产，则是一件复杂的事，要看机会，现在看来青岛分院的新址机会选择得非常好。青岛分院新址交通非常方便，离青岛新、老机场都只有 30 分钟车程，交通便捷，非常理想。

发展是硬道理，必须有长期的战略眼光，要深深扎根一个城市。企业在某一区域的发展，要有长期的战略眼光，不在乎一寸一地的得失，要从长期的眼光出发，看大势，看大局，看未来。我们对青岛的长期发展看好，对山东的发展长期看好，先后在济南、青岛两地设正式分院，经过多年努力，如今开始收获。预计今年在山东的两个分院将收获超过10亿的合同，未来在电子与新能源，还将有更大的发展空间。

发展是硬道理，必须立足于本地发展。前行，要按照"三化战略""四项新战略组合""八项同时并举战略"指引的方向；市场，要做到三个立足，要立足于行业、立足于优势、立足于本地；发展，要高举自主、合作、创新的三面旗帜；要立足青岛，面向全国，才能争取较快地发展速度。

发展是硬道理，必须以人为本。战略、实施、市场、管理等，一切都离不开人，一切以人为基础，一切以人为本。青岛分院的继续发展，必须要造就大批优秀的设计师、优秀的建造师、优秀的管理者，否则无法撑起青岛分院的未来。

发展是硬道理，与亲爱的青岛同行。

青岛，是中国最美丽的海滨城市之一，也是电子信息、生物制药、新能源发展的重要战略城市之一，我们与美丽的青岛同行，与发展迅速的青岛同行，共同创造美好的未来。

2021年7月30日

退一步海阔天空

有时候，由于多种复杂因素的叠加，会出现这种情况，进一步举步维艰，这个时候选择退一步，可能迎来海阔天空，换来的是一片新的天地。

进一步，正面加剧激烈对抗，可能两败俱伤，鹿死谁手难定，对大家都没有好处，而且这可能是对双方都是一场输不起的决战，在准备不充分、并无绝对胜算的情况下，要慎重作出决定，退一步可能会是更好的决定。

退一步，海阔天空，避免了激烈对抗，避免双方走钢丝，保持了各自的基本盘，保存了各自的实力，保护了各自的利益，是一个双赢的结果。

退一步，以时间换空间，是一种胜利。退一步，让出一些眼前的利益，但换来的是未来更大的发展空间。

退一步，以暂时换未来。眼前是暂时的，未来是永久的，放弃眼前暂时的一些利益，赢得的是更广大、更永久的利益，这是战略上的胜利。保住了基本盘，就是保住了实力，保住了未来，暂时的退却是为了大踏步的前进。

退一步，以局部换全局。有时候，为了保住全局，实现更大的目标，需要放弃一些局部的利益，把精力与资源集中到更大的事上，以局部换全局，这也是一种胜利。

2021 年 7 月 31 日

管 | 理 | 随 | 笔 ❻

天下一般热

今天，成都发出高温天气预报，气温超过 36 度，我从外面打的回来，在出租车上显示室外温度是 40 摄氏度，这是在成都很少见到的高温。

因为太热，回来就不出门，把家门关闭，开着空调，打开电视，看东京奥运会比赛，看我国奥运健儿在如此酷暑下奋力拼搏，鲜艳的五星红旗不断升起，庄严的国歌声响起，这是我们最大的夏日享受，心中也多了一份对奥运健儿们由衷的敬意，处处感受奥运会上中国力量的伟大。

极端气候频出，自然灾害加剧，郑州暴雨，东南洪水威胁，美国、加拿大的多个小镇出现自燃大火灾，一个又一个小镇从地图上消失，这是大自然对人类过度活动的报复。

新冠肺炎疫情加重，世卫组织预测未来两周内，全球被新冠肺炎病毒感染人数将破 2 亿，死亡人数目前已达 420 多万人。欧美的新冠肺炎疫情并没有好转，变异的病毒更加猖獗，人类未来的前景暗淡。

对这种暗淡的担心主要一是因为由于东西方价值观的不同，无法在防疫这个重大问题上达成一致，无休止的争论错过了防疫的最佳时机，让病毒变异持续扩散成为可能，成为危及人类生存的最大威胁；对这种暗淡的担心第二个原因是因为疫情的成因上的争论，虽然可能有其他原因，但气候转暖应该是新冠肺炎病毒在动物身上成长到变异、从动物传人到人传人的一个主要或重要原因。

溯源，是当前争论的焦点，这种争论还会继续，直到真正找到新冠肺炎病毒的发源地为止。但有一个共同的源是明显的，就是人类过度活动，使地球温度升高带来的一系列严重恶果，新冠肺炎病毒应该是其恶果之一。

过快的发展，耗尽了资源，把后人要做的事统统做完，破坏了人与自然平衡，破坏了生态的多样性，破坏了人与自然的和谐相处，破坏了可持续发展，这决不是好事。

科学技术具有两重性，一方面是推动人类发展，另一方面有可能加速人类的毁灭，我们要控制科技发展的节奏与方向。

酷暑时，想念前些日子在大理的日子，双廊洱海边清凉的海风是多么愉快啊！酷暑时，想念在神农架的日子，大九湖高原湿地清凉的风，让人们享受避暑圣地的快乐！原来酷暑中也有避暑胜地，当然更多的尊敬献给在酷暑中为国争光的英雄的奥运健儿，献给在奥运会上所有奋斗的人们！

2021 年 8 月 1 日

全球变暖诱发极端天气

《参考消息》2021年7月28日转发西班牙《国家报》网站7月25日报道一题：极端气候挑战世界（记者　曼努埃尔·普拉内列斯）（摘要）。

加拿大一个小镇的气温在6月的一个星期天达到了46.6摄氏度，创下了该国有记录以来的最高温度。但就在第二天，气温上升至47.9摄氏度。又过了仅24小时后的周二，气温继续飙升至49.6摄氏度。一天后，当气温稍有消退时，当地燃起了森林大火，整个村镇几乎没有房子不被烧焦。这并非灾难电影中的情节，这就是今年6月真真切切发生在加拿大不列颠哥伦比亚省中部拥有200名居民的小镇利顿的情形。

不过很可能人们在今天已经无暇回顾利顿被烧毁的悲惨场景，因为这周令人过目难忘的是德国和比利时特大洪水现场的照片和视频。

联合国气候变化领域负责人帕特里夏·埃斯皮诺萨总结如下："我们所看到的与科学多年来告诉我们的完全一致，即这些极端事件正变得越来越频繁、越来越强烈、越来越具有破坏性。"

埃斯皮诺萨认为，最新的极端事件有助于"提高各级决策者对地球、尤其是人类面临局势的紧迫性和严重性的认识"。

极端高温是气候危机最明显的痕迹之一，但平均气温也有所上升，已经比工业化高出 1.2 摄氏度。但除此之外，地球上有史以来记录的最热年份大部分都集中在过去十年。

当然，热浪并不是气候变化留下的唯一痕迹。其他现象，如暴雨，也正在不断增加强度和破坏力。在最近几天发生的中欧的巨大而致命的洪水之后，同样的问题出现了："这背后的推手是否是全球变暖？"目前很难准确量化气候变化对德国洪水的影响，但这次事件与强降雨有关，塞纳维拉特纳说："强降雨事件在世界范围内变得越来越频繁与强烈。因此，很可能是人为引起的气候变化导致这些事件变得更强烈或更可能发生。"

2021 年 8 月 2 日

新老交替，不可阻挡的历史潮流

东京奥运会，虽然还没有降下帷幕，但从获金牌的中国健儿看，我们取得的胜利，有一条普遍的规律，那就是青春与力量是胜利之本。

无论哪项运动，都要有新老交替的安排，都要有新老交替的准备，都要有青春与力量，否则难以为继，难以战胜强劲的竞争对手。

奥运会的竞争，是团队的竞争，是实力的竞争，更是青春的较量，力量的比拼。要发现好苗子，要从娃娃抓起，精心培养。

不必在乎一寸一地的得失，要从长远上布局，要全面考虑新老交替，要让青春永在，力量永恒，事业永续。

奥运会的比赛，是实力的较量，是青春的比拼，比的是力量，比的是速度，比的是青春，比的是经验，一定要有足够多的年轻人活跃在体坛，活跃在各个领域，只有这样才能更好地展示中国力量。

不必在乎金牌的多少，要在于新生力量的培养，新苗茁壮，誓与天接，才能使精神永在，事业辉煌。

老将宝刀未老，新苗雨后春笋，中国体坛必将阳光明媚，光芒永耀。

在东京奥运会之后，全国一定会出现一股热潮，向奥运健儿学习致敬；在东京奥运会之后，中国体坛一定会全面换代，新人辈出，以新老交替更加强大的组合阵容，迎接三年后的巴黎奥运会。

青春正当年，未来一定属于有远大理想而又有蓬勃活力的年轻人；力量加速度，扬帆起航去争取更大胜利。

2021 年 8 月 3 日

实现三个重大转变

今年7月10日,我们在上海召开了第一次高层工作会议,高层干部会统一了全体干部的思想,全院出现了焕然一新的精神状态。在上海第一次高层干部会精神的鼓舞下,院经营形势正在出现重要转折,开始出现全面的好转,出现了根本性的转折,出现了对我们有利的时机,我们现在要抓住有利时机,推动三个重大转变。

第一个重大转变就是要推动电子项目向更多、更大发展。我国集成电路发展的态势给我们提供了机会,我们要沉着镇定,集中力量、集中资源、集中目标、同心同德、团结和谐,劲往一处使,心往一处想,紧紧抓住当前有利的时机,争取更多、更大的电子项目,捍卫我院电子行业的龙头地位。更大,是指规模更大的集成电路总包项目;更多,是指更多的电子工程总包项目,当前明显存在这样的机会。

第二个重大转变是推动新能源项目向规模化发展。我院的新能源项目今年出现了历史性突破,总体规模迅速上台阶,但单个新能源项目的规模都没有超过10亿的。因此新能源项目上规模、上台阶是我院新能源战线同志们的重大使命,一定要向更多、更大的新能源项目努力。在光伏发电(包括风能)总包上,存在一批合同超过10亿以上的项目机会,只要我们胆子再大一些、风控能力再强一些，我们有可能再迈上新台阶。在光伏制造业总包上，也存在合同规模超过 10 亿项目的机会，我们同样要大胆抓住。

　　第三个重大转变是推动分院规模化发展。去年上海分院合同规模成功突破百亿，今年我希望有更多的分院、更多的地区迈上百亿的规模。今年以大区为单位，除东南区外，华东区、总部区都会迈上百亿大关；今年以分院为单位，除上海分院之外，华东分院、总包公司都有望突破 100 亿大关。通过这些规模分院、规模地区的培养，再造几个十一科技的目标就一定会实现。

　　十一科技的精神就是"敢为天下先，变不可能为可能，诚信敬业协力创新"。当下我们要高举"自主、合作、创新"的三面旗帜，全面贯彻十一科技的精神，力争为十一科技的快速发展和长治久安创造更好的条件，以优异的成绩向天津峰会献礼！

2021 年 8 月 5 日

谨慎出战，每战必胜

在市场竞争中，出手要谨慎，不要四面出击，要集中力量，集中主要目标，有限聚焦打击，力求每战必胜。

谨慎出战，就是精心选择好必须要进行的竞争，进行充分的准备，不打无准备之战，不打无把握之战，力求每战必胜。

谨慎初战，就是不轻易出手。出手的时机经过审慎分析，出手的时机成熟时再出手。但一出手必须果断有力，一出手必须击中要害，一出手必能凯旋而归，一出手必震四方。

谨慎出战，需要等待时机。有的时候，等待虽然很煎熬，虽然很痛苦，但是等待也是必须的。时机不成熟，贸然出手，失败的概率就会大大增大。看得准，才能出手狠；看得准，才能一击鸣天下。

谨慎出战，可能会放弃一些机会。放弃的这些机会，我们的优势不明显，成功率不高，对全局的影响不大，不会影响到我们的基本盘。放弃原本不属于我们的机会，放弃了不足惜。但因此我们可以把资源集中到更具全局性的项目上，更有意义，成功率也更高。

每战必胜，是对胜利充满必胜的信念。信心是胜利之基，是成功之本。对于激烈的市场竞争，如果没有必胜的信念，是很难取得最终的胜利。虽然每战必胜只是我们的愿望，在实际上我们不可能事事如愿，失败也是正常与难免的，但胜利的信心是必须首先要树立的。

　　每战必胜，能极大地鼓舞我们的士气。士可鼓而不可泄，每战必胜的理念必将会极大地提高我们的士气。

　　每战必胜，该出手就出手。一出手就是新胜利，一出手就定大局，一出手就是凯旋归，一出手就能实现梦想。

2021 年 8 月 5 日

别去比

东京奥运会今天就要降下帷幕了,中美之间金牌数与奖牌数谁是第一,终于有结果了,随着美国女排以 3:0 战胜巴西女排赢得东京奥运会女排冠军,美国女篮在决赛中以 90:75 轻松战胜东道主日本女篮,赢得东京奥运会女篮金牌,美国队最终以 39 金、41 银、33 铜(总奖牌数 113 枚)收官;而中国队在今天多个项目决赛中失利,没有新增金牌,最终以 38 金、32 银、18 铜(总奖牌数 88 枚)收尾,这样美国队实现东京奥运会金牌数第一、奖牌数第一,全面超越中国,中国金牌与总奖牌数屈居第二。大家都为中国队感到遗憾,实际上并不遗憾,因为美国队的很多金牌都是集体项目,含金量高,以篮、排球为例,一枚篮球或排球的金牌,要投入相当多的人力,要激战很多场才能得到,来之极其不易。

我觉得美国队的第一,是其实力与地位的真实反映,我们不必过多在乎,而是要坚定信心,把自己的事做好,没有必要把东京奥运会名次看得太重,因为奥运会是一个永续的赛事,机会总在后面,3 年后的巴黎奥运会很快会来到。

美国队第一有其原因:

一、中美两国参赛人员差距很大

中国在这届奥运表现非常不错,网友们评论"考虑到中国有

405个运动员参加30项比赛，而美国有615个运动员参加35项比赛。如果中国继续迈着这种步伐，中国可能在下届奥运会击败美国。

二、美国确实有强大的实力

美国队在田径、游泳等奥运会金牌大类项目中历来有领先优势，在篮排球项目上的优势也明显。这次美国队在奥运会初期的表现并不好，在田径与游泳项目中丢了不少该得的金牌，后期发力，保住了第一。

三、中国队表现已非常出色

我们在传统优势的项目如跳水、射击、乒乓球、举重项目上，保持了很大优势，在游泳、羽毛球、田径、体操、赛艇、帆板、拳击等项目上，也取得了重大突破。但我们在竞走、马拉松、摔跤、篮排球、足球等项目上颗粒无收，在田径上收获也很少，游泳上得金也不多，我们的得金项目面还是比较窄。奥运会上得失，很正常，一切都在发展中，一切都在变化中，金牌不容易，也不是想象中的不可能，一切皆有可能，否则就不是奥运会了，就不是竞技体育了。

我们需要做到四个抓起：从基础做起，从娃娃抓起，从弱项抓起，从全面新老交替抓起。以举国体制为主，发挥多种体制的优势，把多种积极性发挥起来，假以时日，我们的实力就会进一步增强，一定能在奥运会上取得更大的成绩，超越美国的那一天，不会太远，但这不应是偶然，而应该是实力的必然结果。

四、一切都在继续

较量，有其偶然性。这里有运动员的临场发挥，也有裁判（特别是拳击、竞走、跆拳道、击剑、跳水、体操、艺术体操、花样游泳等）因素，这些都会影响到运动员的成绩。让运动员放手一搏，不背太大压力与包袱，创造出最好水平，这是最重要的。在这次东京奥运会上有一点很明显，我们越是议论很多、抱有希望很大的项目，越容易让你失望，这是因为运动员背负的压力太多，而这种如此高水平的较量，有很多复杂因素会影响到运动员的成绩，放下杂念，放手一搏，是取胜的关键。在东京奥运会上，时常传来令人意外的获金牌的喜讯与捷报，这些运动员没有受到太多关注，他（她）放手一搏，取得最终的成功。

较量，更有其必然性。较量，是实力的体现，虽然偶然性时会出现，临场发挥很重要，但临场发挥还是以实力为基础的。实力强的，发挥的余地与空间就大。要全面提高奥运会的比赛成绩，必须全面加强体育运动的基础。

体育较量，是国家间政治、经济、科技竞争的继续，是国家实力的反映，随着我国经济与科技的日益强大，各级政府在体育方面的投入会更多，我们参赛的奥运健儿会更多，我们在奥运会上一定会取得更大的胜利，这点不需要有任何怀疑。

参加奥运会，不是真正目的，发展体育运动的真正目的是为了全民的健康。我们要更多地投入到体育中去，为强健国民素质而努力。

一切都在继续。告别了东京奥运会，3年后马上就要迎来巴黎奥运会，较量在继续。

感谢日本，感谢东京，正是日本在疫情如此严重的情况下，坚持主办这届特殊意义的奥运会，让全世界人民一饱眼福，让全体奥运健儿有机会展现风采，有机会实现心中的伟大梦想。

感谢全体奥运健儿，你们在盛夏的日子里，在东京拼搏进取，创造了一个又一个辉煌成绩，让世人瞩目，让国人激动，让我们心动，我们期待 3 年后的巴黎奥运会再次见到大家的风采。

3 年后的巴黎奥运会，中国风一定会席卷巴黎，中国的赢面一定会更大，一定会更好地展现东方大国的风采。

2021 年 8 月 8 日

走过冬天

走过冬天,那是职业生涯中一段最为黑色的时光。一切都是那么的艰难,一切都是那么的暗淡无光,一切都是那样的索然无味,一切还得漫长的等待,在等待中是难以平静的痛苦。

走过冬天,那是天气最寒冷的一段日子。阳光下的突然寒冷,让你措手不及,防不胜防。这是阳光下的寒冷,这是平静中的风暴,黑云压城城欲摧。

走过冬天,那是最为艰难的一段时光。在那个时候,更懂得关键时刻人才的宝贵,更加怀念过去曾有过的美好时光,更加珍惜曾经拥有的一切。

走过冬天,那是一段最具挑战的日子。胜利来之不易,建设大厦需要漫长的时光,但大厦的倾塌会在瞬间,勇敢地迎接挑战,才是真正的勇士。

走过冬天,使你更加坚强;走过冬天,使你更加成熟;走过冬天,使你更加强大;走过冬天,使你梦想更加伟大。

走过冬天,能救你的只能是你自己;改变被动,从困局中走出,点然胜利希望的,只能是你自己;你的决心、你的智慧、你的坚决、你的善良、你的命运,将注定能走出困境;而你的战友们、朋友们将助你走出困境。

走过冬天，告别泪水，泪水之后是欢笑，困难之后是希望，希望之后是更加光明的未来，是未来更大的信心。

走过冬天，就是春天；走过冬天，花儿更加红，绿草更加翠，旗帜更鲜艳，蓝天更美丽，流水更清澈，天地更广阔！

走过冬天，一切无所畏惧；面向未来，更加勇敢，更加坚定，更加快速；目标更加远大，扬帆远航，奋勇前进！

2021年8月8日

集中力量办大事

在市场竞争中，实行多元化、区域化是必要的，这是确保市场占有率的基本做法。

没有多元化，过窄的业务让你无法生存下去，市场是丰富的，是多元的，单一的专业限制了你的适应能力，危及到你的生存。但过分多元化又会淡化专业化，使专业化的优势不突出。因此，要处理好多元化与专业化的关系，在专业化的基础上推动多元化，在多元化领域迅速行成专业化。

没有区域化，无法深耕区域的市场，无法渗透到市场的每一个角落，无法渗透到市场的每一个细胞，因此会失去一部分市场。但如果全部推行了区域化，而且区域的力量平均而没有各自特色，总部又不能保持集中而强大的控制力与竞争力，就有可能让对手各个击破的可能，特别是在重大项目上，被对手各个击破的可能性很大。必须要做到分能散，合能集，确保总部强大的竞争力，确保各个地区的特色竞争力，充分保障快速集结的优势，整合优势，形成强有力的拳头，在竞争中获胜，特别是在大项目的竞争中获胜。

合理分散，有效集中，这是处理分散与集中的第一个原则。合理分散，就是说分散要合理，不能过分分散，过分分散让资源无法在短时间内有效集中，从而丧失了对竞争的话语权。

小的分散，大的集中，这是处理好分散与集中的第二个原则。在日常中，我们遇到比较多的是中小项目的竞争，这个时候依靠分散的灵活性、便捷性、广泛性与本地化的优势，赢的机率高。而遇重大项目时，要快速集中资源，集中力量，统一指挥，从而确保重大项目的胜利。

打破限制，集中联合，这是处理好分散与集中的第三个原则。要打破区域的界线，要打破内外之别的框框，联合一切可以联合的力量，调集一切可以利用的资源，形成强大而澎湃的力量，保持在重大项目竞争中的绝对优势，创造出惊天地、泣鬼神的宏伟业绩。

2021 年 8 月 9 日

为什么要重视重大项目？

"项目中小化、低利化、多元化"的"三化战略"是我们的生命线，在这个战略的正确指引下，我们在缺乏大项目的年景里，同样也实现了营收、规模、利润的稳步增长，使我们能顺利完成考核指标。因此，坚持"三化战略"不是权宜之计，而是一项长期的任务，是我们赖以生存的生命线，是大项目的基础与准备。

但为什么我们必须要同时注意重大项目呢？我们在"三化战略"之后，又提出了"四项新战略组合"，明确把"大客户、大项目、大工程"的"三大战略"作为四项新战略组合之一，也就是说我们并没有在提出"三化战略"之后，忽略大项目，而是把"三大项目"放到与"三化战略"同等的地位。

战略，因时而生，因势而发。一定的战略，适应于一定的时期，每一个战略的提出都有其特定的背景，我们必须要充分了解这些战略提出的背景与适用的特定条件。

"三化战略"是"三大战略"的基础，只有坚持"三化战略"，才能更好地适应市场常态化的竞争，才能更好地生存，"三化战略"是"三大战略"的基础；而"三大战略"是"三化战略"的发展与延伸，由小到大是一个发展的过程，大是小持续发展的必然结果，小是大的基础，这两者是密不可分、相互依存、不断转化的。

在当前的情况下，在坚持"三化战略"的基础上，把大项目放到压倒一切的战略地位，具有特别重要的意义。

一是当前国内关键高科技发展迅速，存在大量的机会。我们电子与集成电路正处在发展的关键时刻，在集成电路领域受制于人的现状必须得到改观，因此全力发展自主创新的集成电路是一股不可阻挡的历史潮流。这个发展潮流给我们带来重大机会。而我们在这一领域形成了传统领先的优势，创出了响亮的品牌，我们面临市场的重大机会，我们将与国家的电子与集成电路产业一起发展。

二是只有大项目才有更大的市场影响力。大项目由于投资大而通常又是国家重点支持的关键项目，因此受到行业与市场的高度关注，从而有其他项目无法比拟的影响力。

三是只有大项目才能形成规模经济。大项目，规模大，营收高，利润好，一个大项目往往要抵十几个或数十个小项目，没有大项目，很难形成规模经济。

四是只有大项目才能体现品牌价值。十一科技的品牌，是国家与行业的品牌，是大品牌，大品牌要做与大品牌适应的事，要做充分体现品牌价值的事，大项目就能充分体现我们的品牌价值。

五是只有大项目才能提振士气。鼓舞士气，提振精神，需要有大的胜利，而在大项目上的胜利，对于鼓舞团队士气，提振团队精神，都是极为重要的，也是十一科技精神的体现。

2021 年 8 月 9 日

管｜理｜随｜笔 ❻

责任与担当

梁启超曾说过"人生须知负责任的苦处，才能知道尽责任的乐趣"，诸葛亮把"鞠躬尽瘁，死而后已"作为人生的目标，毛主席号召共产党员与全体干部要把"为人民服务"作为宗旨。因此每一个干部都必须牢记自己的责任与宗旨。

责任，是任何一级干部必须放在首位的。对责任，必须要明确，对其后果要努力担当。每天都能看到很多将被任命的干部公示，提拔的居多。殊不知，到底是喜还是悲，还不可得知。如果自己作好了任职的充分准备，也有任职的基础、经验与能力，不怕困难，敢于担当，准备做出奉献，准备做出牺牲，那肯定是一件好事，因为随着任职的提升，你会拥有更大的权力与机会，你的人生价值也会更好地体现。但如果只是看到职务提升，看到待遇提高，而没有看到责任加大，任职风险也随之加大的另一面，那很可能在一些突发情况下陷入被动，给各方带来困境，严重时会带来重大损失，给社会造成重大危害，从而成为一个有罪之人。

不作为，是一种怕担当的行为，是自私的体现。"在其位，谋其政"是从古至今对为官者的要求，"为官一任，造福一方"是每一个当官者应当树立的目标。不作为，不担当，是严重的失责，其后果是非常严重的。

专业，是领导与管理的基础，缺乏专业，盲目管理，瞎指挥，在一般情况下会造成损失，在特殊时期会带来灾难，有时甚至是重大灾难。这次南京碌口机场发生的德尔塔病毒感染一事，反映了机场管理的失职、不专业、不作为，造成了全国第二波新冠肺炎病毒的传染潮，已经波及10多个省。德尔塔变异毒株有着强烈的传染性，今天晚上央视四台《今日亚洲》报道，俄罗斯的一个德尔塔病毒传播者传染了1500人。新的变异毒株"拉姆达"已经产生，其危害会更大，毒性致死率更强。

2021年8月9日

管 | 理 | 随 | 笔 ❻

如何推动三个转变

推动三个转变是我在 8 月 5 日提出来,主要是推动电子项目向更多、更大方向转变;推动新能源项目向更大规模转变;推动更多的分院、地区实现合同超过 100 亿。

三个转变是实现再造几个十一科技的重要路径。我们在去年提出再造几个十一科技,这是一个总体目标,并没有指出具体路径。三个转变就是实现这一目标的路径。

三个转变是当前院面临的重大历史机遇。当前在院的发展中,我们面临实现三个转变的重大历史机遇与可能,勇敢地抓住这些机会,我们就能迈上一个新台阶。

三个转变的目标要落实到部门,责任到人。每个部门都要制订自己的新目标,特别是那些接近实现三个转变的分院、部门更要积极行动起来,要勇敢奋进,抓住机会,创下辉煌历史,载入史册。

具体地说,我们要做好以下一些事情:

一是战略明确信心坚定。我们提出的"双轮驱动战略""三化战略""四项新战略组合""八项同时并举的战略"等,都是正确的,是一脉相承的,只不过是在不同的时期重点有所侧重。执行战略的策略,往往会因时而变,因事而异,但目标是不变的,战略与信心是坚定的。

二是集中力量聚焦主业。要集中力量、集中优势、集中资源，有效地打击目标，而不能过于分散，力量过于分散，有让对手各个击破之可能。要聚焦主业，在主业里深耕。只有集中力量才能打大仗，只有集中力量才能成大事，只有大项目才能上规模，只有大项目才能形成市场的影响力。

三是大格局成就大事业。做事的格局要大，魄力要大，不要把眼前利益看得太重，不要过分计较个别项目的经济性，要多看项目的市场战略意义，多看项目的长远影响力。相处共事合作，要有包容心，多看别人的优点，多看别人长处，不要一不对就跳，一不合就闹，这样永远无法有真朋友。

四是大胆创新抓住机会。上规模，上台阶，增效益，要有新的思路。比如爱德公司，要实现两个双轮驱动：一是电子与新能源的双轮驱动，二是EPC总承包与安装的双轮驱动，才有可能迈上百亿的规模，否则是不可能的。对总包公司而言，要稳定一些地区，如合肥地区、浙江地区、广东地区、山东地区等作为发展的支点，这些地区有很大的市场需求，同时我院的力量相对较弱，因此发展空间就大。

五是思路宽广开辟新路。开辟新路要有新的思路，新的思路来源于活跃而宽广的视野。要广泛听取大家的意见，要集思广义，要充分汇集大家的智慧。主要领导同志要多出去看看，多出去走走，多交朋友，多拓思路。新的赛道，随处可见，但能在新的赛道上奔跑的并不多，因为新赛道充满机会，同样也充满风险。

六是状态要好打胜硬仗。在竞技体育中，实力与状态是决定一切的，有了战略，具备了实力，能否在竞争中取得胜利取决于状态。良好的状态，必胜的信念，昂扬的斗志，伟大的精神，坚强的意志，都是在硬仗中取胜的关键。

七是服务客户深度融合。客户是我们的服务对象，是我们的上帝。服务好客户，让客户满意是我们的宗旨。我们要以蓬勃的创新活力，以客户需求为导向，全面深化与客户的关系，实现与客户的深度融合。

八是交流促进融合合作。要提倡院内外的广泛交流与合作，以合作推动融合。要高举"自主、合作、创新"的三面大旗，在自主的基础上，广泛合作，推动全面创新。

九是文化凝聚团队精神。要大力弘扬企业文化，特别是要研究在疫情情况下如何开展正常的文化活动。文化与精神是魂，是企业发展的强大动力，是新动能的重要组成部分。用文化武装的团队最有竞争力，用精神鼓舞的团队无往而不胜。

2021 年 8 月 10 日

如何从被动转为主动

有时候,在形势还很好时,由于突发性原因,发生形势的突然逆转,由主动转为被动,如果处理不当,这种被动的局面还会延续,这有可能改变原有的格局。

第一,要沉着镇静,稳住基本盘。发生突变情况,要冷静应对,采取果断措施,要稳住基本盘,要有力制止大面积下滑。稳住态势是第一位的,稳住了态势,就可以制止进一步下滑,就会把损失与影响降低到最低限度,就会重启进程。稳住的关键是要保住基本盘,不让基本盘有太大影响,在这个前提下,作出适当的调整与合理的让步,把损失与影响降低到最小。同时,在心理上要逐步摆脱失利给心理造成的阴影。

第二,进一步寻找原因,从源头上、根本上抓起,采取措施。任何事情的发生,都有其原因,要从成因上抓起,真正找到问题产生的根源,对症下药,采取措施,纠正偏差。

第三,要有战略上的措施。战略是决定大局的,发生了重大问题,有了重大缺陷,仅仅补救还是不行的,效果不明显,必须要从战略上调整,需要改变一下战略方向,调整策略,需要更好的方式,需要采取一些更加有效的行动。

第四,要有新的快速的补救措施。某个方面、某个领域的发展暂时受挫，短时间很可能没有新的机会补上，这需要用时间等待新的机会，但消极等待是不行的，这会影响到队伍的士气，因此必须同时找到新的领域、新的赛道、新的项目，实现东方不亮西方亮，以确保目标与业绩的实现，使队伍的士气不受太大影响。在这些领域的快速拓展，也为再次崛起留出充分的空间、充足的时间与足够的余地。

  在采取上述措施后，形势会出现变化，转折机会就会出现，那时被动就会变成主动，更新的机会就会到来。那时，必定是鲜花盛开、朝霞满天，一个更新、更美的未来展现在我们面前，让我们珍惜与拥抱这个美好的明天吧！

2021 年 8 月 11 日

一骑绝尘

一骑绝尘,就是前无行者,后无来者,在前进的道路上一路狂奔。

一骑绝尘,这是弱变为强的历程。一切都在变化,这是不可抗拒的规律。一切皆有可能,关键是努力的程度。弱可以变强,强可以变为弱,一切都在过程中。奇迹,是由人创造的,在共产党领导下,在伟大的变革时代,有伟大的机遇,一切奇迹都可以创造。

一骑绝尘,这是战士的风采。战士,永远以使命为己任,以担当为责任,跨上战马,就没有路可回头,就必须一马当先,一骑绝尘,这就是战士的风采。

一骑绝尘,这是王者的风范。王者,胸怀天下也。王者,永远不会满足于眼前的胜利,永远有更大的追求。王者,有博大的胸怀,有更大的梦想,有更高的目标。

一骑绝尘,这是谦虚的态度。对骄傲者而言,小有胜利就会肌肉松懈,因满足而放松,因胜利了而停步。但对谦虚者而言,胜利永无止境,前行无尽头,一切都在路上,永远向前进。

一骑绝尘,这是对胜利的珍惜。胜利,来之不易,胜利,是千辛万苦的努力;胜利,是历尽艰难的考验;胜利,是千呼万唤的期待;胜利,是勇敢地向前。要乘胜追击,要乘胜前进,要继续扩大领先优势，要再创奇迹，要一骑绝尘。

　　一骑绝尘，这是自信的体现。"自信人生二百年，会当水击三千里"，没有自信，就没有远大的理想，就没有奋斗的精神。要有一骑绝尘的精神，敢于开创新的局面，敢于击败任何对手，这就是信心的力量。

　　一骑绝尘，是人生的精彩；一骑绝尘，是美丽的风景；一骑绝尘，是王者的风范；一骑绝尘，是战士的风采；一骑绝尘，是胜利的呼唤；一骑绝尘，是远大的理想；一骑绝尘，是心中的梦想；一骑绝尘，是希望的田野。

　　战士的风采。因为历经艰难而格外光耀；战士的风范，因为信念坚定而分外妖娆。

2021 年 8 月 12 日

高市盈率下的风险

股市的风险,有很多判断标准,其中市盈率是一个重要标准。

现在股市炒作成风,炒概念,炒项目,炒未来,概念股的市盈率一般都在100倍左右,高的达200~300倍,或者更高,机构在炒高后,择机跑路,留下一地鸡毛,散户因此遭殃。

过高的市盈率,隐藏着大的风险,一旦环境与条件变化,这些风险就会释放,股价就要狂跌,股市就要遭遇崩盘的危险。

过高的市盈率,企业背上了大的包袱,不堪承受,重压之下,难以承受,最终压趴企业,投机者受益,投资者受到影响。

过高的市盈率,让股价昙花一现,让散户深陷其中,让梦想成为水中捞月;过高的市盈率,让价值成为空中楼阁,难以实现;过高的市盈率,让企业成为沙滩建筑,在风雨中飘摇,随时都有倒塌的可能。

炒风不可长。股市过盛的炒风,败坏了名声,搞坏了风气,股市的泡沫加大,增加了风险。企业的价值不是炒出来的,而是干出来的。

炒风难长久。炒作只能一时,而不能长远。炒作,以害人开始,必定以害己告终,因为炒作只能增加利空,而不能实现企业高质量的发展。

脚踏实地，努力工作，勇于创新，从改善股市的基本面做起，把企业的营收、利润搞上去，把企业的规模搞上去，把企业的盈利能力搞上去，使企业的信披制度更加合规化，提高企业的竞争力，从而以丰厚的业绩回报股民，以美好的前景提振股民的信心，这才是根本的。

2021 年 8 月 12 日

城市的更新

8月10日,住建部官网发了《关于在实施城市更新行动中防止大拆大建问题的通知(征求意见稿)》,文件开头,就点了一些城市更新中,出现沿用过度房地产化的开发建设方式,大拆大建,急功近利等问题,干脆直接,志击要害。

征求意见稿的文件中提出:

1. 严格控制大规模拆除;2. 严格控制大规模增建;3. 严格控制大规模搬迁;4. 确保住房租赁市场供需平稳;5. 保留利用既有建筑;6. 保持老城格局尺度;7. 延续城市特色风貌;8. 加强统筹谋划;9. 探索可持续更新模式;10. 加快补足功能短板;11. 提高城市安全韧性。

其核心要点是三限四保:限拆、限新区、限造城;保城、保人、保建筑、保房价租金。

我个人觉得,这个文件是非常必要的,只不过是晚了一点,如果早一点出台就更好了。

必须制止过快的造新城运动。现在各地造新城已经蔚然成风,在城中造城,在城中造园,已经是常态化。造新城运动耗去国家大量财力物力,使原本有限的土地资源更加紧张,而且效果也不好。有的新城在投入巨资后,至今还是空城,人气很差。

城市的过快发展，严重透支了未来。以机场为例，有的城市这几年从一个机场，到两个机场或更多，实际上每个机场都空荡荡的，没有人气，特别是在疫情期间更是如此。机场的建设，除特大型城市外，一般城市都应以改扩建为主实现增容，这也是国际上常用的做法，这样做有利于资源的集约使用，而我们总习惯于新建。实际上，改建比新建更省钱、更省力、更省时间、更节约资源、更有效率，成功率更高。

以高速公路为例，也应以改扩为主，适量新建。沪宁高速公路是华东的公路大动脉，是国内高速公路的成功运行的典范，这个模范公路也是通过改扩建实现的，通过改建，原来的双向四车道（单边两车道）实现双向八车道（单边四车道）的目标，成为华东最重要、效率最高的高速公路。实践证明，改造往往是多快好省的方案。

城市的发展，必须保留城市的特色，保留城市的历史，保留城市的风貌，要把新建控制到较小的范围内，更多的是原地的返修改造，这样可以更多地节约城市用地，为城市未来的发展留出空间，从而实现城市永久的可持续发展。

逐步发展，有序改造，适度新建，是城市建设的正确方向，也是我们管理城市能力逐步适应的一个过程，否则我们面对日新月异的城市化进程，我们的能力跟不上，还会发生更多的灾难。

为了城市的安全，为了城市的历史，为了城市的风貌，为了城市的未来，为了城市的幸福，为了城市的可持续发展，我们必须有序进行城市的更新改造。

2021 年 8 月 12 日

红花绿叶

红花配绿叶,绿叶衬红花,红花绿叶不可分,梁思成与林徽因是亲密的爱人,亲密的战友,伉俪情深,他(她)们相伴、相助、相补,但又互相独立,各耀史册。他(她)们是生活中的伴侣,事业上的战友,患难中的夫妻,更是比翼双飞的才子佳人。

梁思成与林徽因是亲密的爱人,他(她)们在风雨飘摇的动荡年代,在抗日战争的风雨中,坚持古建筑的测量与研究,坚持建筑技术的研究,坚持开辟中国的营造业,坚持科学研究,梁思成是中国古建筑的总结与集大成者,是现代建筑的奠基者,他(她)为中国建筑业的发展作出了典基性的贡献。解放后,梁思成、林徽因都是深化国徽方案、构思人民英雄纪念碑的雕塑方案的创立者,在建筑方面成就巨大。

在建筑方面,总体上说,林徽因是梁思成的助手,但他(她)之间的关系还不是红花绿叶的问题,实际上,作为建筑师、诗人、作家、美女的林徽因留在世上的,要比梁思成多,林徽因作为一个独立的杰出女性,其光彩无人能比。

建筑,总是在发展的,都是一个过程,永远不会有止境,需要持续地努力,需要成千上万人的辛勤付出。但诗歌艺术有个体性的特点,作为艺术的皇冠,诗歌是永恒的。林徽因表现出杰出的诗歌才华，林徽因有很多优美的诗篇，其中《你是人间四月天》广为传诵，具有永远流传的艺术价值受到人们的喜爱而载入史册。

林徽因作为建筑师、诗人、作家、美女的地位，无论谁，都难比。林徽因作为妻子、母亲，也是尽到了她的责任。林徽因作为爱国者，始终以国家利益为重，无论是在解放前风雨飘摇的动荡年代，还是在建国后面临百废待兴的建设时期，爱国敬业，始终是她的宗旨。

林徽因在那个动荡的年代，一尘不染，始终保持这那份高贵，那份本份，那份纯洁，那份追求，那份善良，那份专业，那份爱国，那份美丽，成为一个近乎完美的典范。

当这一切都集中发生在一个知识型的美女身上时，林徽因就散发出一种独特的魅力，这股魅力穿透历史的时空，冲破国界，让林徽因成为横跨近代与现代的杰出女性，成为永载史册的光耀人物，成为人们生活中的榜样，成为人们心中向往的偶像。

2021 年 8 月 16 日

华东，惦记你

由于疫情的原因，自从 7 月 10 日离开上海、7 月 11 日离开无锡后，已经有一个多月没有去华东了，不断接到无锡朋友们的电话，交流情况，也时时询问何时再到无锡？一个多月的分别，好似一段漫长的岁月，华东的疫情始终牵动着我的心。上海的孙辈们，也时常通过视频，传来问候，随着疫情的好转，去华东的时间表正在日益迫近。

想念华东的朋友们，因为我们朝夕相处，度过了令人难忘的产业强市光灿灿的黄金期，而如今再一次面临新的挑战，也同样面临新的机会，需要众志成城，再揽新机，再辟新路，再建新功。

惦记华东的战友们。上海与华东，是十一科技的主战场，是十一科技市场的大本营，这里集中了十一科技约 40% 的力量，2000 人的浩荡大军在上海与华东集结，他们在华东战场高唱凯歌，在十一科技的旗帜下他们将再创奇迹，再现辉煌。

黄浦江畔的涛声，外滩彻夜明亮的灯火，鼋头渚的惊涛拍岸，蠡湖旁秀丽的风光，宜兴无际的竹海，嘉兴南湖的红船，南京夫子庙的夜色盛况，苏州金鸡湖的美景，杭州西子湖畔的美丽，扬州二十四桥的明月，都深刻地印在我们的脑海里，我们在华东无数次的相聚，给我们留下了一个又一个美好的记忆，这些美好的记忆珍藏在我们的心间。

其实不止是华东，还有华中、华南、华北，西北、东北等很多地方都要去，看看同志们，鼓舞干劲，推动项目，抓住机会，迎接新的挑战。

最后以《昨夜星辰》歌的结尾作为本文的结尾："爱是不变的星辰，爱是永恒的星辰，绝不会在银河中坠落，常忆着那份情那份爱，今夜星辰今夜星辰，依然闪烁。"

2021 年 8 月 21 日

晴空一鹤排云上

酷暑，雷电，暴雨，夏季的灾难，很快就要过去了，秋天就要到了，人们对秋天充满期待。

秋天，是枫叶红了的日子。秋高气爽，金秋的季节，枫叶红了，秋天漫山遍野的红叶，随风飘散，山岗上，山涧里，都是金黄色的一片，秋天的枫叶真漂亮，把大地披上金色的外衣，秋天是个美丽的童话世界。

秋天，秋风麦穗黄。人们在秋天里收获着累累硕果，最容易联想到的是丰收的麦穗，唐张谓《别睢阳故人》诗："夏雨桑条绿，秋风麦穗黄。"秋风到，麦穗黄，秋天到，麦穗落，人们收获着希望的田野，人们享受着丰收的快乐。

秋天，是瓜果飘香的日子。秋天的瓜果真多，哈密瓜，白兰瓜，苹果，梨，西瓜，葡萄，密桃，杨梅，香蕉，桔子，广柑等，这些瓜果让你心醉，这些瓜果让你心甜。

秋天，秋风扫落叶。秋天，秋风吹落叶，气候变凉，有悲寂的感觉，曹丕《燕歌行》（二首其一）说"秋风萧瑟天气凉，草木摇落露为霜"，说明秋天到，秋风起，天气凉，草木摇落，露水成霜，是一幅秋天肃寂的景象。而杜甫在《登高》说"万里悲秋常作客，百年多病独登台"，说出了远在巴蜀之地望故乡，千里清秋的悲凉。但秋天里群雁高飞，飞鹤排云，在其他的诗人眼中，秋天是美好的，有更加昂扬向上的鼓舞，如刘禹锡《秋词》："自古逢秋悲寂寥，我言秋日胜春潮。晴空一鹤排云上，便引诗情到碧霄。"如果仅从字面理解，认为诗人心情不错，实际上写这首诗时，刘禹锡正被朝廷贬谪到朗州（今湖南）任司马时期。刘禹锡的这首《秋词》成了一首赞美秋天最好的诗，人们从中可以得到鼓舞的力量。

由此看，不同的人，对秋天有不同的看法；不同的心情，对秋天会有不同的感受，不同的境界，对秋天有不同的结论。

其实，春、夏、秋、冬，都有其美丽的一面，也都有其局限性；都是无法替代的，又都是不能缺少的，是多彩多姿的，又都能带来快乐的。

让我们珍惜每一个时节，因为这是生命的组成部分。我们感受每一个时节带来的快乐，感受每一个时节带来的诗情画意，让生命在每一个时段快乐而闪光。

2021 年 8 月 22 日

珍惜来之不易的成果

在我们的工作与生活中,时常有许多来之不易的成果,我们却珍惜不够,因此很多事会重蹈覆辙,使来之不易的成果毁于一旦,一切都再一次回到原点。

在工作中,很不容易止住退势,挽回了一场大危机,赢得新的转机,重新出现增长态势,出现了最好的发展时机,迎来最好的发展局面,这个时候只有充分珍惜,才是唯一的正确之路。因为胜利,一种骄傲的情绪可能会滋长,可能会忘记了曾经的困难,忘记了失败的教训,忘记了失败曾经带来多大的痛苦,容易出现盲目骄傲,容易出现盲目自信,使刚刚出现的大好局面再次受挫,我们必须保持高度的警惕,再也不能重蹈覆辙。忘记过去,意味着背叛,意味着倒退,意味着失败。

在健身锻炼中,坚持锻炼,控制饮食,是必须坚持的,持续坚持是很有效的,很不容易把过重的体重减下来,但往往因为一次放纵的喝酒应酬或因一次旅游的放松,体重增长,回到原点,长期锻炼的成果毁于一旦,一切又得重头开始。

在创作中,刚在一些领域取得成果,如集中精力继续研究,本可以继续深化取得更大成果,但这时却突然分散注意,把精力转到其他方面,在这些领域里辛苦建立的优势很快消失。

珍惜来之不易的成果，因为这些成果，我们曾经为之付出巨大代价。我们一步步走到今天，非常不易；我们一步步迈向未来，是这些成果铺就了今天的辉煌。

珍惜来之不易的成果，是走向更大胜利的需要。未来发展，必须以这些成果为基础，为新的起点。发展，总是一步步的；胜利，总是不断积累的；成果，总是从无到有、从小到大的，珍惜过去的成果，才能更好地面向未来。

珍惜来之不易的成果，要不断巩固这些成果，不满足于现有的成果，继续扩大这些成果，继续夯实这些成果的基础，不断建立起更高的高地，从而迎接更大的胜利。

"会当凌绝顶，一览众山小。"杜甫的光辉诗篇鼓舞着我们，让我们站到更高的层面，树立更大的决心与雄心，争取更大的发展成果。

2021 年 8 月 22 日

曾经的往事

今天是中国改革开放的总设计师邓小平同志诞辰117周年，一切感恩改革开放的人，都会在这个特殊的日子里纪念邓小平同志，就像我们每年12月26日纪念伟大领袖毛主席诞辰日是一样的。

记得是2004年的8月22日（17年前的今天），北京举行邓小平同志诞辰100周年的庆祝活动，从全国100名改革创新人物奖中推出10名为全国十大改革创新人物，我荣幸地当选，在人民大会堂举行了隆重的颁奖仪式，获奖理由："带领电子十一院在全国大中型设计院中率先实现整体改制"。

光阴似箭，一晃就是17年，当年的意气风发已经成为历史，17年风雨沧桑，历尽艰难，最终是硕果累累。

17年来，没有辜负组织给予的荣誉，一直牢记小平同志"发展是硬道理"的光辉指示，坚持以发展为第一要务，不怕非议，敢于担当，一切为了发展，一切为社会，一切为了企业，一切为了股东，一切为了员工，并努力平衡好之间的关系。

17年来，初心不改，梦想不变，十一科技一骑绝尘，一马当先，行进在快速发展的轨道上，前途无量。

17年来，坚持改革，坚定战略，加快转型，改革、转型、发展的脚步，一天也没有停，一刻也没有歇，以勤奋不倦，交上了一份合格答卷。

17年来，始终在快乐与痛苦中行走，始终在欢聚与惜别中度过，始终在胜利与遗憾中交错，始终在诗歌昂扬激越声中挺进，一切都在变，唯独不变的是当年在北京获奖时许下的诺言"在岗一天，改革不停；生命不息，奋斗不止"。

以上一些话，写在纪念伟大的改革开放总设计师邓小平诞辰117周年之际。

2021年8月22日

分阶段实现目标

我们的目标，可能是宏伟的，但宏伟的目标必须分解，因为实现这些大目标不可能一蹴而就，而必须是分阶段的，要把这些目标分成若干小目标，把实现这些目标的过程分成若干阶段，分阶段实现目标。

分阶段实现目标，便于实施，可操作性强。没有目标，就没有行动方向，就无法聚焦，就无法聚集资源，无法组织实施，因此目标是必须的。但目标太大，又没有具体分解，同样无法实施，可操作性不强。分阶段实现目标，将远大目标、中长期目标与近期目标，合理分解并有机衔接，这样可操作性强，便于实施。

分阶段实现目标，化难为易，化大为小，变不可能为可能。任何宏大的目标，都是由很多细小的目标组成的；任何艰巨的任务，也都能细分成很多相对简单的事项。分阶段实现目标，可以化难为易，化大为小，使原来的不可能成为可能。

分阶段实现目标，有利提振信心，鼓舞斗志。工作要有成果，事业要有成就，推动要有效果，分阶段实现目标，每一步都掷地有声，每一步都留下痕迹，每一阶段都是加油站，每一步都鼓舞斗志，每一步都书写历史。

分阶段实现目标，点石成金，化腐朽为神奇。分阶段实现目标，把最难的事化成许多简单的事，把不可能完成的目标变成可能达到。这种点石成金、化腐朽为神奇的功能，让你插上腾飞的翅膀。一点点积累，积少成多；一步步前进，积小步为大步；一点点改变，不断书写新的历史，不断创造新的辉煌，不断迈上人生新的高度。

2021 年 8 月 23 日

机会,总是给有准备的人

机会,稍纵即逝,很快就会过去,但有准备的人却会抓住稍纵即逝的机会,实现梦想,成就大业。

有准备的人,有着强烈的机会意识,他们在机会面前表现得主动、灵活而又果断。有准备的人,是在时刻寻找机会的人,在思想上保持高度的敏感,处于一触即发的状态,机会一来,不会犹豫,马上作出决策,果断抓住机会。

没有准备的人,没有这种机会意识,他们在机会面前表现得很被动,迟疑,怀疑,不会主动去抓机会,也抓不住机会,千载难逢的机会,就这样擦肩而过,失之交臂。

策划机会。策划就是一种最积极的准备,是一种有目的的准备。策划,就是事先的计划,就是为了一个目标,采取多方面措施,整合多方面的资源,创造胜利的机会。

等待机会。等待,也是一种策略。等待,就是等待机会的成熟,才开始行动。果子青青,还不是应摘的时候,果子成熟了,瓜熟蒂落,才能收获。一件事情的成功,取决于主客观两方面的因素,只有主客观条件都具备了,才能成功。因此主客观条件的具备是成功的前提。主客观条件的具备是一个过程,这个过程的长短,受到各方面因素的制约,非任意主观能定,需要等待,要有足够的耐心等待。等待的方式有两种，一种是主动的方式，积极培育条件，推动机会成熟；另一种是被动方式，消极等待机会。显然第一种方式更加主动，更加有效。

  在行动中寻机。知道机会在哪里，这是最好的事，这样方向与目标明确，容易成功。但在实际中，更多的时候是往往不知道机会在哪里，这时只有在行动中寻找机会。行动，往往是最好的机会。行动，就是把计划付诸实施，就是把蓝图变成现实，在行动的过程就会发现问题，也会找到解决问题的机会；行动，使机会的条件更加成熟，从而为把握机会创造条件；行动，开辟了更加广阔的天地，舞台就更大了，机会就更多了。

2021 年 8 月 23 日

专心做事

在喧闹的世界里，在快捷的信息化时代，在充斥名利的环境中，在复杂的形势下，要沉下心来，专心做事，并不是件容易的事。因为只要稍不慎，就会陷入迷境。

专心做事，要有明确的目标。"凡事预则立，不预则废"，计划是我们做事的先导，也是我们做事的安排，没有目标，如同航船在没有方向的航道漫无目点的前行，是不会取得成功的。

专心做事，要有远大的理想。"弃雁雀之小志，慕鸿鹄而高翔。"，这是明朝大臣、民族英雄于谦提出的响亮口号，是我们定位理想的坐标。而无数革命先烈，则用血肉之躯为我们诠释了一个人应当树立什么样的远大理想。

专心做事，要淡泊明志，宁静志远。恬静寡欲，才能明确志向；排除外来干扰，才能达到远大目标。这句话出自诸葛亮《诫子书》：夫君子之行，静以修身，俭以养德。非淡泊无以明志，非宁静无以致远。在名利甚嚣尘上的环境下，专心做事是一种很大的考验。

专心做事，要沉下心来。心无旁骛，专心致志，集中目标，围绕着目标学习、查阅、思考、研究、写作、创作、创新、突破，经过一段时间努力，总会有进步，总会出一些成果。

专心做事，要有坚强的意志，要有必胜的信念。这让我想起了清代郑燮的《竹石》诗："咬定青山不放松，立根原在破岩中。千磨万击还坚劲，任尔东西南北风。"专心做事，要突破前进，没有这种精神是不行的。叶帅说"攻城不怕坚，攻书莫畏难。科学有险阻，苦战能过关。"我们的"两弹一星"就是在这个精神鼓舞下攻克的。

专心做事，要不断用榜样来鼓舞自己。榜样的力量是无穷的，要以历史的、现代的、远处的、身旁的，一切成功人士为自己的榜样，用这些榜样的力量来鼓舞自己、激励自己。

专心做事，要以自己不断取得的成功、成果、成就鼓舞自己，增强自己的信心，哪怕这成功只是微小的一步，那怕这进步只是一个开始，但对于自己树立信心则显得非常重要。

专心做事，天降大任于斯也。"江山代有才人出，各领风骚数百年"，新的时代，有新的需求，要有新的创造，有新的发展。我们不能只有恋古情结而无现代创新意识，也不能只知道背诵经典的古诗词而对现代的一切巨大变化熟视无睹，而是要紧扣时代脉搏，在继承的基础上，大胆创新，勇于突破，发出时代的强音，创造出新时代华丽乐章。

专心做事，才能成就一些大事。精品需要千锤百炼，经典需要历久弥新，创新需要思维突破，灵感来自生活实践，事业源于执着追求，而这一切都需要时间，需要专心致志。在一段时间内，集中于一个有限目标，形成焦点，容易成功。

专心做事，不断积累。"积小胜为大胜，积跬步至千里"，只要我们坚持目标，不忘初心，持续努力，安心做事，无论是企业的发展目标，还是个人的人生规划，都一定会稳步达到预期的目标。

专心做事，变不可能为可能。"一切皆有可能"，一切可能性存在于我们的努力之中，在持续不断的努力下，胜利的彼岸就会到达，通畅的坦途就会开辟，路会变得越来越宽广。

专心做事，百炼成钢。百转千回，才能踏上胜利的坦途；千锤百炼，才能成为坚强的勇士；探索，永无止境；创新，永在路上。

以辛弃疾的诗《青玉案·元夕》作为结尾：

东风夜放花千树。更吹落、星如雨。宝马雕车香满路。凤箫声动，玉壶光转，一夜鱼龙舞。

蛾儿雪柳黄金缕。笑语盈盈暗香去。众里寻他千百度。蓦然回首，那人却在，灯火阑珊处。

2021 年 8 月 25 日

实事求是

实事求是，是毛主席一贯倡导的方针，也是小平同志一直坚持的原则，小平同志提出"实事求是向前看"，并以此拨乱反正，结束文革后的动荡局面，使各项工作迅速步入正轨，很快我们迎来改革开放的新时代，迎来今天繁荣昌盛的中国。

如今，我们正处在一个动荡的世界里，我们面临来自各方面更加严峻的挑战，面临更加艰巨的发展任务，我们更要坚持与发展实事求是的精神，争取更大的胜利。

发展是硬道理，这是实事求是精神的精髓。坚持实事求是，是为了发展，而发展必须要找到一条符合自身实际情况的、最好、最快的发展道路，而这条道路的选择不能脱离实际，只能从我们的实际出发，只能从我们所处的特殊环境出发，这是我们的基本点，离开了这个基本点，就不是实事求是的态度。

敢于担当，勇于改革，这是坚持实事求是的必然要求。中国特色的社会主义道路，没有成功的先例可遵循，一切靠我们自己艰苦探索。而每个单位的发展路线，也必须是由每个单位依据自己的实际情况，历尽艰辛，才能找到，最后作出选择，这种选择出自于曲折发展的实践。无论如何，在竞争如此激烈的环境中，要生存发展，没有敢于担当、勇于改革的精神，是很难开创新的道路的，是无法在新赛道上奔跑的。现在勇于担责的现象已变得渐行渐远，以至于感到陌生，为数不少的干部只知道讲原则，讲大道理，而不肯担责任，他们四平八稳，任内风平浪静，一事无成，他们对充满风险的重大机遇，熟视无睹，决不愿去承担任何风险，假、大、空，是其最重要特点。不会、不愿、也无力担责（没有这个水平）的干部，他们只能干四平八稳的事，机会也常常会与他们擦肩而过。抓发展机会，必须破除一些清规戒律，必然要科学策划，大胆创新，必须敢冒风险，必须从实际出发，必须要有勇于改革的精神，只有这样，才能抓住发展中的机会。

包容过错，团结一致向前看，这是实事求是的必然反映。领导干部要有包容态度，在机制设置上，要有容错机制，只要不是以谋取私利为目的且风险可控，就允许他们去干，去闯，要放手让这些干部去一搏，去杀出一条血路来，冲出一条新路来，而我们则可以为他们承担更多的责任。

2021 年 8 月 27 日

管 | 理 | 随 | 笔 ❻

进退之间的选择

　　人的一生，往往会面临职务上多次进退之间的选择，由于主客观的原因，并不会每次都能如意，很多时候都要面临进退之间的考验。良好的心态，服从组织需要，选择能发挥自己长处又能做实事的岗位，是最好的选择。

　　能进当然好，担任更高的职务，拥有更高的平台，享有更大的权力，面临更多的机会，成就更大的事业，实现更大的梦想，自己的才华与品德得到更多的肯定，亲人乐，朋友喜，熟识人，皆大欢喜，无人不乐。但，职务高了，担子重了，责任大了，面临的考验也会加大，面临的诱惑与风险也在加大，自己的能力能否适应，抵御风险的准备是否已做好，群众中的威信是否建立，这些也都是我们要考虑的问题。同时，职务是宝塔型的，越到高处，位置越少，能上的，毕竟是少数，大部分人只能原地踏步，这也是很正常的。

　　如果我们对一切可能带来的新变化，没有充分的思想准备、精神准备、物质准备、知识准备、能力准备与奉献准备，那我们就有可能在新职务面前显得力不从心，无法胜任新的岗位，会耽误大事，甚至有摔跟头的可能。

　　若不能进，退一步，未必是坏事，退一步可以不必去履新，可以安心把现有的事做好，同样有一番新的天地。

退一步海阔天空。既然进一步举步维艰，说明进一步的时机不成熟，也无可能，不如退一步为好，退一步海阔天空。退一步，可以继续在现岗位上做好自己，进一步锻炼与提高自己，使基础更加牢靠，使自己得到更多提高，使未来更加光明。

退一步有利于务实做事。位置越高，在宏观问题上花的时间就越多，离一线就会远些，接触与深入一线与外部的机会就会大大减少，而正是深入一线与丰富的外部世界给你带来重大机会，给你的决策带来丰富的源泉。

官位越高，听汇报也必然越多，得到的信息将更加间接，有时候这些信息也会滞后，如果不能亲自深入实际，因此会失去一些重要决策机会。因此从做实事的角度看，停留在原位并没有坏处。

身处原位，仍然可以大展拳脚，仍然可以实现自己的宏图大志。身处原位，职务低了，担子轻了，包袱卸了，目标更加单一，精力更加集中，顾虑更少了，可以放手一搏，因而更容易做成事、做成大事，有利而无害也。

身在基层，身在市场与生产一线，这里有火热的生活，这里有昂扬的斗志，这里跳动着时代的脉搏，这里有可歌可泣的感人事迹，这里仍然可创造出惊天地泣鬼神的伟业，这里跳动着蓬勃的时代乐章，这里是广阔的天地。为官一任，造福一方；为任一届，闪耀历史，做实事、做大事，是判断我们人生价值的唯一标准。

对一个人的尊重，主要是对他开创事业的尊重，而不是职务；一个人能否写进历史，被人民永记，主要也是依据他的精神与他创造的丰碑、伟业，同样不会因为他的职务。

退一步驾熟就轻。赶着轻载的车走在熟路上，轻松上路。唐代韩愈《送石处士序》："若驷马驾轻车，就熟路。" 做熟悉的事，做擅长的事，让自己的才能得到充分发挥，容易成功。

轻装上阵，顺其自然，保持良好的心态，以做事、创造历史为己任，换来的是一身轻松，迎来的是一个更新的天地。

2021 年 8 月 27 日

一切都永无止境

岗位，是履职的标志，只要在岗一天，一切都在进行中，一切都永无止境。

学习与创新永无止境。新的时代，一切在快速发展中，必须学在先，创新在先，才能永远立于时代的潮流，才能永远立于不败之地，否则，快速发展的形势很快会把你远远地抛在后面。

压力永无止境。领导，就是责任，有责任就有压力。只要在岗一天，工作就没有停止，责任就没有停止，压力也不会停止，就得作好承受压力的准备。

机会永无止境。在岗位，面临的机会还会继续，机会还会增多，机会永无止境。要不断善于发现新的机会，发展新的机会，不断扩大新的机会，让新的机会为发展增加新的动能。

快乐永无止境。工作着是快乐的，工作者是幸运的，快乐地工作，快乐地生活，是我们人生的宗旨。珍惜在岗工作的时间，珍惜在岗工作的机会，珍惜在岗的岁月，让在岗的每一个时光，都放射出耀眼的光芒。

烦恼永无止境。有快乐，就必定有烦恼。快乐总是与烦恼相伴，烦恼总是与快乐相随，两者密不可分。人生不会总处处顺利，企业发展不会事事称心。发展不会一帆风顺，发展总是不平衡的，发展总是波浪式的，发展总是螺旋形的，发展总是迂回曲折的。市场经济充满竞争，而竞争必定有输有赢，没有常胜将军。在岗一天，你就得作好准备，迎接每一天都有可能存在的烦恼，对待烦恼，要有从容的态度，要有常态化的准备，要有积极应对的健康心态。

风险永无止境。在岗就得发展，而发展总是存在风险，发展越快，规模越大，风险存在的可能性就越大。特别是为了转型，在新赛道上赛跑，新赛道上不会一帆风顺，一定要有足够的思想准备。不仅发展有风险，而停下来也有风险，而且停下来的风险更大。停下来，慢下来，就会让对手超越，一旦被超越，再赶上去难度更大。而继续保持较快的增速，在较快的速度中进行调整，问题容易解决，障碍容易排除，困难容易克服。因此，必须要有准备应对较大风险的意识，要在坚持发展中规避风险，确保发展的速度。

一切都是永无止境，既没有必要为一点胜利而沾沾自喜，也没有必要为受到一点挫折而垂头丧气，始终如一，不忘初心，牢记使命，保持昂扬的斗志，把决策建立在可控与安全的基础上，发扬变不可能为可能的精神，脚踏实地，努力奋斗，从容应对，再写辉煌，再创新高，再登高峰，再图富强，再立新功。

2021 年 8 月 29 日

改变,要从自己做起

时间过得真快,真是光阴似箭,一切都在不知不觉中过去,我们必须加快调整自己,经常改变自己,使自己保持昂扬的斗志,保持良好的心态,保持与时俱进,与日俱进。我们要在改变与调整中不断进步,否则时间匆匆而过,自己则会一事无成。

改变自己,是件不容易的事。要向自己挑战,要敢于改变现状,善于改变自己,要对自己要经常问一个为什么?改变别人,要从改变自己做起,否则无法改变别人。而下决心改变自己之时,也是改变现状、改变别人之日。改变自己并不容易,因为一些乖巧的人们学会了保护自己的办法——责任往别人身上推,自己都是对的。这样检讨自己的人就会减少,人们改进的机会就会减少,变革就无可能,而只有不断变革才是前行的动力。

改变自己,要与懒惰作斗争。人,总是有一股惯性,一股惰性,不愿意接受新事物,不愿意花时间去交那些新朋友——这些新朋友可能会改变你的生活,不愿意改变自己的现状,因此很多发展的机会就会擦肩而过。目标,或许是主动改变现状的一个动力,在高目标下有很大的压力,这个压力就成为改变现状的动力。正是在这个压力下,一切都在开始变化,发展获得源源不断的动力。低目标,就是无所作为,就是混日子过,是不会改变现状的。

改变自己，迎来新天地。我们要试着改变自己，要试着去尝试一下新鲜事物、新的方法、新的路径，或许这些尝试会改变你的生活；要试着怀疑并打破一些习惯做法，用新的思想，大胆突破的精神，大胆否定的勇气，改变我们的现状。正是在这些改变自己的决定中，我们会迎来转机，迎来一个更加广阔的新天地。

2021 年 9 月 1 日

夜晚的成都

成都的夜晚是美丽的，霓虹灯耀，人鼎沸腾，夜晚胜似白天。

夜晚的成都，朋友们举杯，孩子们歌唱，年轻人酒吧畅饮，老人们广场尽情舞蹈，健身者忙着锻炼，绿道上挤满了人群。

夜晚的成都，有朋自远方来，不亦乐乎，天南海北尽聊，国内国外神侃，家事国事天下事，事事都关心，件件都谈论，虽小市民身份，有家国情怀。

夜晚的成都，宽窄巷子忙碌，太古里游逛，春熙路购物，339电视塔观景，二麻酒馆开怀，卡拉OK尽兴，府南河边漫步，商业一片繁荣，风景这边独美。

夜晚的成都，尽思发展之路，尽想未来之策，诗与远方等待，歌与音乐回荡，愿梦想成真，世界不再纷争，疫情终止，天下太平。

夜晚的成都，庆祝抗战胜利日，人们庆祝伟大胜利，感恩中国共产党的英明，欢呼今日中国之强大，严阵以待，击退一切敢于进犯之敌，保卫祖国之安全。

夜晚的成都，幸福而安宁；夜晚的成都，繁荣而美丽。

2021年9月3日

管│理│随│笔 ❻

远方路上景色新

在永续发展而无止境的市场大潮中,要永远勇于立于潮头并不是件容易的事,重要的一点要不断迎接新的挑战。每战胜一个新的挑战,就会前进一步,而如果被挑战战胜,那么就得退下去,就有被时代淘汰的可能。

在前行的路上,会有一个又一个意想不到的考验,有时感到疲惫不堪,很想放弃,但在坚持中会突然云开雾散,柳暗花明又一村,迷雾中突现曙光,说明坚持的重要性。

管理思想上的常变。管理思想不能一成不变,必须要常变常新,才能适应新的情况。过去的经验,固然是重要的,但应对新的挑战更加重要,否则发展无法持续。发展,总是突破过去;发展,总会遇到困难,遇到瓶颈,要解决这些"卡脖子"的瓶颈,才能在新的高度上再发展。

管理制度上的常新。制度建设很重要,要不断修改、补充,才能让这些制度有生命力,而比制定规章制度更重要的是执行这些制度,否则这些制度成为摆设而不能发挥作用。

用人政策上的大胆创新。要新老交替,推陈出新,要大胆启用一批忠诚、年轻、有能力的新干部,形成接班的浩荡大军,让事业后继有人,更加兴旺。

一切都是过路烟云，唯有丰碑永存。时光匆匆，每个人都有自己的儿童、少年、青年、壮年、老年时代，也都是世上的匆匆过客。但做些事，做些实事，在喜欢的领域里创出一片新天地，留下一些有价值与值得称道的业绩，让这些丰碑永在。

一切都是逝去的历史，唯有不断进取，才能到达一个又一个新的高峰。路，没有尽头；峰，总在高处；不断进取，永无止境地登攀，才能到达光辉的顶点。

一切都在慢慢地进入历史，唯有友谊与思念长存。随着时光的推移，当年的领导与战友们不断从岗位上退下来，我时常想念曾经风风火火的日子，想念那些朝夕相处的快乐日子，想念那些难忘的峥嵘岁月，想念我们曾经一起写下的辉煌，这些辉煌已经载入史册，而新的发展仍然让我们不能停步。如今，虽然我们远隔一方，不能常见面，但"此事古难全，但愿人长久"，我常在心里祝愿这些远方的领导与战友们，愿我们大家一切平安！

2021 年 9 月 7 日

如获至宝
——读何建明老师《红墙警卫》卫士长回忆毛泽东

昨天晚上，我从无锡经上海虹桥机场返回成都，在虹桥机场候机时，突然看到了天地出版社再版的何建明老师的一本书《红墙警卫》卫士长回忆毛泽东，我心中一喜，马上买下来，因为这虽然是建明老师在十年前的作品，但我还是第一次看到，我是个红色影视作品的爱好者与红色读物的阅读收藏者，这本书我非常想得到，因此我有种如获至宝的感觉，非常欣喜，马上买下。买下后，我马上发微信报告了建明老师，他热情点赞。

在上海飞往成都的 mu5417 航班上，我一口气看完了这本《红墙警卫》的主要篇章，全书十三章的内容都吸引着我，第一章：来到最高统帅身边；第二章：头等使命；第三章：诱引"老帅出阁"；第四章：天下第一媒；第五章：三军难挡中流击水；第六章："首席教授"；第七章：去社会风浪中摔打；第八章：下不了的黄鹤楼，走不出的红围墙；第九章：紧握手中枪；第十章：家庭成员；第十一章："第一夫人"难伺候；第十二章：惊人之举；第

谨以此文表达对毛主席逝世 45 周年的永远怀念！

十三章：挥泪相别，永生相随。

　　从这本书里，我们对毛主席的伟大的家国情怀、对身边卫士与工作人员的深厚情谊、在危机关头泰然处之的大无畏态度、对大自然、对大海、对游泳、对人民群众的深爱之心、对事物的辩证态度，都给我留下了更深的印象。下面我举书中一些例子说明。

　　比如在书中第一章里说，1947 年在转战陕北的过程中，毛主席、党中央与中央直属支队只有 900 多人，胡宗南命令刘戡率 7 个旅的兵力紧追不放，从绥德一直追到米脂县。8 月 18 日这一天，中央直属支队被迫到了黄河边。书中写道："形势万分危机，前面是汹涌滔天的黄河，后面是刘戡已经近在咫尺的追兵。眼前似乎只有一条出路：抢渡黄河。"先是任弼时，后是周恩来，极力劝毛主席过黄河，毛主席就是不肯过黄河。就在毛泽东抽完这支李银桥点着的烟以后，他一扫脸上的愁云，断然决定："不过黄河！放心跟我走，老子不怕邪！"说完，他大步沿着黄河边的山路走去。中央直属支队跟着他，几乎就在敌人的眼皮底下，跳出了包围圈。

　　再比如在书中第五章里，书中对毛主席喜欢大海、喜欢游泳作了深度描绘。书中写道："毛泽东太爱大海了，尤其是有风浪的大海。他静静地凝视着海面，胸膛随着呼啸的海浪而起伏。毛泽东目光中闪烁着一种炽热，一种眷恋。此刻的毛泽东，仿佛整个宇宙间就只剩他与大海两个。只见他双手轻轻地一分，把拥挤在身边的卫士分到两侧，独自默默地脱去衣服……"

　　有一次在北戴河，毛主席在大海里游泳搏击了一天，回来后诗兴大发，一首千古永垂的磅礴诗篇产生：

浪淘沙·北戴河

[近现代] 毛泽东
1954 年夏

大雨落幽燕,
白浪滔天,
秦皇岛外打鱼船。
一片汪洋都不见,
知向谁边?

往事越千年,
魏武挥鞭,
东临碣石有遗篇。
萧瑟秋风今又是,
换了人间。

毛主席的光辉诗篇,都是他在伟大实践与丰富生活中的灵感与体会,是源于生活而又高于生活的艺术精品。

又比如在书中第八章里提到,1949 年 5 月 1 日,毛主席到颐和园会见民主人士柳亚子时有段对话,充满哲理,

在评价风景秀丽的颐和园时,柳亚子感叹道:"慈禧太后腐败无能,屈服于帝国主义的压力,签订了许多不平等的条约,给中国人民带来了极大的痛苦和灾难。她把中国人民的血汗搜刮起来,奉献给帝国主义,建造她的乐园,真是可耻之极。

老先生一激动，就会把一双拳头放在半空中挥舞起来。

毛泽东则完全是一副哲人的大家风度，他接过柳老的话说："不过，事物总是辩证的。她慈禧当初用建海军的钱修了这个颐和园，这在当时是犯罪的，但现在看来，当时即便建立了海军，也还是要送给帝国主义的。建了颐和园，帝国主义拿不走，今天人民也可以用来享受，总比她和朝廷里的王爷挥霍掉要好嘛。"

柳亚子对毛泽东的妙论佩服得五体投地："中国出了个毛泽东！主席，您真伟大啊！"他的大拇指挺挺地直竖在毛泽东眼前。"

我们从这段对话中，看出毛主席看问题充满辩证法，深刻而全面。

总之，何建明老师的《红墙警卫》内容非常之丰富，连同他一系列新作一样，非常值得一读，受益匪浅。在毛主席逝世45周年的特别时刻，发此文表达我们对毛主席永远的思念，这思念永远不断，这思念越来越深。

2021年9月9日

管 | 理 | 随 | 笔 ❻

有朋自远方来，不亦乐乎

昨天是个晴朗的日子，又是"中国乐山·绿色硅谷"2021年第四届中国光伏产业高峰论坛开会的前一天，从无锡等地来参会的朋友们陆续来院看我，客人们络绎不绝，有些忙碌。这时，我又迎来了两位音乐界的朋友来访，他们是：著名作曲家彭涛老师与著名音乐评论家刘铭老师，彭涛老师特地陪同他45年的好朋友、南充老乡、著名音乐评论家刘铭老师特地来看我。

我与彭涛老师的合作与友谊有17年的历史，现在合作更加紧密、成果更加丰硕、合作步伐加快，而与刘铭老师则是第二次见面，第一次见面是在今年6月6日的成都百花潭公园，在赵振元、彭涛音乐专集《心声》的发布会上，刘铭老师热情而专业的讲话，受到全场的高度肯定，以后他又发了一些与众不同的独特的音乐评论，再次受到关注。

这次我们相见，倍感亲切，话题很多，从6月6日《心声》首发的难忘时光，到最近我与彭涛老师新的音乐合作成果，还有未来我们对音乐合作新的展望等，有说不完的话，道不尽的情。

刘铭老师对我与彭涛老师的一系列新成果给予高度评价，并逐一进行了深入点评，这是对我们极大的鼓励，会谈气氛甚浓，不知不觉就到了午饭时间，我们与无锡的朋友们一起在院就餐，席间再次深入交谈。

离别时,刘铭老师向我赠送了专门在庆祝6月6日《心声》首发的诗与书法,我向他回赠了我的部分著作:《诗情画意咏人间》《一路风尘》《管理随笔》(一、二)《平台理论》等,我们相约在不久再见面。

我与刘铭老师只见过两次面,在一起交谈的时间一共没有超过2小时,平时分别在成都与南充,虽然不远,到见面并不易,但我们一见如故,心灵相通,像似阔别多年的老朋友。

朋友间的友谊,不是相处越久就越深,是否志同道合、真诚真意是关键,有些人虽然相处多年,但无话可谈,因为志不同,道不合。

朋友间的友谊,不需要以物质为代价,而在于心灵的互动,在于精神的领会,在于相互的理解与包容,在于相互间美好的祝愿。

朋友间的友谊,穿越历史时空,越过地域隔离,跨过专业局限,更是超越职业边界,成为串联人们心灵的温暖纽带,这纽带温暖着人们的心灵,化成一种美好的祝愿。

朋友间的友谊,不在于索取,而在于奉献;不在于对等交换,而在于尽力所能;不在于锦上添花,更在于雪中送炭;不需要虚伪的表白,而需要真诚的帮助。

有朋自远方来,在这个温暖的日子,在这个秋高气爽的时间,在这个朋友们相聚的日子,在这个难忘的时刻。

2021年9月10日

管│理│随│笔 ⑥

光伏发电，新财富的高地

今天，在通威集团出席"中国乐山·绿色硅谷，2021第四届中国国际光伏产业高峰论坛"会议，这次会议大咖云集，精彩观点纷呈，会议内容丰富，新思想碰撞，增长点频出，给新能源的未来勾划了一幅美好的前景，其中通威董事局主席、著名企业家刘汉元、中国石油化工集团有限公司原董事长、长江学院实践教授傅成玉的报告，以新颖的观点、创新的思路、翔实的数据，给我们指出了未来的方向，引起了大家的普遍关注并受到大家的热烈欢迎。

汉元主席在报告中讲到，中国光伏目前是中国在世界唯一处于绝对领先地位的产业，现在每年能提供200GW的装置生产能力，而每年的光伏发电量，相当于1亿吨石油当量，汉元主席还列举了光伏发电生产成本日益降低的数据。通威以其自身发展的实践，证明了光伏发电的价值，通威目前的在晶硅材料与光伏电池制造产业链上，在国内处领先地位，通威股份的市值在不到一年时间里，从不到500亿市值上升到今天的2600多亿市值，今年上半年通威股份的净利润增长接近200%，而通威在全国的新能源布局更是大手笔，从双流、乐山、合肥、眉山扩大到金堂、云南保山、内蒙包头、江苏扬州等，版图的快速扩大巩固了通威在光伏行业的龙头地位，通威未来的前景必定更加光明。

傅成玉，是原中国石油化工集团董事长、党组书记、著名企业家、长江商学院实践教授，他报告的题目是《双碳背景下的能源转型》，傅董事长的报告主要内容是：一、气候变化远超预期：二氧化碳浓度 200 万年最高；海平面上升速度 3000 万年最快；北极海冰面积 1000 年最小；冰川消退速度 2000 年未见；控制 1.5 摄氏度的地球上升温度难度极大；二、能源转型力度没有最强，只有更强：传统能源加快转型；传统能源企业市场压力大：如不转型，企业形象严重受损；如不转型，企业价值大幅贬值，以特斯拉为例，特斯拉能源汽车的年产量现在只有 40 万辆，而全球前十大汽车制造商汽车年产量 2000 多万辆，但这十大汽车制造商的市值总和不如特斯拉一家的市值大，这充分说明了市场的价值走向，如果传统能源企业不转型，股东们会采取一系列措施，逼你转型。

光伏发电，新能源，是未来的价值高地，是财富新的发源地，在双碳经济下的 20～30 年是最好的发展时机；

光伏发电，新能源，是双碳经济下一片广阔的市场，是企业发展的战略高地，是我们未来的希望。

光伏发电，新能源，也是十一科技未来新的希望，今年我们在新能源上三倍的增长，给我们树立了强大的信心，未来的日子里，我们将走得更加坚决，走得更快，走得更远。

在 5 月 11 日杭州举行的碳达峰中国光伏高峰论坛会上，我提出了今年十一科技光伏（光伏制造与光伏发电）发展的目标是年内实现百亿合同的目标，在同志们的努力下，我们只用了 4 个月的时间就实现了这个战略目标，到年底还有 4 个月，我们还有机会，再创历史新高。

站在新的历史起点上,我们在光伏界十年的转型已经结出丰硕成果,但转型还在路上,转型还在继续,未来20～30年是光伏与新能源发展的黄金期,奋勇前进,勇敢把握机会,我们有可能走得更快,有可能走得更远,让我们努力吧,高举起十一科技"自主、合作、创新"的三面大旗,坚定实行"双轮驱动"的战略,创造新的更加辉煌。

2021年9月10日

可以再快一些

——再评"2021年第四届中国国际光伏高峰论坛"

在通威参加"2021年第四届中国国际光伏高峰论坛"会回来,思绪仍然停留在会上,会上新能源的浓浓气息,如同不可阻挡的一股滚滚浪潮,正在迅速地席卷新能源行业,正在向我们大步走来。

对照行业龙头通威的雄心,我们的差距很大;对照行业龙头通威的大布局,我们的行动太少;对照行业龙头通威的步伐,我们的步伐太慢;向通威学习,以汉元为榜样,成为我们当前在新能源发展的紧迫任务。我们在新能源上的发展速度,可以再快一些。

可以再快一些,是由于光伏发电与新能源在双碳经济中唯一的、独特的地位决定的,其他各类新能源的大规模推广应用都有一定的障碍与局限,而未来20~30年是双碳经济的黄金期,实现双碳目标,光伏发电将承担主角,光伏发电是关键,我们面临的机会正在增多,向新能源转型的力度可以进一步加大,速度可以再快一些。

可以再快一些,是由于光伏发电与新能源的产业链正在延伸,链宽在加大。储能正在以前所未有的速度向前发展,氢能的研究再次提到日程,产业链的延伸与加宽大大丰富了光伏发电的内容,扩大了光伏发电的市场。

可以再快一些，是因为中国光伏产业在全球处于领先的地位。无论是理论，还是实际；无论是产业规模，还是就业人数；无论是技术，还是创新，中国的光伏产业都在世界上遥遥领先，这是中国在产业上为数不多地、领先于别国的行业。光伏发电国内市场大，但国际市场更加广阔，全球光伏发电市场未来前景十分光明。

可以再快一点，我们转型十年已经取得了先发优势。这些优势是：创立了品牌、培养了队伍、形成了规模、建立了优势、有了客户群、尝到了甜头、取得了效益，而这些正是我们再出发的雄厚基础。

可以再快一些，是因为我们发展还比较慢，有加速的可能，双轮驱动战略的空间很大。与国内光伏与新能源的龙头企业相比，我们的差距是明显的，而正是这些差距是我们的发展潜力与再出发的动力，我们可以再快一些。

榜样的力量是无穷的，向通威学习，向汉元学习，向国内一切光伏龙头企业靠拢，为一切光伏发电与新能源企业服务，是我们的方针。再快一些，是我们当前在新能源的紧迫任务。

再快一些，必将迎来更新的天地；再快一些，必将抓住更多的机会；再快一些，必将看到更美的风景；再快一些，必将开创更新的局面；

再快一些，必将走得更远、飞得更高。

2021 年 9 月 11 日

谈歌《亲密爱人》歌词的创作

《亲密爱人》这首歌的歌词，创作于 2021 年的 5 月，是我继《老伴》（彭涛老师作曲）后又一首为爱人张小平所作的歌曲，《亲密爱人》这首歌由多才多艺的著名青年女歌唱家高楠作曲，今天与大家见面。

这首歌，是献给爱人小平的。歌词回忆了我们相识、相知、相爱的过程。爱人，是生活中的朝夕相处的伴侣，是事业中的亲密战友，是困难中的坚强依靠，是家庭中最坚强的支柱，是寒冷中温暖的阳光，是人生路上最重要的亲人。我用这首歌表达对爱人小平的感情，感谢她在我人生路上与对家庭的全力支持。

这首歌，也是献给天下所有亲密的爱人的。天下有情人终成眷属，天下亲密的爱人是最幸福的，我把这些美好的祝福送给他（她）们，让亲密爱人永远相爱，永远不分离。

这首歌经青年歌唱家高楠的谱曲并由她亲自演唱，歌曲多了些青春的活力与情感的缠绵，成为一曲非常美妙而流行的歌曲。动人的旋律，精彩的演绎，唱出了我们内心的美好祝愿，也唱出了大家心中的美好梦想，愿这首歌伴随着高楠的演唱，走进千万个亲密爱人的心中，走进千万个普通人的家庭中，成为我们在心中永远唱响的美妙音乐。

2021 年 9 月 12 日

扬帆远航正当时

——加快院新能源发展的新措施

从通威"2021年第四届中国国际光伏高论坛"会上回来，我连续发表了一些文章，这些文章是《光伏发电，新财富的高地》《可以再快一些》，文章中阐述了我对当前新能源发展的新看法，并就加快光伏发电提出了我的意见。

一、调高今年目标

截至八月底，我院新能源的合同（光伏制度与光伏发电）已达100亿，这是历史新高，我们仅花了5个月的时间，就实现了我于今年5月11日在杭州碳达峰中国光伏高峰论坛会上提出目标——今年100亿的新能源合同目标，我们还有不到4个月的时间，根据合同储备情况，我们完全有可能再签下50亿合同，实现今年新能源150亿合同的新目标。

二、按双轮驱动战略布署产业链

"投资服务双轮驱动"是我们的战略，在新能源日益扩大与延伸的产业链中，我们继续选择有价值的、低风险的项目进行投资，不仅可以为上市公司确定投资方向，同时还可以增加稳定的利润来源。

三、加快组织力量，冲击新高度

我们在转型的十年的过程中，培养了一批人才与团队，这个团队的规模正在逐步扩大，现在要加快这支队伍的培养，要做好较大规模扩容的准备。扩容，主要还是通过调高指标后的倒逼。

四、启动奖励机制

院今年设置了规模超过 1000 万元的新能源奖励基金，奖励在新能源开发、设计、总包与建设过程中作出突出贡献的个人与团体。现在我们今年的合同目标已经实现，开始选择性地奖励的时机已经成熟，院从现在开始将陆续启用这笔资金，奖励在新能源战线表现突出的个人与团体。

五、设新能源首席专家

即将召开的院党政联席会，将首次任命院新能源首席专家。经过十年的转型，在新能源战线涌现出一大批专家型的干部，选拔的余地很大，产生首席专家的时机与条件已经成熟。

六、制订 2022 年新能源目标

我们很快就要迈入 2022 年，我们一方面要努力创造今年新能源合同的新高，另外一方面要布署明年新能源工作，要提出更高的指标，并把这个指标落到实处，从而成为我们新能源工作的一个奋斗目标，鼓舞大家奔向更加光明的未来。

2021 年 9 月 14 日

管 | 理 | 随 | 笔 ❻

机会，是飞舞的浪花

机会，就在身边

在我们生命的每一个时分

机会

是滚滚的大潮，汹涌澎湃

只有勇立潮头

才能紧紧把握机会

机会

是飞溅的浪花

浪花朵朵，漫天飞舞

稍纵即逝，要快速捕捉

机会

是盛开的鲜花，灿烂无比

要慧眼独识，欣赏花的美丽

慢了，机会就失去了

慢了，机会就没有了

慢了，一切都随风而去

慢了，消失了美好的一切

慢了，消失了那些珍贵的记忆
赶快抓，还有机会
赶紧做，一切还来得及
奋力追，赶上还有可能
拼命赶，前面是新的天地
抓住的是宝贵的机会
赢来的将是生命的奇迹

一切皆有可能
一切可能都要努力
在一次次努力中
不可能成为可能
在一次次坚持中
发生着新的变化
天才
是无数心血浇灌铸就
意志
在一次次磨难中变得坚强
辉煌
在一次次坚持中成功写就
高峰
在一次次登攀中不断登顶
希望
在一天天平淡的生活中产生

奇迹

在经历无数的梦想后出现

2021 年 9 月 14 日

抓不抓，不一样

未来 20～30 年，光伏发电将迎来重大战略机遇期。实现双碳目标，光伏发电是主角，也是关键。中国光伏行业具有技术优势和制造优势，在全球处于领先的地位。新能源的产业链也正在延伸与拓宽，扩大了市场，前景光明。

适逢光伏发电重大的机遇期，十一科技历经转型，打造了强大的品牌影响力，我们不畏惧挑战，抓住黄金机遇期，全力稳住集成电路阵地，奋力开拓新能源。

抓不抓，不一样。以新能源为例，去年全年的合同只有 20 亿～30 亿，今年前八个月已增长了 2 倍，后四个月还有很大增长空间，这说明抓不抓是不一样，虽然也有机遇的因素，但状态与目标决定了一切。不抓，就是放任，就是失去机会。抓，就是确定目标，就是全力以赴。

做不做，差距大。做与不做，差距很大。不做，就是空谈，而空谈误国、误企、误人、误事，结果什么也没有。而做起来，真刀真枪地干，脚踏实地地干，抢占机会地干，干出一片新天地，干出

这是作者在 2021 年 9 月 14 日在全院新能源大会上的讲话

一个新未来，干出一个新世界。

我们要从源头抓起，坚持投资服务双轮驱动战略，广泛全面参与光伏（新能源产业链）的工程服务，选择性的进行战略投资，抓住新能源的发展机会，为十一科技未来发展打下更好基础。

十一科技新能源未来三年实现"三步曲"：第一步是今年成为规模板块；第二步力争成为领先板块；第三步成为主力板快。

发展是硬道理，在调整、巩固、提高中发展，在发展中化解风险，在调整中走得更快，在巩固中加强优势，在提高中加速前进。不能老是停下来，而是要在边走边调整，一旦停下来就没有了速度，就会落后，就会被别人超越，重新启动就很困难，很难赶上去。在发展中调整就比较容易，一是有向前的惯性，二是容易调。

我们要总结经验、排除万难向前进。虽然新能源领域发展任重而道远，风险也不小，但我们要坚定信心、相互鼓劲，以一骑绝尘的勇气，走的更快，更稳，无论遇到什么困难，都不要回头，要一往无前。

在快速行进中，难免会摔些跟头，这很正常，但我们是勇敢无畏的勇士，无论道路是多么曲折，十一科技到达最终目标的梦想不会改变，我们一直会努力下去。

2021 年 9 月 14 日

后记

在实践中发展管理理论
——《管理随笔》5、6、7、8 出版后记

我的《管理随笔》5—8 册，将由新华出版社出版，在全国发行，而《管理随笔》1—4 册则已由光明日报出版社出版，出版社虽有变化，但《管理随笔》的风格并没有改变，还是反映了在管理中的随想、随得、随为，与《管理随笔》1—4 册相比，这次《管理随笔》5—8 册有以下一些特点：

一是记录了高位成长的实践，对新的增长理论进行了探索。这四卷本的《管理随笔》反映的是 2021 年 1 月 10 日到 2022 年 4 月 22 日期间的管理思想与管理实践，这段时间正是十一科技面临高位增长的关键时期，通过 2021 年的努力，我们实现了营收从 2020 年的 136 亿到 2021 年 200 亿的飞跃，高位成长面临新战略、新思想、新理论、新构架、新格局、新变化、新动能、新市场、新赛道、新方法等一系列新挑战，对这些问题的持续思考就成为发展新的引擎，这些管理随笔引领、助推与见证了新发展奇迹的产生，成为这段成长路程的珍贵记录，同时也是对新增长理论的重要探索，这些探索的意义，已经越过了行业的界限。

二是反映了在疫情困扰下对动荡世界的担忧。新冠肺炎病毒的肆虐已经进入了第三个年头，直到现在奥密克戎变异毒株传播力更强，国际上被感染人群越来越多，因此而死亡的人也在增加，国内也无法独善其身，此起彼伏，对人们正常的生活与生产影响极大。气候变暖，极端天气频出，自然灾害不断，人类的生存环境越来越恶劣。俄乌战争将世界推向第三次世界大战的边缘。我们所处的是一个动荡不安的世界，管理随笔中的不少文章与文摘，表达了对动荡与不安的世界的担忧。

三是继续将诗歌融入了管理随笔。这个期间仍然是我进行诗歌创作的活跃期，而且又是建党100周年的重大日子，不少管理随笔的文章反映了我们庆祝建党100周年的热烈场面，反映了我与彭涛老师携手合作在歌曲创作方面的一些新成就，文章记录下了这些快乐的过程与历史性的时刻。

四是对"卡脖子"的高科技进行了关注。在这些管理随笔中，部分文章与文摘涉及"卡脖子"工程，作为一个长期在这个领域里奋斗的一员，时刻关注在这些领域里的进展，关注世界最新动态，希望能够通过各方努力，缩小我们在这方面的差距，使自己的祖国更加强大。

五是对冬奥会、影视作品与人物进行了点评。这个期间正是冬奥会如火如荼进行的非常时期，冬奥会的成功举办，使全国人民受到巨大鼓舞，3亿人的冰雪运动从此找到方向，我们祝贺冬奥健儿取得的成绩。一些管理随笔文章，表达了对冬奥会的祝贺，特别是由于与阜平的特别缘份，认识了邓小岚老师，从而更加加深了对冬奥会马兰花艺术团成功的关注。还有一些文章，因一些电影观后感，有感而发。

杜甫说："文章千古事，得失寸心知。"在长期处在疫情压抑的背景下，要持续高位发展，每一步都面临严峻考验；在非常复杂的困难环境中坚持写作，对意志是个考量，不是一件容易的事，每一篇文章都是意志与心血的结晶。在高位发展，一半是海水，一半是火焰，海水随时会淹没你，火焰随时会吞并你，你来不得一丝的马虎，你必须要勇敢面对。高位发展就如同走钢丝一般，处在发展的风口浪尖上，充满挑战。

正因为充满挑战，生活才更加丰富，思想才更有激情，就更应该用笔记下这些难忘的心里路程，记下这些跳动着的思想火花，记下这些管理的心路，记下这些独特的创新，以作为经验与财富献给时代与未来。

衷心感谢尊敬的曾勇校长再一次为《管理随笔》写序，他的序是本书重要的入门向导，是本书最重要的组成部分，为本书的阅读指明了方向。

感谢新华出版社对本书出版的大力支持，感谢宓月主编、胡宏峻董事长对本书的精心总策划，感谢太太小平对本书创作的大力支持，感谢曾真、何璐对书稿的保存、编辑与策划。

赵振元

2022.7.27